NAPOLÉON BONAPARTE

ŒUVRES
LITTÉRAIRES

Il a été tiré de cet ouvrage 60 exemplaires sur papier de Hollande, tous numérotés, au prix de 7 fr. 50.

Th. Bérengier

NAPOLÉON BONAPARTE

ŒUVRES LITTÉRAIRES

PUBLIÉES

D'APRÈS LES ORIGINAUX ET LES MEILLEURS TEXTES

AVEC UNE

INTRODUCTION, DES NOTES HISTORIQUES ET LITTÉRAIRES ET UN INDEX

PAR

TANCRÈDE MARTEL

TOME PREMIER

Portrait du *Général Bonaparte*, dessiné par TH. BÉRENGIER.

PARIS
NOUVELLE LIBRAIRIE PARISIENNE
ALBERT SAVINE, ÉDITEUR
18, RUE DROUOT, 18

1888
Tous droits réservés.

AVERTISSEMENT

On sait avec quelle ardeur notre époque s'est consacrée au recensement des chefs-d'œuvre de tous les temps et de toutes les littératures. Jamais la critique, l'histoire littéraire, la philologie, l'érudition, n'ont accompli de plus magnifiques travaux qu'en ces dernières années. Notre siècle, qui est par excellence un siècle d'analyse et de science, a tenu à honneur de liquider le passé, de se mettre en règle avec lui, en exhumant pour les consacrer, les productions les plus marquantes de l'esprit humain. Nos écrivains nationaux n'ont pas voulu demeurer en arrière de ce mouvement qui entraîne les races et les peuples. Nous avons eu de magnifiques travaux sur Rabelais, sur Ronsard, sur Voltaire, sur Diderot, sur Victor Hugo. Il nous a semblé qu'en aidant à faire connaître au public le remarquable écrivain, dont nous assemblons aujourd'hui les œuvres, nous ferions une besogne méritante ; aussi n'avons-nous rien négligé pour atteindre ce but.

Napoléon Bonaparte est peut-être le moins connu de nos grands prosateurs. Ses écrits, qui touchent à tant de genres : polémique, lettres, éloquence, mémoires, histoire, philosophie, gisent dispersés aux quatre vents de la publicité, au hasard de la librairie. Nous avons pensé que leur réunion, leur classement, seraient choses utiles à la France. De cette façon, les lecteurs pourront mieux se rendre compte du génie de l'homme et juger d'une œuvre qui, quoique confinant sur bien des points à la polygraphie, n'en contient pas moins des beautés d'art de premier ordre. Un de nos jeunes écrivains, M. Tancrède Martel, déjà connu du public par un talent réel de poète et de prosateur, a bien voulu se charger de ce soin. Laissant de côté toute pensée politique, il a présenté au monde lettré un *Napoléon homme de lettres*, complet, bien mis en relief, de façon à préparer les voies à ceux qui seront tentés de s'occuper encore de ce vaste sujet.

Dans la présente édition nous avons d'abord été dirigé par la pensée qu'il fallait, avant tout, remettre en lumière tout ce qui, chez Napoléon, contient une *valeur littéraire*. Nous ne nous sommes écarté de ce principe qu'une seule fois, lorsqu'il s'est agi de publier les œuvres de début de notre écrivain. Là, nous l'avouons, nous avons fait une place plus large à la curiosité. Quant aux *Lettres*, si nombreuses, notre cadre nous imposait forcément des restrictions. Toutes celles que nous publions ont eu la consécration de l'histoire ou du public lettré. Le lecteur, nous n'en doutons pas, ne sera point fâché de les retrouver ici.

De plus, il nous saura gré de l'avoir mis en face d'œuvres peu connues, inattendues et même inédites. Nos trois volumes épuisent en quelque sorte cette matière intéressante.

Nous n'avions, pour nous conduire à l'exécution de notre programme, que trois types sérieux d'ouvrages : 1° *Œuvres politiques et littéraires de Napoléon*, publiées en 1840 par le bibliophile Jacob ; 2° les *Œuvres choisies de Napoléon*, qui remontent à 1843, 1844 et 1845, et pour lesquelles A. Pujol (lisez : M. Léonce de Lavergne) a écrit une si remarquable introduction; 3° enfin, le volumineux *Napoléon*, de Kermoysan, en 4 volumes.

L'importance de notre sujet nous a paru comporter au moins trois volumes. Nous nous y sommes conformé volontiers, en repoussant impitoyablement tout texte, toute copie originale, ne présentant pas un caractère suffisant d'authenticité. En plusieurs endroits nous avons mis à contribution les ressources que présentaient nos grands dépôts publics d'archives, et nous nous sommes aidé des publications intéressantes qui nous ont précédé. La révision des textes a été faite avec le plus grand soin. Toutefois, il nous a semblé puéril de conserver les quelques cas d'orthographe incorrecte que présentent les écrits de jeunesse de Napoléon. Cherchant à faire connaître et à faire aimer un grand écrivain, c'était notre droit. Nous en avons usé ; et sur ce point, notre conscience est bien en règle.

Les *Œuvres littéraires de Napoléon Bonaparte* comportent treize parties, d'après le classement logique et serré que nous avons cru devoir adopter : 1° *Œuvres de jeunesse* ; 2° *Poésies* ; 3° *Histoire de la Corse* ; 4° *Pamphlets et Polémique* ; 5° *Lettres choisies* ; 6°

Lettres politiques et militaires ; 7° *Harangues et Discours* ; 8° *Proclamations* ; 9° *Législation et Politique* ; 10° *Mémoires militaires* ; 11° *Histoire des campagnes d'Égypte et de Syrie* ; 12° *Critique* ; 13° *Morale et Philosophie*. Tout Napoléon intellectuel est là. Nous n'avons même pas rejeté son *Testament*, curieux à plus d'un titre. Enfin trois beaux portraits, dessinés par M. Th. Bérengier d'après des portraits du temps, accompagnent notre édition, ainsi qu'un *Appendice*.

Quant aux notes, nous les avons prodiguées pour l'intelligence même de la publication. Elles embrassent tous les tons et tous les points de comparaison, grâce au tact et au discernement littéraires de M. Tancrède Martel. Ces *Notes* et l'*Index* général de la fin sont comme une galerie vivante, où le monde de la Révolution et de l'Empire se rencontre avec la critique littéraire et historique de nos jours.

L'Éditeur.

BONAPARTE
HOMME DE LETTRES

―――

I

Lorsqu'on étudie attentivement l'histoire de l'humanité, on est surpris de cette particularité qu'une certaine quantité d'hommes, grands à des titres différents, ont pu mener à bien, associer aussi complètement que possible, le rêve et l'action, c'est-à-dire deux choses qui s'excluent mutuellement. Il est vrai que le nombre est petit, la liste singulièrement courte, de ceux qui ont su réaliser, donner une forme tangible et vivante à leurs songes, à leurs conceptions, à leurs projets, et cela par leur propre action, leur mise en œuvre personnelle. Quand on aura nommé Alexandre, qui échafauda, grâce à une vigueur surhumaine et à une extraordinaire vivacité intellectuelle, le plus grand des empires, il ne restera guère plus à citer que les noms de Mahomet, l'étrange chamelier de la Mecque, de Guillaume le Conquérant, ce Normand hardi et cauteleux qui planta si bravement la bannière aux trois lions dans l'antique terre des *Angles* et des *Pictons*, de l'admirable bergère de Domrémy, Jeanne d'Arc, dont les peuples savent la tâche sublime, et peut-être encore d'un des plus grands artistes qu'ait eus le monde, Michel-Ange. Combien d'autres ont échoué, alors que la nature les avait richement doués, comme les glorieux dont je viens d'écrire les noms ! C'est que le pacte intime et étroit entre le rêve et l'action est fait pour déconcerter les plus fougueuses natures, les plus vibrantes organisations. L'adage : *homo duplex* ne convient pas à toutes les créatures supérieures ; et, tôt ou tard, le rêve est écrasé par l'action, à moins que celle-ci, prenant les devants, n'étouffe l'intellect pur, c'est-à-dire le rêve, chez l'homme assez audacieux pour croire qu'on peut être un contemplatif tout en demeurant un militant.

Toutefois, en dehors des noms éclatants que j'énumérais plus haut, un homme a pu, dans les temps modernes, marier en une égale proportion la vie de l'esprit à celle du corps, le rêve et l'action. Cette âme extraordinaire, qu'on eût dite née pour la chimère à de certaines heures, a servi fidèlement le bras le plus puissant, le plus indomptable, dont les hommes garderont le souvenir. Napoléon Bonaparte a pensé et agi avec une ardeur qui étonne toujours le monde. Pour les uns, — et Châteaubriand est du nombre, — il semble avoir donné des forces physiques de l'homme une mesure si grande qu'elle tient du prodige ; pour d'autres, — la thèse de Victor Hugo leur appartient, — Napoléon a plus rêvé qu'agi, plus pensé que vécu. A la phrase si connue que l'auteur des *Mémoires d'outre-tombe* applique au dernier César : « Le plus large souffle de vie qui ait jamais animé l'argile humaine, » le poète répond que « Bonaparte fut l'immense somnambule d'un rêve écroulé. » Lequel des deux a raison ? Faut-il croire Hugo ? Ne doit-on s'en rapporter qu'à Châteaubriand ?

Heureusement, le différend est facile à trancher. Lorsqu'un homme aussi prodigieux que Napoléon est en scène, il est impossible que le spectateur soit déconcerté. Le génie n'a pas pour habitude de jouer au sphinx, et le propre des grands hommes est de laisser, dans leurs œuvres, le moins de chose possible à deviner à la foule. Le soleil n'est point une énigme. Je crois donc, très sincèrement, que chacun des deux grands écrivains dont j'ai cité les noms jugeait l'homme de Rivoli et d'Austerlitz selon son propre tempérament. Châteaubriand, éloigné de son siège académique par la volonté du chef de l'Etat, émigré, exilé, « portant son cœur en écharpe, » ne se souvient que de l'omnipotence souveraine de Bonaparte. Quant à Victor Hugo, après avoir analysé, pierre par pierre, l'édifice étonnant sur lequel est jetée la pourpre impériale, il ne peut s'empêcher de songer aux pieds d'argile du colosse, et il croit que Napoléon le rêveur l'emporte sur l'homme d'action. La vérité, comme dans bien des cas, est entre les deux opinions. Personne ne l'a démontré comme M. Imbert de Saint-Amand dans sa patiente série de livres sur les *Femmes des Tuileries*, livres qui, malgré leurs allures modestes et leur forme anecdotique, en disent plus long sur le personnage que les phrases solennelles de Lanfrey et les méticuleuses recherches de M. le général Iung. On peut encore rattacher les petits bouts de papier de M. Taine à cette dernière école historique. Il est vrai que Napoléon est de ceux qui se défendent tout seuls. Un excellent moyen de se tromper sur la valeur d'une statue consiste à ne la regarder que de côté. MM. Iung et Taine me semblent trop s'être souvenus de cette hérésie artistique.

Quoi qu'il en soit, Napoléon est un de ces rares privilégiés du sort et de la nature, un de ces titans de l'humanité, qui ont non seulement captivé les hommes les plus intelligents de leur époque, — ce qui est le suprême triomphe, — mais encore enchaîné à leur char glorieux les siècles à venir. La fascination dure encore, — on l'a bien vu par les récentes attaques de M. H. Taine, dans la *Revue des Deux Mondes*, et aussi par la réponse fine et acerbe, tout à l'éloge de Bonaparte, du regretté Albert Duruy. L'officier d'artillerie de Toulon, le général d'Arcole, de Rivoli et des Pyramides, le consul du Concordat, de la Légion d'Honneur, l'empereur d'une France de 130 départements et d'un Code civil qui, malgré quelques défauts, n'en est pas moins demeuré la plus puissante œuvre de législation qu'ait eue le monde depuis Justinien, — ce mortel prodigieux excite encore la sagacité et provoque la rêverie chez les esprits les mieux aiguisés. Mort, il exerce encore une vaste tyrannie sur l'intelligence humaine ; et, toutes proportions gardées, politique à part, il ne semble pas que les hommes connaissent un plus attachant sujet de curiosité. Napoléon sert de pierre de touche, pour ainsi dire, aux facultés psychologiques de l'homme. On peut ne pas l'aimer, mais il est impossible de ne pas admirer le déploiement tumultueux de forces qui furent en lui. Comme La Fontaine et Charles Baudelaire en poésie, il a cet extraordinaire bonheur de faire juger d'un homme d'après la manière dont on l'apprécie. Il y a pour lui, tout en respectant l'indépendance de la pensée, tout en permettant aux moindres critiques de se faire jour, un cube duquel il est défendu de s'éloigner sous peine de faire œuvre partiale ou malsaine. Le Consul de marbre, l'Empereur d'airain défient l'insulte, sont au dessus de l'outrage. M. Taine, qui l'a trop facilement oublié, doit savoir à l'heure qu'il est, ce qu'il en coûte à mal prendre l'envergure d'un colosse. Il est vrai que, par l'extrême tension de son procédé, la méthode critique de l'auteur de *Thomas Graindorge* confine souvent à l'enfantillage. Ce ne sera pas la dernière et l'une des moindres bonnes fortunes de Napoléon d'avoir ainsi annihilé, — à coup sûr pour toujours, — un système esthétique et psychologique que des écrivains, trop friands de nouveautés peut-être, étaient à la veille de considérer comme impeccable.

J'ai dit plus haut : le rêve et l'action. Et de fait, il ne paraît pas, jusqu'à présent toutefois, qu'on puisse refuser à Napoléon le plein exercice de ces deux magnifiques facultés. Homme d'imagination, il l'a été plus que personne ; son immense fortune repose tout entière, pour ainsi dire, sur ce don merveilleux. Enfant, dans son île à demi sauvage, il rêvait déjà la conquête du monde. Il avait le pressentiment, l'instinct, la hantise, du formidable rôle qu'il devait jouer un jour parmi les hommes ; et l'on demeure saisi de vertige en écoutant chez lui les premiers bégaiements de l'ambition, — je veux dire les propos de l'étrange enfant de la grotte de Milelli, aussi bien que les réflexions de l'écolier de Brienne et les rares confessions du cadet-gentilhomme de l'école militaire de Paris. Si on le suit plus tard, dans ses garnisons de petit lieutenant d'artillerie, à Valence, à Douai, à Grenoble, on trouve aux plans qu'il forme sur son avenir on ne sait quelle maturité, quelle précision déconcertantes. Cette âme de feu, tout à elle, tout à ce qu'elle rêve, tout à ce qu'elle veut, semble ne pas tenir compte des traverses et des accidents ordinaires de l'humanité. Née pour commander et pour s'imposer aux hommes, poussant jusqu'à la plus superbe insolence la confiance qu'elle a en elle-même, elle en impose à tous. Le jeune Bonaparte, partout où il passait, laissait des traces éclatantes. En bien, en mal, il provoquait l'étonnement. C'est pour cela que pas un de ceux qui le coudoyèrent dans la vie, ne put se résoudre à rayer de son cerveau cette apparition inattendue et comme lumineuse. La vieille servante de la famille Bonaparte, les âpres bergers des *pièves* voisines d'Ajaccio, les vieux maîtres de Brienne, le père Dupuy, le père Patrault, qui aimait à l'appeler son « premier mathématicien, » puis les camarades d'école qui se retrouvèrent avec lui sur les champs de bataille, Clarke et Davout, eurent de bonne heure le pressentiment de sa gloire. C'est ce qui résulte d'un examen minutieux, comme il convient de le faire pour un pareil homme, de tout ce qui a été publié sur ses premières années de jeunesse. Napoléon n'eut donc pas, ainsi que ses adversaires l'ont répété tant de fois, une enfance et une adolescence faites d'ombre et de silence. A la rigueur, l'extrême facilité avec laquelle sa mise en lumière fut acceptée de tous ceux qui l'avaient connu indiquerait bien que, jeune officier et même général, Bonaparte aimait à rêver tout haut, comme certain personnage des *Mille et une Nuits*.

On sait trop qu'il fut l'homme d'action le plus surprenant des temps modernes. Infatigable, nerveux, aimant le travail jusqu'au délire, d'un tempérament physique admirablement équilibré, incapable d'une défaillance quand il entrait dans la période d'exécution du moindre projet, il a tenu, dans l'activité humaine, une place unique. Alexandre, César, Charlemagne, Frédéric II, tous les grands travailleurs, sont hors d'état d'entrer en lutte avec lui. La récente attaque de M. Taine contre Napoléon a ceci de vraiment curieux qu'elle contient le plus grand éloge qu'on ait jamais fait de l'intelligence et de l'activité des hommes; et cet éloge, M. Taine ne le retire pas un instant de la personne du seul Napoléon. De telle sorte que les conclusions du brillant académicien sont inexplicables. L'étude, si remarquablement écrite, d'ailleurs, que l'auteur des *Origines de la France contemporaine* a consacrée à Bonaparte, se trouve, par cela même, frappée d'une radicale caducité. Elle va contre le propre but de l'écrivain ou, si l'on veut, du critique. Dans sa plus brillante partie, elle fait un éloge fougueux du personnage en cause; aux endroits où elle impatiente le lecteur par sa bizarrerie et son parti pris, elle se transforme en une sorte de réquisitoire tellement inhumain, qu'il déconcerterait le plus implacable de nos procureurs généraux. Qu'en conclure sinon que la perspicacité prêtée à M. Taine a été mise en défaut? Ce n'est pas un crime, après tout. Homère, qui ne faisait pas de psychologie comparée, mais se contentait simplement d'être le plus grand des poètes, Homère sommeille quelquefois. On trouvera donc légitime que je retienne, dans l'étude de M. Taine, les seuls passages où il semble avoir bien compris Napoléon. Or, ces passages s'appliquent exclusivement à la prodigieuse activité et à la maîtresse intelligence du vainqueur d'Iéna. On voit, sans qu'il soit besoin d'insister, grâce au dépouillement de son volumineux dossier critique, que Napoléon Bonaparte a agi et pensé de la façon la plus large, la plus magistrale, en tant que *dons de nature*. Je n'ai pas à rechercher ici si l'emploi qu'il fit de ses admirables facultés fut ou non abusif ; je ne fais point de politique, je le répète. Mais je veux simplement dégager la physionomie du remarquable homme de lettres, de l'écrivain si richement doué, qui demeura toujours en lui. C'est donc en vue d'appréciations purement artistiques que j'ai été amené à dire quelques mots de la caractéristique de son tempérament. Toutefois, dans le domaine de l'intellect pur, il convient de rappeler quelle place Napoléon accorda toujours à l'*énorme*, — au gigantesque, dit Sainte-Beuve. Il avait, pour les choses hors de toutes proportions usuelles, une tendresse très marquée. Puisque je me propose de montrer au lecteur un Napoléon complet, en tant qu'écrivain bien entendu, je demande encore à placer ici quelques observations rapides sur ce côté fatal du caractère de mon personnage.

Lorsque Bonaparte eut été mis hors de pair, comme général en chef, par son admirable campagne d'Italie de 1796 et 1797, et que les négociations de Campo-Formio l'eurent révélé diplomate de taille à mater la cour de Vienne, il s'opéra en lui comme un déchaînement subit d'idées politiques et militaires. Le succès, bien loin de le griser, détermina chez ce jeune homme de vingt-huit ans, nourri de la lecture de Quinte-Curce et de Plutarque, un redoublement d'ardeur, un bouillonnement intellectuel, qui le menèrent droit à la préparation de la campagne d'Égypte. Ce fut la première apparition bien caractérisée de ce goût de l'énorme et du colossal auquel il demeura fidèle jusqu'à Waterloo. Et pourtant, à la fin de 1797, il avait conquis de quoi durer éternellement dans la mémoire des hommes ! Mais l'Orient était là, lui brûlant les yeux, l'incitant à quelque aventure prodigieuse. On eut donc la campagne d'Egypte, et après la campagne d'Egypte celle de Syrie, l'assaut furieux de Saint-Jean-d'Acre ; finalement le rêve avorta. On sait avec quelle rapidité notre homme conduisit les événements. Devenu Premier Consul, glorieux d'une nouvelle campagne en Italie, il semblait que son singulier penchant à mettre toujours le marché aux mains de la Fortune devait s'arrêter. Il n'en fut rien. Son infirmité grandiose le guettait.

Sainte-Beuve a très heureusement défini, dans ses *Causeries du Lundi*, les prodiges enfantés par Napoléon, entre les années 1800 et 1804. « Rien n'égale en beauté, dit-il, » comme création de génie majestueuse et bienfaisante, » l'œuvre pacifique du Consulat, le Code civil, le Concor- » dat, l'administration intérieure organisée dans toutes les » branches, la restauration du pouvoir dans tous les or- » dres ; *c'est un monde qui renaît après le chaos.* » Bonaparte, cependant, ne put s'en tenir à ce système de gouvernement. Disons à sa décharge que la fatalité s'en mêla. La mort de Fox, en jetant le deuil au cœur des libéraux anglais, réveilla la sourde colère que les héritiers et les élèves de Pitt nourrissaient contre la France. Dans le cerveau de Napoléon, le goût de l'énorme, l'amour des aventures, se montrèrent de nouveau. Il prépara sa fameuse descente en Angleterre. Fort heureusement, les imprudences de l'Autriche vinrent le tirer de ce mauvais pas. On frémit en songeant aux conséquences désastreuses qu'aurait eues l'expédition projetée au camp de Boulogne, car notre marine ne pouvait encore avoir raison des flottes britanniques. Le désastre de Trafalgar se fut immanquablement produit un an plus tôt.

Je passe rapidement sur les premières années de l'Empire. La noblesse, une noblesse toute neuve, sortie des entrailles du peuple, mais qui ramassait ses parchemins sur les champs de bataille, la noblesse impériale est créée ;

Napoléon est l'arbitre du monde, le maître de la paix et de la guerre. Il distribue principautés, duchés et royaumes, s'étend à l'aise dans une France qui compte cent dix-neuf départements, continue dans une certaine mesure l'œuvre du Consulat ; mais il a mis le pied dans le déplorable système des royautés de famille. Cambacérès, qui l'aimait beaucoup et l'admirait éperdûment, eut assez de sang-froid pour voir, de ce côté, de nouveaux orages se former. Les royautés vassales conduisirent doucement l'empereur jusqu'au Blocus Continental, entreprise gigantesque, machine de guerre formidable, qui devait avoir raison de son auteur. Puis viennent l'aventure d'Espagne, Wagram, les conférences d'Erfurt, la monarchie du roi Joseph, la brouille avec le roi Louis de Hollande, c'est-à-dire du bien et du mal. A ce moment, la France absorbe lentement l'Europe. Une gloire incomparable, la première armée du monde, des travaux publics audacieux, un éclat scientifique sans précédent, des finances en bon ordre, une administration d'une capacité dévorante, rien de tout cela ne peut refréner les ardeurs de Napoléon. « Après Wagram, dit Cambacérès dans ses *Mémoires*, il avait l'air de marcher au milieu de sa gloire. » Sans doute ; mais il fallait à cet homme étrange de nouvelles collisions avec le colossal, le fabuleux, le prodigieux. *Quidquid delirant reges, plectuntur Achivi...* Horace semblait avoir prédit cette étonnante destinée. Et pourtant Napoléon avait reçu un premier avertissement de la fortune, le 3 février 1807, devant le cimetière d'Eylau !

L'expédition de Russie est la fille légitime du Blocus Continental ; ce sont là les deux erreurs capitales du vainqueur d'Austerlitz. Mais avant de passer le Niémen, Napoléon s'était remis en bonnes relations avec son démon familier. La France impériale, devenue une nation démesurée, débordait bien loin par delà ses frontières naturelles, craquait dans toutes ses coutures. Qu'importe ! On annexe la Hollande, — neuf départements, — puis, en passant, pour s'entretenir la main, comme on s'est brouillé avec le pape, on prend les Etats romains, — deux départements. Aux environs de 1811, le ministre de l'intérieur, M. de Montalivet, avait *cent trente* préfets sous ses ordres ! Je ne parle pas des gouvernements généraux, bien qu'ils fissent partie intégrante de l'Empire, notamment celui des provinces Illyriennes. Quel homme, plus que celui-là, sut sacrifier à l'énormité !

Peut-être l'Orient, ce champ de bataille des colosses, a-t-il perdu Napoléon. Il est certain qu'il regardait trop de ce côté-là. Lui-même nous a laissé l'aveu de son amour pour cette terre du soleil, et cela dans une de ces extraordinaires conversations dont il avait le secret. Rien de frappant, rien de concluant, comme cette confidence intime. On est au 1er décembre 1805, la veille même d'Austerlitz, dans une chaumière de paysans. Napoléon est à table en compagnie de Murat, de Junot, de Caulaincourt, de Ségur et de Rapp, le *toujours blessé* Rapp, celui-là même qui aimait tant les artichauts, au dire de Paul-Louis Courier. Napoléon, ordinairement si calme, si impassible, est presque gai, en tous cas d'excellente humeur. Au dehors, on entend encore galoper des escadrons et des batteries qui vont occuper leur poste de combat en vue du lendemain. Tout à coup, l'empereur prend la parole. Chacun des généraux qui sont là récapitule mentalement les dispositions qu'il a données à ses troupes, dresse le bordereau des moyens militaires dont il dispose, s'attendant à être interrogé, pris à partie, par Napoléon. O surprise ! l'empereur, de sa voix claire, nette, rarement exempte d'une pointe de solennité, demande tout simplement à Junot les titres des tragédies qu'on joue à ce moment à Paris. Puis, il parle de Racine, de Corneille, même de Raynouard, l'auteur des *Templiers*, et en arrive à disserter sur la fatalité antique, la destinée, les trahisons de la Fortune. D'un bond, il est en Orient, en pleine campagne d'Egypte. On sent qu'il a toujours sur le cœur son échec de Saint-Jean d'Acre ; et l'on sait que, par amour de l'Orient, il élève lui-même, dans son parc de Saint-Cloud, des gazelles ramenées de l'Egypte. Le baron de Méneval raconte même que, plusieurs années durant, le premier Consul ne se nourrit que de pilaw et de dattes. Ségur nous a conservé le texte de cette brillante échappée en plein bleu. « Si je m'étais emparé d'Acre, dit ce soir-là » Napoléon, je faisais mettre de grandes culottes à mon » armée, je ne l'exposais plus qu'à la dernière extrémité, » j'en faisais mon bataillon sacré, mes immortels. C'est par » des Arabes, des Grecs, des Arméniens, que j'eusse achevé » la guerre contre les Turcs. Au lieu d'une bataille en Mo- » ravie, je gagnais une bataille d'Issus, je me faisais em- » pereur d'Occident, *et je revenais à Paris par Constanti-* » *nople.* »

Rien n'est plus significatif. L'action, le rêve, Napoléon Bonaparte a connu cela mieux que personne. Mais, chose étonnante, il n'a point porté les travers de son intellect dans les nombreux écrits qu'il nous a laissés. A ce point de vue, le législateur, le capitaine, l'homme d'Etat, l'administrateur, qui sont en Napoléon, diffèrent essentiellement de l'artiste, de l'écrivain, de l'homme de lettres, qu'il fut aussi. Au contraire, tout dans sa belle œuvre écrite et parlée porte la marque d'un équilibre parfait. Napoléon Bonaparte est le moins connu de tous nos grands prosateurs. C'est un tort, c'est là une situation qui doit cesser. Rendre à cet écrivain étonnant, d'espèce unique, la place légitime qu'il doit occuper dans notre histoire littéraire, mettre de nouveau en relief cette physionomie imposante de pamphlétaire, d'épistolier, d'orateur et d'historien de génie, c'est accomplir un acte de justice. Je vais essayer de le faire, n'ayant d'autre but que le respect de ce que je place au-dessus de tout, dans tous les temps et toutes les sociétés humaines : l'art d'écrire.

II

Et d'abord était-il écrivain?

« Tout l'esprit d'un auteur, dit La Bruyère, consiste à bien définir et à bien peindre. » Ne nous méprenons pas trop sur la signification du mot *esprit*. Il ne s'agit point ici de cette disposition toute particulière, de cette qualité naturelle, en vertu de laquelle nos contemporains relèvent par un mot piquant, par une remarque ingénieuse, originale, la trame trop banale d'une dissertation, qu'elle soit écrite ou parlée. Il y a, d'ailleurs, plusieurs sortes d'esprits. Celui de Rabelais, par exemple, fait de malice bouffonne, d'ironie large et profonde, a peu de ressemblance avec la manière sautillante, et pour ainsi dire ailée, d'un Beaumarchais ou d'un Chamfort. Entre ces deux termes de comparaison, il y a place, dans la littérature française, pour une autre sorte d'esprit non moins aiguisé, non moins vif, mais qui accorde une plus réelle hospitalité au bon sens, à la simple raison, — le tout sous une forme ingénue et presque détachée de son sujet tant elle est légère. Cet esprit-là, d'excellente qualité, Molière et La Fontaine l'ont possédé à un degré inimitable. Quand La Bruyère indique les deux grandes vertus propres à un écrivain, il n'a en tête qu'une seule intention : celle de résumer par une formule caractéristique ou, si l'on veut, de mettre une étiquette correcte sur ces œuvres de l'intelligence et de la pensée humaines que nous nommons ordinairement des « livres. » Le mot talent, au sens où nous l'employons aujourd'hui, est incontestablement celui qu'un nouveau La Bruyère adopterait comme le plus propre à rendre son idée. Si l'auteur des *Caractères* reconnaît pour écrivain de race tout homme capable de transmettre, dans leur intégrité, à d'autres hommes, les impressions qu'il a lui-même vivement ressenties, il est hors de conteste que Napoléon mérite le nom de littérateur et d'auteur. Il a bien défini et il a su peindre ; ses œuvres sont là pour l'attester. D'autre part, il est non moins incontestable que, par la tournure spéciale de son esprit, l'animation, le choc de ses idées, la façon dont il a exprimé ses sentiments personnels, les qualités de concision, de clarté, de brièveté, prodiguées dans son style, il a réellement conquis le titre de grand écrivain. Pour ne parler que des portions marquantes de son œuvre, ses deux *Pamphlets*, un grand nombre de *Lettres*, presque toutes ses *Proclamations* et son admirable *Histoire des campagnes d'Egypte et de Syrie*, lui assignent un rang élevé parmi les prosateurs du dix-neuvième siècle. Je dirai plus loin comment il convient d'envisager les procédés de ce merveilleux écrivain. Avant tout, je tiens à le mettre au nombre des grands artistes de lettres, des plus vigoureux représentants de la prose française, la première de toutes par la clarté, le pittoresque, la précision autant que la force et la profondeur. Seulement, entre les deux courants que paraît avoir suivi notre littérature depuis le quatorzième siècle, et dont l'un représente plus particulièrement les qualités propres à notre race, l'autre l'indépendance de la pensée et la recherche d'effets nouveaux, Napoléon appartient à la lignée purement française, au courant national. Il est bien de la grande famille gauloise, née avec Joinville et Jehan de Meung, célèbre avec Montaigne et Pascal, librement épanouie avec Voltaire et Diderot. Malgré lui, contre lui, à son insu peut-être, il était ce qu'on a le devoir de nommer un *prosateur-né*; et cela grâce à la puissante volonté de cette nature qui lui prodigua tant de dons. Quoiqu'il ait souvent donné carrière à son imagination, en dépit de ses faiblesses pour la rêverie, de son amour pour les choses immatérielles, Napoléon ne pouvait être écrivain qu'en prose. Les quelques vers qui nous restent de lui disent péremptoirement que son initiation au rythme de la poésie était chose impossible. Jamais ce fougueux esprit n'eût pu s'astreindre au culte de la rime, à la condensation, si délicate dans la pensée et dans la forme, qu'exige l'art d'écrire en vers. Avec cela, la manie des bouquets à Chloris le hantait, — témoin le madrigal pour la Saint-Huberty, — ce qui achève de le peindre en tant que poète manqué. Il aimait à déclamer des vers, surtout des vers tragiques, il lisait assidûment les poètes ; mais il devait les lire avec un secret dépit de ne pouvoir, — je ne dirai pas les égaler, — mais tout au moins singer leur métrique, capter ce qu'il y a de plus apparent dans leurs œuvres. Dans le vaste recueil du *Mémorial* et dans ses lettres de jeunesse, on ne trouve point la preuve visible de cette préoccupation ; mais elle existe bien *de fait* dans toute sa vie. Il voulait conquérir l'Orient, et il admirait la tragédie. Peut-être est-il permis de supposer que son inaptitude poétique l'attrista plus que son échec à Saint-Jean-d'Acre.

Comment aurait-il pu en être autrement ! Cet esprit, d'un si large et si vigoureux essor, n'avait-il pas toutes les curiosités, toutes les ambitions ? Victor Hugo, qui lui a décoché en passant, dans le « Waterloo » des *Misérables*, quelques vérités dures à entendre, ne peut s'empêcher d'être sous le charme quand il examine les diverses et puissantes qualités intellectuelles de Napoléon. Personne, il faut le dire, ne devine un conquérant mieux que ne le fait un grand poète. La foule n'entre point dans les menus dé-

tails, les traits de caractère, des hommes supérieurs ; elle se contente de les regarder d'un peu loin, dans l'impossibilité où elle est de les comprendre à la lettre. Or, de tous les grands hommes, Napoléon Bonaparte est à coup sûr celui qui a le mieux arrêté sur lui les regards des écrivains et des artistes. Châteaubriand ne l'aimait pas, mais lui a rendu maintes fois justice ; et cette particularité contribue à la grandeur de l'écrivain et de l'empereur. Pour Victor Hugo, seul, il a su trouver des expressions capables de fixer à jamais l'envergure du tempérament littéraire de Napoléon. Il n'est pas mauvais, par le temps qui court, de remettre sous les yeux du lecteur des passages du genre de celui-ci. « Il avait tout, » dit le grand poète en parlant de Napoléon. « Il était complet. Il avait dans son cerveau le
» cube des facultés humaines. Il faisait des codes comme
» Justinien, il dictait comme César, sa causerie mêlait l'é-
» clair de Pascal au coup de foudre de Tacite, il faisait
» l'histoire et il l'écrivait, ses bulletins sont des Iliades, il
» combinait le chiffre de Newton avec la métaphore de
» Mahomet, il laissait derrière lui dans l'Orient des paroles
» grandes comme les Pyramides, à Tilsitt il enseignait la
» majesté aux empereurs, à l'académie des sciences il
» donnait la réplique à Laplace, au conseil d'Etat il tenait
» tête à Merlin, il donnait une âme à la géométrie des uns
» et à la chicane des autres, il était légiste avec les procu-
» reurs et sidéral avec les astronomes... » Ce tableau est éloquent. A une époque où je ne sais quels barbares se mettent à faire la guerre à l'intelligence, à la pensée française, afin de la transformer en un objet de risée, le tout pour la plus grande gloire de la monstrueuse démocratie de leurs rêves, une démocratie basée sur la stupidité et le mépris de tout idéal, il faut courageusement montrer l'affinité qui réunit Napoléon à Victor Hugo, tous deux issus du peuple. Béranger, vilain et « bien vilain » comme il le dit lui-même, Béranger voit en Napoléon le « plus grand poète des temps modernes. » Henri Heine, le hautain By-

ron, Lamartine, ont parlé de Napoléon avec une éloquence, une richesse de langage admirables, une poésie puisée aux réservoirs les plus secrets de l'émotion. Que penser d'un homme ainsi escorté devant les siècles? N'a-t-on pas le droit de le considérer lui-même comme un grand écrivain, en présence de tous ces hommages émanant, la plupart du temps, d'adversaires politiques?

Les quelques hommes de lettres qui ont écrit sur Napoléon orateur et historien, c'est-à-dire Sainte-Beuve, Thiers, Léonce de Lavergne, Paul Lacroix, Villemain et Armand Carrel, ont négligé de donner à cette imposante silhouette de *Napoléon écrivain* tout le développement qu'elle comporte réellement. Il convient de dire, à leur décharge, que le temps où ils vivaient était moins riche en enseignements que le nôtre. Chose étrange, Napoléon, auteur absolument *classique* et capable d'offrir en ce genre d'aussi beaux modèles que les grands artistes en prose du dix-septième siècle, Napoléon se présente aux yeux du critique et de l'historien littéraire comme un des trois ou quatre précurseurs de l'évolution accomplie par les lettres et l'art français entre 1820 et 1848. On dirait une sorte d'aïeul, de grand-père du Romantisme. Et de fait, quand il disparut de ce monde, tout plein de son nom, tout retentissant de ses exploits, la jeune génération ne vivait, ne pensait que par lui. Alfred de Musset a raconté en maître, au début de la *Confession d'un enfant du siècle*, les phases douloureuses de la maladie étrange qu'amena la disparition subite de Napoléon. Ces jeunes gens, dont les pères s'étaient promenés du Caire à Smolensk, de Cadix à Moscou, de Messoudiah à Dantzick, laissant chaque fois un peu de leur sang aux ronces et aux glaces du chemin, ces jeunes gens affolés craignirent que, désormais, le monde ne connût plus rien de grand. Le colosse tombé, la statue prodigieuse écroulée, on regarda le sol ; et la pensée universelle frémit en voyant la place énorme que ses débris occupaient encore. Napoléon devint le mot d'ordre du libéralisme, le cri de ralliement de toutes les générosités, de tous les grands enthousiasmes. Le nom du capitaine heureux qui, à vingt-sept ans, avait déjà fait le tour des choses humaines, et qui sut monopoliser pendant un quart de siècle toutes les espèces de gloires terrestres, le nom de ce titan servit de cocarde à toutes les saintes ambitions. L'année même où les uns renversaient enfin les Bourbons, ces octroyeurs et *désoctroyeurs* de chartes, d'autres, plus délicats dans le choix de leur triomphe, avaient résolûment emporté d'assaut toutes les bastilles surannées, branlantes, des partisans du Poncif et du Convenu dans les lettres et les arts. Victor Hugo, Alexandre Dumas, Musset, Frédéric Soulié, Gérard de Nerval, Théodore de Banville, sont fils de généraux ou d'officiers de l'empereur Napoléon. Le plus grand peintre du romantisme, Delacroix, eut pour père un ministre des relations extérieures devenu l'un des premiers préfets du Consulat. On voit que le glorieux soldat de Rivoli et de Lobau avait aussi, par contre-coup, donné le jour à une génération littéraire, lui qui s'entendait si bien à former des générations de guerriers, de diplomates, d'administrateurs. Les pères avaient parcouru l'univers, montrant partout les trois couleurs de la Révolution française; les fils eurent aussi le bonheur de réaliser leur rêve : ils délivrèrent l'Art!

Le caractère intime de Napoléon est trop connu pour que je m'y arrête. On l'a nettement défini en des livres laborieux, les uns pleins de respect et d'admiration, les autres simplement impartiaux. De Norvins, Abel Hugo, Laurent de l'Ardèche, Thiers, Lanfrey, Imbert de Saint-Amand, sans parler d'une foule de mémoires, dont les plus sincères, les plus *vivants*, sont les *Souvenirs* de Méneval, de la générale Durand, et surtout les très pittoresques et inimitables *Cahiers* du capitaine Jean-Roch Coignet, ce Quinte-Curce de caserne d'un Alexandre insulaire et montagnard, — au total soixante auteurs, ont fixé, pour la postérité, les traits d'un Napoléon auquel il est malaisé de s'attaquer.

b

Madame de Rémusat, avec ses *Mémoires* taquins et bavards, l'a essayé. A part une réputation de femme de chambre chassée pour avoir trop écouté aux portes, je ne vois pas bien ce qu'elle y a gagné. Le livre de M. le général Th. Iung, *Bonaparte et son temps*, est un ouvrage inspiré par un ardent patriotisme, j'en conviens, mais aussi par une singulière passion politique. Il est sans intérêt pour l'histoire de l'art ; et même, patriotiquement parlant, on doit regretter l'application, les soins raffinés, à l'aide desquels l'auteur a tenté de rabaisser l'homme dont le nom seul faisait trembler l'Allemagne, notre implacable ennemie. Quand je vois attaquer Napoléon, — précisément de la manière dont s'y est pris l'honorable auteur de *Bonaparte et son temps*, — je crains toujours un peu qu'on ne diminue la France. Sans compter qu'il faut être bien sûr de son infaillibilité, — récemment les évêques du monde entier la refusaient au Pape, — pour faire ainsi le procès aux millions d'humbles électeurs qui votèrent le Consulat à vie et l'Empire et aux généraux, savants, fonctionnaires, parlementaires, financiers, diplomates et autres personnages, tous très distingués, qui hissèrent Napoléon sur le pavois, et le servirent longtemps avec autant d'intelligence que de dévouement. On assure même que les fonctionnaires et les généraux de ce temps-là valaient bien ceux du nôtre. Quant aux deux longs articles que M. Taine a fraîchement fulminés contre Bonaparte, dans les colonnes de la *Revue des Deux Mondes*, ils ne paraissent avoir causé aucun tort à l'admirable style des *Proclamations*, des *Lettres* et des *Mémoires*, aucune dégradation à la statue du général français qui commandait aux Pyramides et à Iéna. On s'accorde même communément à croire, de concert avec une princesse des plus lettrées de ce temps-ci, que le seul personnage qui ait souffert de ces articles est Napoléon-Taine.

L'éducation première de Bonaparte a donné lieu à quelques erreurs, et cela fort innocemment à mon avis. Les écrivains qui ont précédé ceux de notre époque manquaient à cet égard des moyens d'information dont nous disposons. Il faut le dire : la tourmente révolutionnaire avait tout bouleversé, ce qui rend d'autant plus méritoire l'œuvre des premiers biographes de Bonaparte. L'abbé Nasica donne bien quelques renseignements précieux, ainsi que le baron de Coston ; mais il est des cas où il convient de ne pas les prendre tout à fait au pied de la lettre. L'étrange enfant, né à Ajaccio le 15 août 1769, désigné à l'état-civil sous le nom de « Napoléon de Buonaparte, écuyer », possédait, — cela est certain, — un fort maigre bagage littéraire lorsqu'il entra à Brienne. L'année de sa sortie, et même plus tard, au dire de Stendhal, il ne connaissait que les mathématiques, l'artillerie, la science militaire et Plutarque. Il me semble qu'il y a ici une légère omission. Nous avons, par exemple, des notes de Brienne qui nous le montrent ayant fait sa quatrième. A la vérité, il n'est point question du grec dans tout cela ; mais le jeune homme avait avidement parcouru Polybe et Xénophon, grâce aux très satisfaisantes traductions qu'on en possédait déjà. Plus tard, il lut Arrien ; mais, comme Henri IV, Napoléon garda toujours pour Plutarque une prédilection marquée. Empereur, il fit de l'historien de Chéronée et d'Ossian ses deux véritables livres de chevet. Comme Alexandre emportant Homère dans sa cassette, tout en allant conquérir le monde, Bonaparte ne se mettait jamais en route sans ses auteurs favoris. Il était aussi de première force en géographie, comme la plupart des grands militaires ; ce qui revient à démontrer, après tout, qu'en dehors des « exercices d'agrément », pour lesquels il fut assez faible au dire de M. de Kéralio [1], cet esprit curieux et chercheur n'avait rien rejeté de tout ce qu'on peut apprendre pendant la vie de collège. Mais, pour combler les lacunes encore grandes de cette éducation hâtive, plutôt improvisée que régulière, Bonaparte mit à contribution

---

[1]. Notes de sortie de Brienne.

ses loisirs de garnison. A Valence, n'étant encore que lieutenant en second au régiment de la Fère-artillerie, il dévora littéralement la bibliothèque de son voisin, le libraire Aurel, — celui-là même qui habitait la fameuse *Maison des Têtes,* un véritable bijou de la Renaissance.

On a observé un fait analogue au début de la vie littéraire d'Honoré de Balzac. Comme Bonaparte, l'auteur de la *Comédie Humaine* digéra des bibliothèques entières, afin de réparer les accrocs nombreux qu'avait subis son éducation classique. Quand on considérera que le futur empereur des Français était doué d'une mémoire prodigieuse, sagace, retenant tout des choses, depuis les grandes lignes jusqu'au moindre détail, on s'expliquera plus facilement l'immense fonds de connaissances que dénote la composition de ses œuvres littéraires, politiques et oratoires. Napoléon, en effet, a touché plus ou moins à deux des genres sur trois dont se prévaut la *littérature d'imagination;* et il a cultivé les six ou sept genres que comporte la *littérature d'analyse.* La poésie, le conte, la morale, l'histoire, l'éloquence, la critique, la polémique, les voyages, ont fourni des aliments à sa plume fébrile et dévorante. De ses nombreux travaux d'homme de lettres, les uns sont d'un simple polygraphe et n'ont qu'une valeur de curiosité; les autres émanent d'un admirable écrivain, d'un grand artiste en prose, absolument complet, n'ignorant rien des secrets de l'art. Pour donner une conclusion critique à cet égard, je dirai de Napoléon Bonaparte qu'il a été un *pamphlétaire* et un *épistolier* de talent; mais qu'il y a aussi en lui un *orateur* et un *historien* de génie. Voilà son bagage artistique devant la postérité. Il n'est pas mince, surtout si l'on réfléchit que notre auteur a été quelque peu distrait par d'autres soins au cours de sa carrière littéraire. Enfin, Napoléon a sa place marquée, en art, parmi les créateurs. Il a enrichi la prose française d'un genre inconnu avant lui; il a créé chez nous l'une des plus belles branches de l'éloquence: cette chose grave, enthousiaste, entraînante, sonore comme une ode, bruyante comme une sonnerie de clairon, véritable poème en prose, dont la lecture enflammait les cœurs, qu'il a baptisée *la proclamation*, et qui sert, en quelque sorte, de thème explicatif à l'immense cantate de la guerre.

Ce personnage, qui parcourait le monde à la tête d'armées incessamment renouvelées, qui ne songeait qu'aux âcres satisfactions de la victoire, cet amoureux de la guerre, de l'aventure, toujours en quête d'une diversion propre à étonner l'Europe, savait aussi, quand il le voulait, devenir le plus séduisant des hommes d'esprit, le plus charmant des causeurs. Beaucoup de ses conversations ont la largeur enflammée des conversations de Pascal. Celles qui nous ont été conservées, toutes marquées de mots caractéristiques, de réflexions originales et pittoresques, font regretter ce qu'on a perdu de la parole si stylée de Napoléon. J'ai cité plus haut sa frénétique échappée sur l'Orient, la veille d'Austerlitz. Il en existe d'autres, tout aussi savoureuses. Le *Mémorial de Sainte-Hélène*, écrit par un homme d'un cœur et d'un tact exquis, est à ce sujet une mine inépuisable. Il contient, en maintes pages, le plus brillant commentaire de Napoléon écrivain. Mais l'empereur possédait encore le don, plus rare qu'on ne croit, de se plier à toutes les formes de causerie, et cela dans quelque milieu que ce fût. Aux armées, aux camps, dans les palais, à la porte des villes, au Conseil d'État, à l'Institut, — dont il faisait partie comme membre de la première classe, section des arts mécaniques, en compagnie de Monge et de Prony, — au Sénat, au Corps législatif, comme aussi en famille, à La Malmaison, à Saint-Cloud, ou encore dans l'admirable parc du château de Mortefontaine, chez son frère Joseph, il donnait à sa parole le caractère particulier qu'exigeaient les auditeurs et le lieu, d'une manière si calme, si disciplinée, si appropriée aux circonstances, qu'on pouvait croire, — disent ses amis, — qu'il s'était exercé de longtemps à composer dix ou douze variétés de discours, chacun de ces discours ayant ses nuances obligées et même ses sous-nuances. Quand il mettait les pieds dans une spécialité quelconque, sur un terrain délimité, il tenait tête brillamment aux hommes du métier. Il était de taille à critiquer le système défensif du plus savant de ses généraux du génie ou de l'artillerie, comme aussi à solidifier la mémoire d'un préfet ou d'un procureur-général hésitant sur quelque texte de loi ; et, volontiers, il eût chicané quelque brave homme d'archevêque sur un point mal défini de la théologie, — protestante ou catholique, la chose lui importait peu. Sa mémoire le sauvait toujours d'un pas difficile, lui permettant de garder la supériorité de l'attaque, même s'il ne faisait que répliquer. A Erfurth, dînant un soir en compagnie d'un empereur, d'une reine et de trois rois, flanqués de plusieurs ducs et princes, parmi lesquels le prince-primat, Napoléon parla sur la fameuse bulle d'or électorale, laquelle avait servi de constitution et de règlement pour l'élévation des empereurs d'Allemagne avant l'établissement de la Confédération du Rhin. On voit d'ici quel étonnement provoqua chez les convives l'intervention de Napoléon en un pareil sujet de conversation, sujet à peine à la portée des plus instruits hommes d'Eglise. Il y eut un moment où l'empereur et le primat furent littéralement en désaccord, toujours à propos de cette malheureuse bulle d'or. Le primat la faisait remonter à 1409 et, peu distrait par les somptuosités de la table impériale, sans céder au vainqueur d'Iéna, courtoisement, il ne démordait pas de son point de vue. « Je crois que vous vous trompez, » dit Napoléon du ton le plus aimable, « la bulle dont vous parlez a été proclamée en 1336, sous le règne de l'empereur Charles IV. »

Il n'y avait rien à répondre ; c'était l'expression même de la vérité. Le primat dut se résoudre à en convenir, malgré son dépit évident d'être battu par un laïque. L'empereur, jouissant de l'embarras où il venait de plonger son interlocuteur, expliqua alors comme quoi il avait eu l'occasion de se renseigner sur la bulle électorale. Pendant la fin de ce dîner, il tint ses auditeurs sous le charme, leur racontant sa vie militaire à Valence, ses relations avec le libraire Aurel, dont il lisait tous les livres, ses conversations fréquentes avec l'abbé de Saint-Ruf, madame Grégoire du Colombier, les deux premières personnes qui l'eussent façonné aux usages du monde. Il existe d'autres preuves bien concluantes de cette extraordinaire mémoire. Napoléon aimait à dire que la nature l'avait doué, notamment, de la mémoire des chiffres, des physionomies et des lieux ; et de fait, il eut souvent l'occasion d'accomplir des prodiges à ce triple point de vue. Il lui arrivait très souvent de reprendre ses ministres, en leur citant les détails ou l'ensemble numérique de leurs comptes les plus anciens.

Cette esquisse morale de Napoléon Bonaparte serait incomplète si, toujours en vue de bien saisir son tempérament littéraire, on passait sous silence son penchant réel pour la gaîté. Fleury de Chaboulon dit qu'il badinait « volontiers » ; et, le brave Gourgaud l'affirme, le fond de son caractère était « une humeur enjouée. » Le grave Benjamin Constant déclare même que l'empereur abondait en « plaisanteries ». Comme le dit fort bien Victor Hugo, ces gaîtés de géant valent la peine qu'on y insiste. A Sainte-Hélène, aux jours les plus sombres de sa destinée, quand il se plongeait dans la masse confuse de ses souvenirs, que Bertrand et Las Cases buvaient ses paroles, Napoléon trouvait assez de calme pour raconter quelques-unes de ses « plaisanteries » de camp et de caserne, — farces fort anodines faites à des grenadiers de sa garde ou à de jeunes officiers qui avaient mérité la brimade du maître. *Ridet Cæsar*, disait-on dans les rangs de la légion Fulminatrix. M. Imbert de Saint-Amand s'est particulièrement attaché à mettre en évidence le Napoléon-homme d'esprit ; et je ne puis mieux faire que de renvoyer les lecteurs à cette aimable et impartiale source de renseignements [1]. Même au

---

1. Voyez notamment *La Femme du premier Consul*. (Dentu.)

milieu des tracas de sa quadruple existence de grand capitaine, de souverain, de diplomate et d'homme privé, dans des occasions terribles ou solennelles, Bonaparte trouvait le mot bien français, le mot heureux, typique, qui provoque le sourire ou définit originalement une situation. Parlant des prodigieux efforts des souverains de l'Europe coalisés contre la France, efforts dont son génie avait toujours raison, Napoléon disait à quelqu'un : « Ils se sont tous donné rendez-vous sur ma tombe, mais ils n'osent pas s'y réunir. » Le soir de La Moskowa, après avoir contemplé l'immense étendue des cadavres de la ligne française, au milieu de laquelle les superbes cuirassiers de Caulaincourt et de Nansouty, les plus beaux mâles de l'armée, mettaient par places des lueurs d'acier, César eut l'extraordinaire sang-froid de railler sa capitale. — « Une nuit de Paris réparera cela, » — dit-il en s'éloignant. Mot terrible, où se trouve en germe une sorte de causticité lugubre ; mais erreur capitale, car Paris n'est point une ville prolifique. A tout prendre, la preuve indéniable qu'il y avait en Napoléon un homme de lettres, peut-être même un romancier. On a tout un recueil de joyeusetés authentiques sur *Moustache*, le caniche du Premier Consul, et sur son cheval blanc *Désiré*. On y trouverait des traits particuliers, fort éloquents, de l'enjouement habituel à Napoléon et bien dignes de l'homme qui, à Waterloo, frappant brusquement sur l'épaule d'Haxo pour lui montrer les trois batteries de douze destinées à foudroyer Mont-Saint-Jean, murmurait avec un rire mal contenu : « Voilà vingt-quatre belles filles... » Et tout cela vingt siècles après la sublime protestation d'Horace : *Bella matribus detestata !*

On ne saurait nier que, chez un écrivain, et principalement un écrivain qui se propose une interprétation directe de l'humanité, — c'est bien le cas de Napoléon, orateur et historien avant tout, c'est-à-dire littérateur d'analyse, — cette facilité à se ployer aux petits côtés de la vie, cette tendance à ne rien mépriser de l'existence, même l'élément comique, ne constituent deux importantes qualités. Généralement, les pessimistes ne saisissent point tous les détails du drame humain, et partant, sont de moins bons peintres que les esprits dénués de prévention, exempts d'amertume. Aristophane, Térence, Rabelais, Cervantes, Molière et La Fontaine, donnent de l'homme une idée autrement vivante que Perse, Byron, Lamartine, Musset, Shelley et Léopardi, quoique ce soient là de grands poètes et de glorieux artistes de lettres. J'aime mieux Saint-Amant godaillant au cabaret, tutoyant le vin, apostrophant les brocs, enrichissant le vocabulaire de bonnes expressions bachiques, qu'un Millevoye pleurnichant sur les bois qui jaunissent, qu'un Gilbert insultant la vie parce qu'il est entré à l'hôpital. Le premier me donne de l'humanité une peinture éternelle comme le monde ; il continue la flamboyante tradition du vice sublime de la bonne humeur ; il enrichit son art, l'art du poète lyrique. Les deux autres ne me parlent que d'eux et de leur cas particulier, sans profit d'ailleurs pour la littérature, laquelle ne compte déjà que trop de pleureurs de parti pris. En effet, tout le monde mange et boit comme Saint-Amant ; mais il y a peu de poitrinaires, relativement, et plus de gens dans la rue qu'à l'hôpital. Encore ici, l'auteur du *Souper de Beaucaire* et des *Proclamations* était choyé par la nature. Sa façon d'observer, de regarder l'homme, étant en parfaite harmonie avec l'immense registre de ses sensations, on conçoit que son œuvre littéraire, — méprisée à plaisir des pédants et des sots, ou niée systématiquement par certaines églises politiques, — porte la marque d'un tempérament unique, unissant le rêve et l'action, donnant à la phrase écrite la saveur exquise et si rare de la chose vécue. Au lieu d'un Quinte-Curce, s'ingéniant à recueillir des traditions ou assemblant des récits venus de droite et de gauche, voit-on d'ici ce que serait une histoire d'Alexandre écrite par Alexandre lui-même ?

Enfin, détail inattendu chez cet homme extraordinaire, Bonaparte n'a pas dédaigné le calembour ; Cléopâtre, artiste et politicienne, non plus. Ouvrez plutôt la *Vie* d'Antoine, dans Plutarque. Octave-César, prenant les devants sur son rival, entre en Épire et s'empare de la petite ville de Toryne. A cette nouvelle, Antoine et ses amis se troublent ; mais Cléopâtre joue sur le mot : « Quoi d'étrange, dit-elle, à ce que César soit assis la cuillère en main ? » *Toryne*, en effet, équivaut en grec à « cuillère à pot. » Pour Napoléon, ce ne sont point les noms des villes, mais bien ceux des individus, qui lui permettaient de descendre jusqu'au jeu de mots, extrémité de laquelle il s'échappait vite. L'année même de son mariage avec l'insignifiante archiduchesse Marie-Louise, la plus effacée des souveraines qu'ait eues la France, Napoléon apprend par Savary que le pape a rendu contre lui une sentence d'excommunication basée sur sa soi-disant polygamie [1], et que l'abbé d'Astros, grand vicaire capitulaire de l'archevêché, l'a secrètement fait afficher à la porte de Notre-Dame. L'empereur était attendu au Conseil d'Etat ; il y entra, fort en colère. « Quel bigot que ce d'Astros ! Quel bigot ! » furent ses premières paroles ; puis : « J'y mettrai ordre. » Résolument, il marcha droit à l'un des membres de l'assemblée, lequel se tenait debout. — « *Bigot*, dit Napoléon, je vous fais ministre des cultes ! » — Et de fait, à partir de ce jour, l'excellent, souriant et médiocre Bigot de Préameneu fut ministre des cultes. Ce même penchant à la gaîté spéciale du « mot » valut une préfecture à l'un des débris de la Convention, le sceptique Jean-Bon Saint-André. Un soir, le maître l'aperçoit dans le salon des Tuileries et court à lui. — « Comment, vous voilà, *Jean-Bon* ? Vous devriez être à Mayence ! » L'autre sourit, ce qui enleva l'affaire. Et, comme le ministre de l'intérieur passait : « Je viens, dit gravement Napoléon, de nommer M. le baron de Saint-André préfet du département du Mont-Tonnerre. » Trois jours après, Jean-

---

1. La générale Durand raconte la scène en détail, dans ses *Mémoires* (C. Lévy, éditeur.)

Bon avait rejoint son poste. Il l'occupait encore en 1813 [1]. Il y a je ne sais quelle consolation à voir descendre ainsi les dieux de leur socle pour prendre leur part des faiblesses et des distractions ordinaires de l'humanité. Le grand Armand Duplessis reçoit un matin la visite de Godeau, le nain de Julie ; et, d'abondance, l'abbé se met à réciter des vers. Richelieu s'impatiente ; le prestolet continue. « *Grasse*... je vous y nomme évêque ! » s'écrie le cardinal. Godeau était vaincu par l'argument ; il fut, d'ailleurs, un excellent prélat doublé d'un poète de talent. Cléopâtre, Richelieu et Napoléon ont donc sacrifié au bas comique. Le cardinal, l'empereur, en sont-ils diminués et la gorge de Cléopâtre moins belle ?

1. Voyez l'*Almanach Impérial.*

III

Il est de mode aujourd'hui, lorsqu'on étudie l'œuvre d'un prosateur ou d'un poète, de s'attacher à mettre en relief l'influence que la naissance et le pays ont pu avoir sur cette œuvre. En principe, ce procédé peut être d'une réelle utilité ; il sert à diriger plus efficacement la tâche du critique et de l'esthéticien ; cependant, on en est quelquefois sorti pour formuler des conclusions excessives. Des écrivains chagrins, mécontents d'eux-mêmes et des autres, n'ont pas craint de biffer la gloire d'un auteur, faisant remonter la paternité de son œuvre à ses ascendants, voire à son propre pays natal, ce qui revient à transformer le sujet ainsi écorché vif en un simple interprète, un copiste obligé, ayant transcrit ses sensations sous le coup d'une force mystérieuse. Un grand écrivain, érigé en professeur de littérature, a tenté de mettre en péril la gloire de Rabelais et de La Fontaine ; un autre, simple polygraphe il est vrai, s'est ingénié à démontrer l'existence d'un troisième poète du nom de Corneille, criant bien haut que ses frères, Pierre et Thomas, l'avaient tenu sous le boisseau. Le tout au nom de la famille et du pays natal, le pays normand, comme on sait. L'expérience démontre donc qu'il y a quelque danger à prendre au pied de la lettre le système critique basé sur l'influence des milieux. La nature, la seule nature, voilà la grande influence. Bien souvent, trop souvent même, les Césars engendrent des Laridons, — en littérature surtout. Toutefois, on doit reconnaître que le pays et l'hérédité ont joué un grand rôle dans la formation du tempérament littéraire de Bonaparte.

On sait la Corse et sa robuste et bizarre nature, ses paysages puissants, ses bois vierges de pas humains, ses montagnes grandioses, et aussi les mœurs âpres et farouches de ses habitants. Napoléon Bonaparte, encore enfant, perdu dans ses rêveries solitaires, à Milelli, aux Sanguinaires, ou bien encore chez les pâtres rudes et forts des *piéves* de Bocognano, Napoléon avait reçu l'empreinte profonde de cette singulière contrée, qui confine physiquement et moralement à la Gaule, à l'Italie, à la Grèce et à l'Afrique, mais ne peut montrer aucun des traits essentiels du caractère de ces différents pays. A de certains égards, il demeura Corse toute sa vie ; à Brienne, à l'école militaire de Paris, au régiment de la Fère, il arborait un patriotisme sauvage, étroit, susceptible à l'excès, le patriotisme propre aux habitants de l'antique Cyrnos, la *Corsica* des Latins. Plus tard, il se défit de ce sentiment trop primitif, trop gênant, pour l'extraordinaire Français qu'il allait être. Il ne garda de son pays aimé que des souvenirs pittoresques, une vision de grandiose nature, quelques sensations de l'ordre le plus délicat, le plus poétique. Je prends dans madame de Rémusat, bon juge quand elle n'est pas directement en cause, comme à Pont-de-Briques par exemple, la page suivante :
« ... Il aimait fort tout ce qui porte à la rêverie : Ossian,
» le demi-jour, la musique mélancolique. Je l'ai vu se pas-
» sionner au murmure du vent, parler avec enthousiasme
» des mugissements de la mer, être tenté quelquefois de
» ne pas croire hors de toute vraisemblance les apparitions
» nocturnes, enfin avoir du penchant pour certaines supers-
» titions. Lorsque, en quittant le cabinet, il rentrait le soir

» dans le salon de madame Bonaparte, il lui arrivait quel-
» quefois de faire couvrir les bougies d'une gaze blanche ;
» il nous prescrivait un silence profond, et se plaisait à
» nous faire ou à nous entendre conter des histoires de re-
» venants, ou bien il écoutait des morceaux de musique
» lents et doux exécutés par des chanteurs italiens, accom-
» pagnés seulement d'un petit nombre d'instruments légè-
» rement ébranlés. On le voyait alors tomber dans une rê-
» verie que chacun respectait, n'osant ni faire un mouve-
» ment ni bouger de sa place. Au sortir de cet état, qui
» semblait lui avoir procuré une sorte de détente, il était
» ordinairement plus serein et plus communicatif. » Tout
cela n'est point banal. On le sent bien : l'homme qui sacri-
fiait à ces délicieuses bizarreries portait au fond de son
cœur l'amour, le respect, l'enthousiasme même de l'art et
de la poésie. Il a hautement protégé l'un et l'autre. David,
Isabey, Paër, Vivant Denon, Arnault, Gros, Guérin, et
d'autres, peintres, musiciens, écrivains, étaient ses amis.
Il avait tiré Berthollet de la gêne, fait de Chaptal un ministre et de Lacépède un grand-chancelier de la Légion
d'Honneur, ce qui revient à dire que les sciences eurent
avec lui leur véritable siècle de Louis XIV. Enfin, en dehors
des influences poétiques qui lui venaient de son pays natal,
il avait hérité de sa mère, Maria-Lœtitia Ramolino, l'énergie,
le courage moral et physique.

Madame Charles Bonaparte, ou plutôt madame Lœtitia,
— comme les amis de la famille se plaisaient à l'appeler, — fut non seulement l'une des plus belles femmes de
son temps, mais encore le type admirable du patriotisme
local, de la bravoure, de l'amour maternel. C'était une véritable Romaine, de la taille des Cornélie et des Véturie ;
et l'on commence à dire la mère de Napoléon, comme on
dit depuis longtemps la mère des Gracques, la mère de
Saint Louis. Cette maîtresse-femme, cette créature shakes-
pearienne, formait un contraste saisissant avec son époux.
Charles-Marie de Bonaparte, doux, aimable, de complexion

amoureuse, courant les protections, rimant de jolis sonnets en langue italienne [1], étalant sa noblesse avec complaisance, nous apparaît à la fois comme un poète-amateur et comme un de ces maigres « gentilshommes à lièvre, » dont se moquait spirituellement Pauline de Simiane, la caustique petite-fille de Sévigné. Il était bien de ceux qui avaient « la jambe belle, » au dix-huitième siècle, mais le cerveau superficiellement meublé. Le peu de renommée que Charles conquit dans sa pauvre île de Corse lui vint surtout de ses bonnes relations avec les représentants du roi de France. Napoléon doit peut-être à son père l'excessive inclination qu'il eut toujours pour la rêverie, ce qui est le mal des délicats après tout. Il faut dire, à la décharge du père du futur empereur, que la famille de Buonaparte, après avoir passé par des phases fort brillantes, venait d'être réduite à la gêne par son acte d'adhésion à l'autorité royale, — qui lui valut la haine des vieux Corses, — et par le désordre économique qu'entraîne toujours l'annexion, moitié de gré, moitié de force, d'un petit pays à un grand. On a de Napoléon des lettres à l'intendant de Corse, au sujet de la succession paternelle. Elles témoignent d'une quasi-détresse. Il était temps que la petite île « étonnât le monde, » selon le mot singulier de J. J. Rousseau. Les ascendants de Napoléon paraissent avoir eu le goût des arts et des lettres, ce qui s'expliquerait un peu par leur alliance avec les Médicis. A Bologne, ils figurent sur le *Livre d'Or*; ils sont patriciens à Florence. Abel Hugo prétend même que la famille avait déjà donné des souverains à Trévise [2]. Il ne serait pas difficile de découvrir, au bénéfice de Napoléon homme de lettres, des indications fort concluantes. Tous ces Buonaparte sont, en général, hommes de loi ou hommes d'église, emplois les dénotant ainsi amis des livres. Un seul, Napoléon des Ur-

---

1. Il en fit un, notamment, à l'occasion du mariage de M. de Marbeuf, gouverneur de la Corse, en 1784. On en trouvera la traduction et le texte à notre *Appendice*.
2. *Histoire de l'empereur Napoléon*, page 8 (1833.)

sins, témoigne avec éclat de talents militaires. Un Nicolas Buonaparte a fondé la chaire de jurisprudence de Pavie ; un autre, Jacques, a écrit une bonne *Chronique* du sac de Rome par l'irascible connétable de Bourbon. Le nom de Buonaparte se retrouve encore à la fin d'une des plus vieilles comédies italiennes, *la Veuve*, et au bas d'un acte diplomatique, le traité d'échange de Livourne contre la ville de Sarzana. Une Buonaparte a mis au monde l'enfant qui devait être un jour le pape Paul V. Ceux de la branche de Sarzana sont notaires à partir du treizième siècle, tels Giovanno, Guelfo, Giacopuccio et Niccolosio ; deux ou trois sont chanoines ; ce ne sont pas les moins lettrés. La branche d'Ajaccio, reconnue noble en 1661, contient une personnalité intellectuelle de premier ordre, l'archidiacre Lucien, grand-oncle de Napoléon. Enfin, les armes de cette famille, sculptées sur la porte de la maison d'Ajaccio, figuraient aussi à Florence, dans le palais des anciens podestats [1]. Elles consistaient, d'après Charles de Buonaparte lui-même, en une couronne de comte surmontant « un écusson fendu » par deux barres et deux étoiles avec les lettres B. P. qui » signifient Buona Parte, le fond des armes rougeâtre, les » barres et les étoiles bleues, les ombrements et la couronne » jaunes. » Ce que j'en dis ici, d'ailleurs, n'est que pour démontrer explicitement l'influence de l'hérédité sur l'organisme cérébral de Napoléon, car il n'avait aucune vanité. Il se moquait même avec beaucoup de verve de ses généalogistes. A Dresde, il disait à son beau-père, l'empereur François, très glorieux d'être un Hapsbourg : « Ma noblesse ne date que de Montenotte, » — peut-être sans grande chance d'être compris. Il est vrai que d'aucuns prétendent l'avoir surpris parlant à Marie-Louise de Marie-Antoinette, en appelant cette dernière : « notre pauvre tante. » Mais son alliance avec la fine fleur de la noblesse toscane, génoise et corse : les Médicis, les Colonna, les Durrazzo, les

---

[1]. Lettre de Charles de Buonaparte à M. D'Hozier de Sérigny, juge d'armes de la noblesse de France, 15 mars 1779. (Archives nationales.)

Bozzi, le laissa toujours froid. Un sûr moyen de le mécontenter c'était d'y faire allusion.

Nous avons maintenant toute la psychologie de Napoléon et comme le pivot sur lequel devait évoluer son tempérament d'artiste. On comprend qu'un tel homme marquerait dans les lettres d'une façon particulière; aussi ce tempérament merveilleux, — la critique l'a reconnu, — est-il tiré à un seul exemplaire. L'influence du sol natal existe : elle se traduit par des symptômes poétiques, — nous les avons passés en revue, — et par une sorte de développement anormal, exagéré, de la fierté et de la dignité personnelles. Il convient d'ajouter que l'homme tenait de son île un fatalisme digne des temps païens, de l'Hellas, et que ce fatalisme s'alliait chez lui à une croyance en Dieu très marquée, d'une sincérité profonde. Au moment d'aborder en Egypte, surpris en mer par une voile ennemie, il s'adressait à la Fortune, comme un Romain du temps d'Octave ou de Sylla, suppliant la bonne déesse de ne pas l'abandonner, de lui accorder cinq jours seulement. A Sainte-Hélène, touchant presque à sa mort, il reprenait vivement Antomarchi sur son athéisme. L'influence du sang et de la race s'affirme également : de sa mère, Bonaparte a l'action, la toute-puissante action; de son père, il tient la rêverie et la faculté de traduire cette rêverie par l'expression littéraire, l'image écrite ou parlée selon le cas; de tous les Bonaparte, ceux de San-Miniato aussi bien que ceux de Sarzana et d'Ajaccio, il a hérité une sorte de prédisposition instinctive et innée pour les arts et les lettres. Il a, à un degré supérieur, déconcertant, la première des qualités de l'écrivain : l'imagination. Si l'on y ajoute un certain raffinement dans la façon de sentir, une mémoire prodigieuse, le don du groupement et du choix, c'est-à-dire la faculté de bien distribuer les idées et les sujets, on voit que l'apport de la nature est complet. Il ne pouvait faire moins que d'être homme de lettres, même à travers les péripéties complexes d'une existence sans précédent et sans modèle. Physiquement, quand on l'étudie dans son iconographie, on voit qu'il porte beaucoup plus le caractère signalétique de l'écrivain que celui de l'homme de guerre. Consultez les portraits de Greuze, de David, les miniatures d'Isabey, les dessins de Vivant Denon, et surtout les trois admirables types monétaires du graveur Tiollier; et vous serez frappé de cette anomalie, singulière à coup sûr chez un pareil soldat. Personne n'a su comme lui son métier de général en chef, — ses quinze campagnes l'attestent trop [1]; — et cependant la famille dont il sortait n'est point de race militaire. Son propre cas est isolé, à part celui de Napoléon des Ursins. Trois de ses frères, Joseph, Louis et Jérôme, ont appartenu à l'armée; ils ont donné des preuves de bravoure personnelle, mais non de talent militaire supérieur. En revanche, tous à peu près ont écrivaillé. Son autre frère, Lucien, seul, a su écrire, sans éclat il est vrai. Toutefois, il réalisait le type tempéré de l'académicien jouant au Mécène, et eût pu rendre à Napoléon de bons services, si on avait fait de lui une manière de sous-secrétaire d'Etat des beaux-arts. De ses trois sœurs, Elisa et Caroline ont possédé presque toutes les qualités qu'exige la politique; la dernière, Pauline, un peu effacée (mais combien belle!), savait élégamment tourner une lettre. Son style rappelle un peu madame de Courcelles. N'oublions pas le père, Charles Bonaparte, poète italien et épistolier français. Stendhal le tenait en haute estime. L'aptitude la plus marquée de l'illustre famille corse est donc une aptitude littéraire. Mais, pour en revenir à l'auteur du *Souper de Beaucaire*, je me propose maintenant de passer en revue ses moyens d'exécution, ses procédés de style et ses diverses œuvres. Quand il s'agit d'un homme comme Napoléon, il n'y a pas de quantité négligeable.

---

1. 1793, armée du Midi (Avignon, Toulon, Marseille); — 1796-1797, Italie; — 1798, Egypte; — 1799, Syrie; — 1800, seconde d'Italie; — 1805, Autriche; — 1806, Prusse; — 1807, Pologne; — 1808, Espagne; — 1809, seconde d'Autriche; — 1812, Russie (que Napoléon appelait la seconde de Pologne); — 1813, Allemagne, ou Saxe; seconde d'Allemagne; — 1814, France; — 1815, Belgique. Les hommes du métier désignent quelquefois la première d'Autriche (1805) sous le nom de campagne de Moravie.

IV

Etre *homme de lettres,* dit Sainte-Beuve, c'est-à-dire dans le vrai sens du mot, « c'est l'être avec amour, dignité, avec » bonheur de produire, avec respect des maîtres, accueil » pour la jeunesse et liaison avec les égaux; arriver aux » honneurs de sa profession, c'est-à-dire à l'Institut. » Exception faite des impossibilités où le plaçait sa situation de souverain d'un grand pays et d'arbitre du monde, Bonaparte a rempli ces différentes conditions, à son insu du reste. Je trouve cependant, au début de sa vie littéraire, un obstacle presque toujours insurmontable : la langue dont il rêvait de se servir n'était point sa langue maternelle; il était né, pour ainsi dire, *sujet de la littérature italienne.* Pendant longtemps, le français ne fut pour lui qu'un idiome de seconde main. A Brienne, où il arriva tout encrassé de patois corse, il se défit rapidement de certains italianismes, grâce au zèle des minimes de Saint-Benoît qui dirigeaient l'école, mais ne put les extirper tous. Quelques-uns, trop profondément enracinés, ne l'avaient pas abandonné à Sainte-Hélène. A trente ans, son orthographe française était parfois encore incorrecte, circonstance dont se sont fort égayés de pré-

tendus hommes d'esprit. Au dire de Méneval, le meilleur et
le plus dévoué de ses secrétaires, il écrivait *enfanterie* pour
infanterie, *gabinet* pour cabinet, *Gaffarelli* pour Caffarelli.
Et cependant il avait déjà produit des chefs-d'œuvre, prononcé d'admirables discours, créé une Constitution, — le
tout en excellent français! A mon avis, le mal n'était pas
grand, puisque de remarquables écrivains ont pris de pareilles libertés [1]. Mais il est malaisé de contrecarrer la nature; or, la nature voulait indubitablement que le jeune
Bonaparte devînt un grand prosateur français et même quelque chose de plus : un écrivain *classique*. Ses premiers écrits
trahissent l'inexpérience de la langue; ce sont des lettres
de famille, des lettres d'intérêts, où l'énergie de l'expression
vient donner la mesure du cerveau qui les pense, le calibre
de l'homme, mais qui ne sortent pas du style propre aux écoliers. On y fera toutefois des rencontres inattendues. Tout
en écrivant à son père, à son frère Joseph, Bonaparte emploie des mots musqués, des expressions mièvres et câlines
qui sentent leur dix-huitième siècle, un siècle dont il avait
sucé le mauvais lait littéraire. Plus tard, assez vite, sa manière s'élargit, sa personnalité se dégage. A Valence, le 5 novembre 1785, quand il frappait à la porte de la caserne où
logeaient les bombardiers du régiment de La Fère, il n'avait pas en poche que son brevet de lieutenant en second
au corps royal de l'artillerie. Il savait déjà beaucoup de
choses : Arrien, Polybe, César, Xénophon, lui tenaient compagnie. Deux mois après, le 11 janvier 1786, tout en montant sa première garde au poste de la place des Clercs, il
pouvait tourner et retourner dans son cerveau des alexandrins tragiques de Voltaire, des périodes de Rousseau, quelques menues phrases de l'abbé Raynal. Le libraire Aurel,
son voisin, venait de lui révéler un monde en lui prêtant
des livres. A la pension des officiers de la compagnie d'Au-

---

1. Il va sans dire que notre édition est établie sur les bases de l'orthographe
ordinaire. Nous avons trouvé plus logique de corriger les fautes de Napoléon
que de les signaler aux lecteurs, comme certains l'ont fait.

tume, en découpant les étiques poulets de l'hôtelier des *Trois Pigeons*, ou encore dans le salon hospitalier de madame du Colombier, le petit cadet corse parlait littérature sans trop de gaucherie. Le ton français lui venait peu à peu, et l'accent de sa nouvelle, sa véritable patrie, montait à ses lèvres. *La Nouvelle Héloïse* le plonge dans le ravissement; il se jette sur les classiques du grand siècle; il fait une fable, où il renchérit sur la morale de La Fontaine. La fable est grise, piètrement rimée; mais, venant d'un tel être, il faut qu'elle ait quelque chose. Elle a quelque chose en effet : un trait, le chien qui tombe mort. *Le lapin, le chien et le chasseur,* ce n'est rien encore. Patience, Bonaparte étudie; il oublie son italien, entrevoyant enfin le génie de la langue française. En 1787, il accouche d'un conte, *le Masque prophète*, où il se rencontre avec Lope de Ruéda. L'écrit est bizarre; on dirait une conception d'Edgar Poë, surprise au vol par un Diderot en herbe. C'en est fait : il est auteur. Sa vie littéraire vient de s'ouvrir par une fantaisie macabre, peu claire, point banale : elle ne se fermera qu'à Sainte-Hélène avec l'admirable *Lettre à Las Cases*. La nature a parlé; et, dans les lettres comme ailleurs, Napoléon aura pour devise : *Aut Cæsar aut nihil.*

Certes, il faut bien le reconnaître, les œuvres de jeunesse de Napoléon n'ont qu'une valeur de curiosité; mais il ne faut point les rejeter, car elles nous aident à suivre le développement de son style, lequel atteindra bientôt au véritable talent. Je passe sur le règlement de *La Calotte*; c'est une plaisanterie de garnison, qui ne manque point de sel, toutefois. Il y a même un secret plaisir à surprendre ainsi le débraillé littéraire d'un adolescent qui sera grave d'aussi bonne heure. Bonaparte s'amuse; il n'a que dix-neuf ans; dans cinq ans, il aura pris Toulon, et ses longs cheveux de montagnard caresseront un collet orné des broderies d'or du général de brigade. Il pouffe de rire, tout en essayant d'être grave, tout en cherchant à nous intéresser aux Infaillibles, au Grand-Maître des cérémonies, au Chef de la Calotte. Mais voici qui devient plus sérieux. L'abbé Raynal a fondé un prix à l'Académie de Lyon. Quinze cents livres à gagner ! La bourse plate du lieutenant d'artillerie s'accommoderait fort d'une telle aubaine. Mais là n'est point le mobile qui le fait se mettre au travail, car Bonaparte va concourir. « Déterminer les vérités » et les sentiments qu'il importe le plus d'inculquer aux » hommes pour leur bonheur. » Le sujet est vaste ; mais notre homme est ambitieux. Et puis il aime tant à écrire ! On est en 1790. La Révolution vient d'élargir les idées du quasi-indigent officier ; elle a agrandi son horizon intellectuel et moral ; il admire les discours de Mirabeau ; car lui aussi, comme les autres, comme les généreux, comme les vaillants, il est devenu républicain. N'a-t-il pas reçu, d'ailleurs, le grand coup de soleil du Midi ? Il emploie les mois de novembre et de décembre à rédiger son traité de morale ; puis il l'expédie d'Ajaccio à la commission d'examen. Mais la docte Académie de Lyon, comme toutes les académies de province, n'aime point à brusquer les choses. La distribution des palmes est ajournée. Les années se passent ; Bonaparte est entré comme capitaine au 4ᵉ régiment d'artillerie. Enfin, en 1793, la bonne académie sort de son mutisme. Daunou a le prix. Les vieillards n'en font jamais d'autres. Lequel des deux est le plus *arrivé* de Bonaparte ou du lauréat ?

Le *Discours sur le Bonheur*, quoi qu'on en ait dit, méritait mieux que d'être dédaigné de ceux qui l'avaient lu et jeté au feu par son auteur. A la vérité, l'œuvre n'a point une grande portée philosophique ; le style est loin d'être parfait ; mais quel progrès ! quelle solidité dans la langue ! Il y a là comme une promesse de talent. Je ne puis faire moins que de citer ce passage, ou plutôt ce *cri humain* : « Pontavéri est arraché à Taïti : conduit en Eu- » rope, il est accablé de soins ; l'on n'oublie rien pour le » distraire. Un seul objet le frappe, lui arrache les larmes » de la douleur : c'est le mûrier à papier. Il l'embrasse

» avec transport en s'écriant : *Arbre de mon pays ! Arbre
» de mon pays !...* » Cela est beau comme du Châteaubriand. Il me semble que Bonaparte a merveilleusement exprimé la joie de ce sauvage, de cette âme inculte et primitive, retrouvant tout à coup quelque chose du sol natal. D'autres endroits seraient à signaler, notamment le passage où l'auteur s'extasie sur le paysage gallo-romain de Saint-Rémy-de-Provence. On voit que le jeune officier avait puisé dans Rousseau le goût du paysage littéraire. Le ton de l'œuvre est classique ; il y règne des duretés, des répétitions de mots, sans parler de certaines expressions qui seraient aujourd'hui absolument insupportables : *une jeune beauté, l'attendrissement du sentiment,* etc. Mais on y trouve aussi de la chaleur, de la générosité : l'explosion d'une âme toute neuve, ce qui n'est pas désagréable à voir. C'est à coup sûr l'œuvre la plus déclamatoire de Napoléon, la part la plus large qu'il ait faite au mauvais goût classique. Il s'en dépouillera plus tard si prestigieusement qu'on n'ose pas trop le semoncer. Homme d'ordre, amoureux de la clarté, de la lumière, il deviendra l'auteur des *Proclamations*, de certaines *Lettres à Joséphine* et surtout l'historien de génie qui racontera, d'un style si simple, si vif, et pourtant éloquent et pittoresque, un style d'artiste enfin, la plus prodigieuse aventure de sa vie, la *Campagne d'Egypte*. Quant à la philosophie du *Discours sur le bonheur*, elle est maigre ; et l'on pourrait dire de cet écrit ce que Sainte-Beuve disait, — un peu sévèrement peut-être, — du livre d'Etienne de la Boétie, le *Contr'un* : « Un des
» mille forfaits classiques qui se commettent au sortir de
» Tite-Live et de Plutarque, et avant qu'on ait connu le
» monde moderne ou même approfondi la société antique. »
A treize ans, je crois, Bossuet fit un sermon en plein hôtel de Rambouillet ; avec succès, dit-on. Si nous retrouvions aujourd'hui cette œuvre de début, tout porte à le croire, nous la jugerions plus que médiocre. Le cas de Bonaparte même. Mais allez donc dire à quelqu'un qui a vingt ans,

qui ne connaît point encore ces bizarres particuliers appelés les hommes, ni les égoïstes ressorts qui les mettent en mouvement, allez donc dire à cet échappé de collège nourri de son Caton, farci de son Thraséas, rissolé dans Harmodius et Aristogiton, que les choses ne se passent pas comme il se plaît à le croire, et qu'un traité de morale ou de politique n'a pas grande chance de modifier l'humaine folie ! Vous serez bien accueilli. Il m'est, cependant, agréable de constater en passant que Napoléon Bonaparte n'a pas été exempt d'accès de républicanisme et de sensiblerie philanthropique. Il a vibré, tout comme un autre. Son talent littéraire n'existe qu'à partir de la virulente *Lettre à Buttafuoco*, dont la première édition remonte à 1791. Ce Mattéo Buttafuoco, si bien étrillé par son jeune compatriote, avait été l'agent le plus actif du cabinet de Versailles, lors de la conquête politique et militaire de la Corse. Le fameux traité de cession, du 15 mai 1768, est en grande partie son œuvre, ou du moins passe-t-il pour l'avoir inspiré. Le malheur, c'est que Buttafuoco s'avisa de demander, à la tribune de l'Assemblée nationale, qu'on exceptât la Corse du droit commun, à l'heure solennelle du vote de la Constitution. On sait toute la susceptibilité patriotique du futur héros de Toulon. L'indignation le fit pamphlétaire. Il foudroya le député corse ; et même, la littérature française offre peu de morceaux satiriques plus réussis. Buttafuoco ne s'en releva jamais. Les clubs le baptisèrent l'*Infâme*. Quant à Bonaparte, il donna là une grande preuve de courage. Militaire, il jouait gros jeu en s'attaquant ainsi à l'un de ses supérieurs, — Buttafuoco était maréchal de camp ; — le désordre général de l'époque le sauva. Cette fois, son style est formé ou presque. Il y a bien encore, dans ce pamphlet, quelques accents déclamatoires, mais c'est peu de chose en comparaison des œuvres précédentes. Quelle énergie ! quels coups de plume ! Jamais homme n'a été aussi cruellement dépecé. « On dirait, s'écrie Stendhal, un pamphlet écrit en

1630 et en Hollande. » J'inclinerais plutôt à croire que la *Lettre à Buttafuoco* se rapproche de la manière des satiriques anglais du commencement du dix-huitième siècle, tels que John Arbuthnot et Jonathan Swift. Elle vaut quelques-uns des passages les plus enviables du *Conte du Tonneau* ; Swift n'a rien dit de plus dur au pape et à Luther que Napoléon à l'homme de Vascovato. C'est de l'excellent journalisme, de la polémique à l'emporte-pièce. Le pittoresque et l'esprit y cheminent de compagnie. Mais le chef-d'œuvre de Napoléon dans le pamphlet est *Le Souper de Beaucaire*. L'originalité de la forme, la fermeté du style, la nouveauté des idées, l'habileté et la profondeur du plan militaire que l'auteur y développe, en font une composition excessivement remarquable. Avec *La France libre* de Camille Desmoulins, trois ou quatre numéros du *Vieux Cordelier* du même auteur, c'est peut-être le plus brillant écrit de la période révolutionnaire.

Je croirais volontiers qu'après *Le Souper de Beaucaire*, Bonaparte a eu conscience de sa valeur littéraire. Quand il le publia, en août 1793, chez Sabin Tournal, l'imprimeur d'Avignon, il venait de conquérir l'amitié de Robespierre jeune, lequel se trouvait en mission à l'armée du Midi en compagnie du représentant Salicetti, compatriote et vieille connaissance du capitaine Bonaparte. Les deux députés reconnurent à l'ouvrage une telle originalité politique qu'ils imputèrent au trésor public les frais de la publication. Il est vrai que ces quatre personnages, qui discourent politique et art militaire pendant leur souper, le dernier jour de la foire de Beaucaire, sont d'une éloquence singulière. La tirade du militaire : « Vous avez, dites-vous, le drapeau tricolore ? » etc. est, pour le temps, une chose absolument réussie. Le style a beaucoup de cohésion ; la langue est excellente. Bonaparte marche à grands pas vers sa meilleure manière, la manière claire, concise, cadencée, souverainement équilibrée, de la belle prose française. Le goût lui est venu. L'allure de son récit est encore un peu sèche, un peu fluette; quelques mots sont incorrects ou oiseusement employés; toutefois, la haute valeur de l'ouvrage n'est point atteinte par ces tares. *Le Souper de Beaucaire* possède de plus et de mieux que son intérêt historique je ne sais quelle beauté du diable qui me rassure pleinement sur les œuvres à venir. On y sent en germe l'orateur, l'historien et, surtout, le polémiste si empressé à répondre aux attaques perfides de la presse anglaise contre la France consulaire ou impériale. Car Napoléon, quoique entouré de pas mal de gens d'esprit et d'habiles ciseleurs de brûlots politiques, eut cet étrange amour-propre de ne jamais confier à d'autres plumes que la sienne les répliques du *Moniteur*, répliques fort vives et alertes, quand les reptiles de Pitt ou les élèves de Pitt venaient de parler. Plusieurs de ces articles de journaux sont dignes de nos meilleurs spécialistes d'aujourd'hui, les John Lemoinne et les J.J. Weiss. Par l'à-propos, l'habileté, les soins particuliers, qu'il apporta dans cette campagne d'un nouveau genre, — la guerre à l'écritoire après la guerre au canon, — on n'exagérerait pas en accordant au premier Consul et à l'Empereur le tempérament d'un brillant rédacteur en chef. C'est dire que si sa radiation des cadres de l'armée avait été maintenue en 1792, la première fois qu'il s'attira les rigueurs du ministre, ou en 1795, quand l'incapable Aubry voulait l'envoyer à l'armée de Vendée, le jeune Bonaparte eût demandé au métier d'homme de lettres le plus clair de ses ressources. Qui sait même si le roman, le théâtre et le journalisme politique ne l'auraient pas doucement conduit aux assemblées parlementaires? Tôt ou tard, avec sa notoriété d'écrivain, son talent de parole, il eût forcé les portes du ministère; et l'on avait, vers les derniers jours du Directoire, ce spectacle piquant du plus grand capitaine du monde transformé en ministre *civil* de la guerre!

V

Les proclamations de Napoléon sont le meilleur de ses titres au nom de grand orateur; et elles ont fait de lui le premier orateur militaire de tous les temps et de toutes les littératures. Léonce de Lavergne [1] l'a bien caractérisé, à ce point de vue. « Nul, dit-il, n'en a fait de pareilles avant » lui, nul n'en fera après; le monde verra encore d'autres » spectacles, d'aussi grands, de plus grands peut-être, » mais à coup sûr, les mêmes circonstances personnelles » ne se reproduiront pas, et *Napoléon restera unique comme* » *écrivain.* » Il est impossible de ne pas s'associer à cette conclusion. Le style des *Proclamations* révèle un artiste de génie, sans compter qu'elles sont une création, un genre nouveau, une variété inattendue de l'éloquence française. Ce style est d'une limpidité, d'une harmonie majestueuses; il a la beauté sereine du marbre. Jamais personne avant Napoléon n'avait parlé aux soldats un langage aussi imagé, aussi vibrant d'enthousiasme et d'ardeur. On conçoit qu'il ait réussi à se faire suivre d'eux. Avant lui, on ne citait

---

1. Sous le pseudonyme d'*Auguste Pujol*, en tête des *Œuvres choisies de Napoléon* (1843).

que quelques mots heureux d'Henri IV menant ses bandes contre Mayenne : le « panache blanc » d'Ivry est resté comme la formule de cette éloquence familière, gasconne, faite pour plaire, mais d'une haleine trop courte. Bonaparte n'a point cherché son modèle chez l'ami de Sully. C'est encore l'antiquité qui lui a ouvert les voies. Périclès, Alexandre, César, voilà les maîtres de la parole qui l'ont inspiré. Il a retenu d'eux le pittoresque, le souffle et l'image ; et comme il a conscience de ce qu'il veut et qu'il le veut bien, comme il est dominé par une passion impétueuse, prise aux sources les plus délicates de son âme, — l'amour de la gloire, — il atteint du premier coup à la véritable éloquence, par l'intégrité même de la sensation, ce qui est le plus simple des procédés littéraires, tout en étant le plus rare. Le jour où, passant devant les régiments déguenillés de l'armée d'Italie, un matin d'avril 1796, il laissa tomber de ses lèvres ces extraordinaires paroles : « Soldats, vous êtes mal nourris et presque nus ; le gouvernement vous doit beaucoup, mais ne peut rien pour vous... je vais vous conduire dans les plus fertiles plaines du monde, » — ce jour-là, il se haussa sans effort jusqu'au ton sublime de l'antiquité. Sa phrase sonore, ensoleillée, traînant d'invisibles panaches, possède alors la majestueuse simplicité du latin, l'étonnante concision des véritables maîtres, *imperatoria brevitas*. De ces proclamations entraînantes, la plupart sont de réels chefs-d'œuvre ; toutes sont remarquables par l'harmonieuse proportion de l'ensemble et l'art avec lequel l'orateur a assemblé les parties. Il y règne une énergie lapidaire, un bonheur d'expressions, un choc de pensées tels qu'on ne peut s'empêcher de rapprocher ce nouveau genre littéraire des productions consacrées par les siècles. Napoléon est classique par ses proclamations. Ce genre lui appartient comme les pensées à Pascal, les oraisons funèbres à Bossuet, les fables à La Fontaine, les comédies à Molière. Il défie les copistes et les imitateurs. Toutefois, des circonstances terribles ont voulu qu'un jour, dans cette forme sacrée de la proclamation, l'empereur eût un disciple inespéré... Et quel disciple ! Léon Gambetta, ni plus ni moins. Lorsque, le 30 octobre 1870, le grand patriote annonçait à la France en deuil et en larmes la capitulation de Metz : « Français, élevez vos âmes et vos résolutions à la » hauteur des effroyables périls qui fondent sur la » Patrie... Il dépend encore de nous de lasser la mauvaise » fortune et de montrer à l'univers ce qu'est un grand » peuple qui ne veut pas périr, et dont le courage s'exalte » au sein même des castastrophes... » — à ce moment terrible, Gambetta se souvenait du langage éloquent du général Bonaparte, dont il avait certainement lu les œuvres. Quelques jours plus tard, quand il remerciait la jeune armée de la Loire de la victoire de Coulmiers : « Avant-garde du » pays tout entier, vous êtes aujourd'hui sur le chemin de » Paris. N'oublions jamais que Paris nous attend, et qu'il y » va de notre honneur de l'arracher aux étreintes des bar- » bares qui le menacent du pillage et de l'incendie, » — sans le vouloir, sans y songer, il paraphrasait encore Napoléon. Le procédé est absolument le même ; la phrase, large, sonore, bien rythmée, rappelle la manière, plus césarienne toutefois, du soldat d'Italie, d'Egypte, d'Autriche et de Prusse. Certes, on eût bien étonné Gambetta en lui rappelant que ses deux magnifiques proclamations de l'année terrible relèvent de l'école de Napoléon Bonaparte, et, probablement, il se fût récrié d'indignation. Mais la critique et l'histoire littéraires n'ont que faire d'arguties et de subtilités politiques ; dans l'intérêt supérieur de l'art, elles ont le devoir de rapprocher même les noms les plus inattendus, les hommes les plus dissemblables. On sait que Napoléon n'aimait guère la facture tragique et la prose de Voltaire. A de certains points de vue n'est-il pas lui-même le disciple direct de l'écrivain qu'il détestait ?

J'ai écrit plus haut le nom de Périclès. Si l'on en juge par les discours que Thucydide nous a conservés comme

venant de l'oncle d'Alcibiade, sa manière n'a eu d'influence sur Napoléon que pour quelques discours. Ouvrez le deuxième livre de *La Guerre du Péloponèse*, et vous ne pourrez vous empêcher de faire cette remarque que certains exposés de la situation de la République, prononcés par le Premier Consul à la tribune du Corps législatif, rappellent fortement, dans leurs grandes lignes, l'admirable harangue du dictateur d'Athènes aux funérailles des victimes de la guerre civile. Ce jour-là, en effet, Périclès, rompant avec une tradition consacrée, prit pour thème l'éloge des institutions politiques de sa patrie au lieu de se borner à l'oraison funèbre des guerriers tombés pour elle. Il en est encore de même des discours qu'Alexandre tenait à son armée ; ils n'échappèrent point à l'œil étincelant du liseur avide de Brienne, de Paris et de Valence. Vous avez sans doute retenu dans Quinte-Curce les longs reproches que le héros adresse à ses phalanges macédoniennes quand, effrayées par les lieux, les climats, les forces de l'ennemi, tremblant d'être broyées par ces troupeaux d'éléphants dont la peur grossit le nombre, elles sont à la veille d'abandonner Alexandre : *Non ignoro, milites, multa, quæ terrere vos possent...* Ou je me trompe fort, ou ceci pourrait bien être le type classique des premières proclamations. Écoutons Alexandre : « Je n'ignore point, soldats, que ces
» jours derniers les peuples de l'Inde ont à dessein ré-
» pandu une foule de bruits propres à vous effrayer ; mais
» les vaines exagérations du mensonge ne sont point pour
» vous une nouveauté. C'est ainsi que les gorges de la Ci-
» licie, les plaines de la Mésopotamie, le Tigre et l'Eu-
» phrate, que nous avons passés, l'un à gué, l'autre sur un
» pont, étaient dans les récits des Perses des objets si
» terribles... Croyez-vous que les troupeaux d'éléphants
» soient ici plus nombreux que ceux de bœufs en d'autres
» climats ?... Eh bien, il en est de même du reste des
» forces ennemies : infanterie, cavalerie, l'exagération en a
» fait le compte... »

Écoutons maintenant Bonaparte ; il vient de battre Beaulieu et Colli, mais il faut à tout prix conquérir le Milanais. Le 7 floréal an IV, il adresse à son armée, de Chérasco, la proclamation suivante : « Soldats, la patrie a le
» droit d'attendre de vous de grandes choses. Justifierez-
» vous son attente ? Les plus grands obstacles sont fran-
» chis sans doute, mais vous avez encore des combats à
» livrer, des villes à prendre, des rivières à passer. En est-
» il entre vous dont le courage s'amollisse ? En est-il qui
» préféreraient retourner sur les sommets de l'Apennin ou
» des Alpes... Non, il n'en est pas parmi les vainqueurs de
» Montenotte... » Des deux côtés, on le voit, le général fait appel à l'amour-propre du soldat, le remuant par ses fibres les plus secrètes, l'entraînant par la magie du langage.

César est aussi un de ceux que Napoléon a su mettre à profit. Vous souvenez-vous d'un des passages les plus piquants de Suétone, un de ceux qui nous peignent le mieux le monde romain... Les soldats de la dixième légion réclament à grands cris de l'argent et leur congé ; ils vont jusqu'à menacer, si on les refuse, de mettre Rome au pillage. On prévient César qui n'hésite pas à les aborder, malgré l'inquiétude de ses amis, et se décide à licencier cette troupe, quoique la guerre régnât encore en Afrique. « Pour changer les dispositions de ces factieux et les con-
» vaincre, dit Suétone, il suffit à César d'un seul mot ; il
» les traita de *quirites* (citoyens) ; ils répondirent sur-le-
» champ qu'ils étaient soldats (*milites*) et, malgré son re-
» fus, ils le suivirent en Afrique. » C'est un magnifique exemple de ce que peut l'intelligence d'un homme supérieur, quel ascendant il arrive à exercer sur les autres hommes par le prestige de la parole, l'art avec lequel il la manie. En plusieurs endroits de ses proclamations, de ses harangues militaires, Bonaparte agit comme César, avec autant de netteté et d'à-propos. Cependant il semble qu'il ait souvent dépassé César. Il existait, dans les discours de

ce dernier à la soldatesque, un ton de *hauteur personnelle,*
de brutalité, que repousse toujours la forme plus lyrique,
plus majestueuse, de Napoléon.

En dehors d'Alexandre et de César, il y a d'autres exemples de proclamations célèbres avant Bonaparte. Il est vrai
que Bonaparte a mis tout le monde d'accord en se plaçant
au premier rang. Un Français du moyen-âge, Guillaume le
Bâtard, duc de Normandie, puis roi d'Angleterre par la
toute-puissance de la conquête, a su parler habilement à
ses soldats, avec le véritable ton d'un chef militaire. Nous
sommes au 14 octobre 1066, le jour de la bataille de Hastings. Les Saxons du roi Harold, le rival de Guillaume, ont
passé leur nuit à chanter des chants nationaux, tout en
vidant des cornes remplies de bière et de vin. Les Normands, eux, ont employé cette même nuit à se confesser,
à réciter des litanies. Le matin, au milieu des rangs français, l'évêque de Bayeux a jeté un rochet par dessus son
haubert, puis il a dit la messe, béni les troupes ; après
quoi, prenant son bâton de commandement, il a fait mettre la cavalerie en ordre. Les Normands forment trois colonnes d'attaque : les gens d'armes et les aventuriers, les
auxiliaires bretons et poitevins, la chevalerie. Sur les flancs
de chaque division de bataille marchent des fantassins aux
casaques matelassées, portant des arcs de bois, des arbalètes
d'acier. Les gens à cheval ont des cottes de mailles, des
heaumes en fer poli de forme conique ; ils sont armés de
fortes lances et de longues épées. Tout ce monde est venu
d'un peu partout à la curée : du Nord, du Midi, de l'Anjou,
du Poitou, de l'Aquitaine et d'autres lieux. Des noms allemands, communs sur les bords du Rhin, coudoient les
sobriquets bourguignons et languedociens dans les listes
des hommes de la Conquête. Enfin, Guillaume paraît; il
monte le cheval qu'on est allé prendre pour lui, en pèlerinage, à Saint-Jacques-de-Galice ; à son cou pendent les
reliques sur lesquelles le malheureux Harold a juré l'abandon de son royaume. A côté du duc de Normandie, Tous-

tain le Blanc porte l'étendard bénit par le pape; plus loin, flotte la bannière ducale, la terrible bannière aux trois lions. La scène est belle, il faut en convenir, tant le noble métier des armes poétise les plus rudes physionomies, les plus âpres natures. Qui devinerait, à les voir ainsi, que tous ces guerriers songent au pillage et au butin? La célèbre Tapisserie de Bayeux nous a conservé la plastique, la mise en scène, du début de cette fameuse journée, juste au moment où Guillaume va prendre la parole : Hic WILLELM DUX ALLOQUITUR SUIS MILITIBUS... En effet, lorsque les trois corps d'attaque commencent leurs dispositions pour la marche, le duc élevant la voix, se met à parler. La *Chronique de Normandie* et Robert Wace vont nous donner le texte de cette aïeule des proclamations françaises. « Mes vrais et loyaux amis, » dit Guillaume, vous avez passé la mer pour l'amour de » moi et vous êtes mis en aventure de mort, ce dont je me » tiens grandement obligé envers vous. Or, sachez que » c'est pour une bonne querelle que nous allons combattre, » et que ce n'est pas seulement pour conquérir ce royaume » que je suis venu ici d'outre-mer. Les gens de ce pays, » vous ne l'ignorez pas, sont faux et doubles, parjures et » traîtres... Pensez à bien combattre et mettez tout à » mort, car si nous pouvons les vaincre, nous serons tous » riches. Ce que je gagnerai, vous le gagnerez; si je con- » quiers, vous conquerrez; si je prends la terre, vous l'au- » rez... Pensez aussi au grand honneur que vous aurez au- » jourd'hui, si la victoire est à nous... Pour Dieu ! que cha- » cun fasse bien son devoir, et la journée sera pour nous. » Voilà comme on parle aux soldats. Quelques jours après, Guillaume le Bâtard devenait Guillaume le Conquérant, une dynastie française allait régner sur l'Angleterre; et des charretiers, des sardiniers, des portefaix, des cabaretiers ruinés, des bouviers, gens sans feu ni lieu, l'excrément même de la France, tous transformés en gentilshommes, se disposaient à fonder, à mettre au monde, cette fière aristocratie britannique dont l'égoïsme et la morgue nous étonnent tant aujourd'hui. Jolie origine!

Mais à la harangue de Guillaume, à la scène du camp de Hastings, combien je préfère une autre scène historique : l'arrivée de Bonaparte à l'armée d'Italie, au printemps de 1796 ! Là, point d'uniformes brillants, point de cuirasses ni de cottes de mailles. Le troupier porte l'habit à la française, en loques il est vrai, le chapeau à cornes fané et défraîchi par la pluie, et ce pantalon rayé de l'infanterie républicaine qui se promène dans les dessins de Charlet et de Raffet. Les figures sont bronzées, les joues sont maigres, les hommes fument des tronçons de pipe ; on ne mange pas tous les jours, car l'armée est pauvre ; et c'est à peine si, le soir de son arrivée, Bonaparte a pu distribuer quatre louis d'or à chacun de ses généraux. « Soldats de l'armée » d'Italie, manqueriez-vous de courage ou de constance ? » Combien je préfère encore, à l'allocution du Normand, la proclamation de Bonaparte s'embarquant à Toulon pour l'Égypte, en mai 1798 : « Soldats, vous êtes une des ailes » de l'armée d'Angleterre... Les légions romaines, que » vous avez imitées, mais pas encore égalées, combattaient » Carthage tour à tour sur cette même mer et aux plaines » de Zama... » Avec de tels accents, on soulèvera toujours le monde.

Il y a encore dans l'œuvre de Napoléon des *Lettres*, des *Discours*, une *Histoire de la Corse*, des *Mémoires* historiques. Je ne sais rien de plus difficile à analyser que les premières *Lettres à Joséphine*; mieux vaut les lire. Elles ont toute la chaleur d'âme d'un amoureux de vingt ans, l'enthousiasme d'un poète. C'est là que l'on trouve cette phrase étonnante: « Wurmser me paiera cher les pleurs qu'il te cause ! » Et c'est vrai: le général autrichien a tristement payé les inquiétudes qu'il donnait à Joséphine. Les *Lettres Mahométanes* témoignent d'une habileté digne des grands maîtres seuls de la politique: un Philippe de Macédoine, un Machiavel, un Charles-Quint, un Guillaume le Conquérant. Homme fertile en ressources que Bonaparte, ayant réponse à tout ! Au Caire, à l'assemblée des graves ulémas, ne promettait-il pas de reconnaître la loi du Prophète et de faire construire une mosquée « assez grande pour contenir toute l'armée » ? Il y a bien de la finesse et de l'*au-delà* dans une pareille promesse. « La joie de l'esprit, a dit Ninon de Lenclos, en marque la force. » Mot profond, que ce mot de femme, et qui vaut peut-être l'admirable précepte de Rabelais : « Pour ce que rire est le propre de l'homme. » Mais à ce moment-là, Bonaparte tenait son sérieux avec la plus grande aisance. Les ulémas, à grands turbans et à longues barbes blanches, étaient là ! Kléber, seul, le jovial et brave Kléber, a pu rire, aux derniers rangs, de son large rire alsacien. Ceci me conduit à parler de l'*Histoire des Campagnes d'Égypte et de Syrie*, livre d'une couleur descriptive et d'un style admirables, le chef-d'œuvre littéraire de Napoléon, et qui pourrait bien être, pour la France, qui n'a, hélas ! ni Tacite, ni Xénophon, celui du genre historique. Ces pages mesurées, colorées, pittoresques, où l'on trouve un paysage oriental à côté d'un plan de bataille, une description de mosquée non loin d'un résumé de l'histoire des mamelucks, « cette belle et brave milice, » comme il l'appelle, ces pages proclament hautement le génie de Napoléon. Aveugle qui s'obstinerait à ne pas le voir !

Et puis, de ces beaux livres militaires, comme les *Campagnes d'Égypte et de Syrie*, de ces magnifiques histoires qu'emplissent la lueur des coups d'épée, qui mettent à nu l'âme humaine dans une situation tragique, combien en comptons-nous, même en rassemblant les ressources des trois plus riches littératures du monde, la grecque, la latine et la française ? Dix ou douze à peine, ce qui n'est pas beaucoup pour vingt-deux ou vingt-trois siècles de recueillement. Après l'*Anabase* de Xénophon, je ne vois chez les Grecs que *la Guerre du Péloponèse* de Thucydide. Les Romains peuvent montrer l'*Histoire d'Alexandre* de Quinte-Curce, qu'a mutilée le temps, le *Jugurtha* de cette crapule de Salluste et les sept premiers livres de la *Guerre des Gaules* de César, le huitième livre étant communément attribué à Hirtius. Nous avons, nous, descendants les plus directs des Grecs et des Latins, la *Conqueste de Constantinobles* de Geoffroy de la Villehardouin, le livre éloquent de Joinville, les *Commentaires* de Blaise de Montluc, le *Charles XII* de Voltaire, l'*Egypte et la Syrie* de Napoléon. Après lui, il serait injuste de ne pas faire une place aux *Souvenirs militaires* de M. de Montesquiou-Fezensac et, surtout, au maître plébéien de l'anecdote militaire, le très brave et très bavard capitaine Jean Coignet, dont les *Cahiers* atteignent par leur sincérité à la manière de l'historien même. Mais ce n'est pas tout : certains chapitres des *Mémoires* de Napoléon, notamment ceux de Vendémiaire, d'Arcole, de Rivoli, d'Austerlitz, contiennent des beautés de premier ordre. Sa *Correspondance*, qui touche à tant de sujets : art militaire, politique, religion, diplomatie, travaux publics, justice, administration, finances, beaux-arts et choses de théâtre, et dans laquelle on est forcé de faire un choix, puisqu'elle est si vaste, sa correspondance contient trois ou quatre cents lettres ayant une indéniable valeur de style. C'est beaucoup pour un homme si occupé. La plupart de ses discours, ses harangues, ses messages au Sénat conservateur, ses allocutions purement politiques, représentent comme autant de modèles d'ordre, de clarté, de netteté. Toutes ces différentes œuvres sont dans un état de parfait équilibre. Venu au monde dans une île de langue italienne, ce conquérant de pays et de peuples avait dû conquérir la langue française. Il est vrai qu'il l'a admirablement écrite et parlée, avec toutes les ressources d'un homme du métier. Il est telle phrase, cadencée et bien pleine, telle maxime échappée de sa plume qui révèle un philosophe, un penseur exquis, dans le style pondéré et *peint* d'un Montaigne et d'un Joubert. On s'émerveille beaucoup des étrangers se débarrassant de leur défroque exotique pour entrer au cœur même de notre langue. Le prince de Ligne, l'abbé Galiani, l'extraordinaire Hamilton, plus près de nous Henri Heine, Tourguéneff, sont chers à nos lettrés ; l'on s'enorgueillit de leur *spiritualisation* française, et l'on a grandement raison. A de certains égards, Napoléon est de leur race ; mais il est bien leur maître. Sa lettre au prince régent d'Angleterre, si souvent citée, contient toute la beauté d'art des médailles syracusaines. Je voudrais, à l'endroit même où Bonaparte, confiant en la parole donnée, quitta le sol pour monter à bord du brick l'*Épervier* et de là sur le *Bellérophon*, le matin du 15 juillet 1815 ; je voudrais voir s'élever, sur l'humble rivage de l'île d'Aix, un monument où serait gravée en caractères d'or cette épître lapidaire, — quelque chose qui crierait aux générations la grandeur d'âme du vaincu de Waterloo et la félonie de l'Angleterre !

d

VI

Napoléon écrivain, amoureux des genres *tranchés*, comme il le disait à Goëthe, est un classique. Il est du premier courant, du courant national de notre prose et de nos vers. Joinville, Jean de Meung, Rutebeuf, Eustache Deschamps, Anthoine de la Salle, Philippe de Commynes, Rabelais, Amyot, Montaigne, Mathurin Regnier, Pascal, Molière, Sévigné, La Fontaine, Voltaire, Diderot, Crébillon le fils, Paul-Louis Courier, Béranger, About et Weiss, sont autant de représentants de cette lignée attique ; Musset, Mérimée, Gautier et Flaubert, en descendent aussi. L'autre courant contient de superbes manifestations individuelles : Corneille, Racine, Châteaubriand, Lamartine, Hugo. Il se réclame moins des aïeux de la Grèce et de Rome ; mais il a pour lui les plus grands poètes, à l'exception de Pierre de Ronsard, génie d'ordre composite. Les premiers sont avant tout des prosateurs ; ils sont moins lumineux, mais plus lucides. Pascal est celui de tous qui a le mieux déteint sur Napoléon. « Il y avait, dit Sainte-Beuve, qu'il faut souvent consulter, de la géométrie chez l'un comme chez l'autre. » Leur signe distinctif est une heureuse et parfaite clarté.

Dans la magnifique école de généraux que fit surgir l'éclatante épopée révolutionnaire, les origines étaient humbles. Ainsi le veulent les mystérieuses lois de la nature ; quand les Montmorency ont le nom, les petits ont le génie, ce qui vaut mieux. Sixte-Quint, tout pape qu'il était, n'avait-il pas une sœur blanchisseuse ? Il la fit princesse ; et la statue de Pasquin compta, le lendemain, une épigramme de plus. Personne ne se fût avisé de prendre de pareilles libertés avec les glorieux soldats de la République ; aucun Marforio n'eût osé interroger Pasquin sur le colporteur Jourdan, le perruquier Bessières et le comédien Gouvion-Saint-Cyr. Lannes, qui mourut duc de Montebello, travaillait comme terrassier, payé six ou huit sous par jour, quand la teinture n'allait pas; et Lectoure l'a connu, jeune homme, donnant des coups de pioche sur le sol de la promenade où s'élève aujourd'hui sa statue. L'histoire a de ces poétiques rapprochements ; ils sont un peu la réparation des injustices sociales. Murat, qui fut roi, Masséna, qui fut prince, auraient pu servir leurs collègues à table. Tous deux avaient été aubergistes. Sans la Révolution et surtout le coup d'œil de Bonaparte, Junot eût plaidaillé dans quelque coin de province au lieu d'être le duc d'Abrantès. Kléber avait manié la truelle avant de se servir du sabre ; et, au besoin, le brave des braves, Ney, se souvenant de l'état paternel, aurait réparé les tonneaux de poudre de la Grande-Armée. Bonaparte, lui, était un homme de lettres. A peine au saillir de l'enfance, comme dit Commynes, il en possédait les allures et les mœurs. Il ne les quitta presque jamais. En 1796, il paye le fermier qui lui a donné l'hospitalité en composant l'inscription du cadran solaire de sa maison. Desaix lui conquiert la Haute-Egypte ; il l'en récompensera par une de ces lettres qui enorgueillissent, et par un sabre d'un magnifique travail, chef-d'œuvre de l'art arabe. Je trouve encore chez Napoléon une qualité commune à bien des gens de lettres: il n'aimait pas les bas-bleus. Avec lui, le rôle d'Egérie était difficile à jouer. Madame de Staël, madame de Rémusat, en savent quelque chose. Je crois bien qu'il eût détesté les écrits déclamatoires de madame Roland. Il avait fait deux campagnes en Orient; et sans doute qu'il se souvenait de ce précepte musulman « que la véritable place d'une femme est à la maison et au lit. » Nous autres, démocrates modernes, nous avons plus d'indulgence. Il nous reste comme un vieux fond de galanterie, même en politique. Nos Egéries font des préfets, influencent les ministres, et tentent quelquefois de suppléer nos ambassadeurs.

J'ai montré Napoléon pamphlétaire, journaliste, épistolier et orateur. Sainte-Hélène, — cette exagération morale de l'île d'Elbe, — lui permit de devenir historien. Quand il dictait, pour Gourgaud, Montholon, Las Cases ou Marchand, il entrevoyait, sans doute, dans les brumes de l'avenir, sa gloire d'écrivain. D'ailleurs, depuis qu'il a disparu du monde, les poètes l'ont pour ainsi dire adopté comme un des leurs. Il a inspiré à Châteaubriand, à Lamartine, à Lord Byron, à Béranger, aux âmes les plus délicates, des strophes inoubliables. Henri Heine, qui a fait les *Deux grenadiers*, ne s'en est pas tenu là. Le *Tambour-major* vaut l'autre pièce : « Laisse là les railleries, ô Fritz! Il ne sied » pas aux fils de la Germanie d'accabler de sottes plaisan- » teries les grandeurs déchues. Tu dois, il me semble, » traiter avec respect de telles gens ; ce vieux tambour- » major est peut-être ton père, *du côté maternel.* » Pas mal, pour un Allemand. Quant à Victor Hugo, on sait combien Bonaparte l'a inspiré :

Napoléon, soleil dont je suis le Memnon...

En cent endroits de ses œuvres, ébloui par son sujet, Hugo a salué cette grande figure. Théophile Gautier, dans les *Emaux et Camées,* nous a dit la poétique légende des « Vieux de la vieille » :

Ne les raillez pas, camarade ;
Saluez plutôt, chapeau bas,

> Ces Achilles d'une Iliade
> Qu'Homère n'inventerait pas.
> . . . .
> Si leurs mains tremblent, c'est sans doute
> Du froid de la Bérésina ;
> Et s'ils boitent, c'est que la route
> Est longue du Caire à Wilna.
> . . . .
> Ils furent le jour dont nous sommes
> Le soir et peut-être la nuit.

La prose de Gautier n'est pas moins enthousiaste que ses vers. Dans une préface célèbre, il appelle Napoléon : « un conquérant qui résume, en les grandissant, César, Alexandre et Charlemagne, et présente, au milieu de la civilisation moderne, un de ces types démesurés, confluents de toutes les facultés humaines, qu'on ne croyait possibles que dans le monde antique. » Le poète ajoute encore : « C'est là un nom que la terre ne saurait désapprendre et que prononcera la bouche du dernier homme. » Stendhal, au début du *Rouge et Noir*, met une note où il se déclare fier d'avoir porté le casque de dragon sous Bonaparte. Plus tard, il l'apostrophait en termes enthousiastes, lui dédiant son *Histoire de la Peinture en Italie*; et comme il ne se trouvait pas encore en règle avec l'homme « qui l'avait pris par sa boutonnière à Gœrlitz, » le même Stendhal écrivait une *Vie de Napoléon*. Pour Gustave Flaubert, au dire de M. Albert Duruy, Napoléon était « un immense bonhomme. » L'éloge n'est pas mince venant de Flaubert.

Notre époque, elle aussi, a vu les écrivains donner un souvenir à Napoléon Bonaparte, en maints passages de leurs œuvres. Théodore de Banville, à propos d'un acteur fameux, a fait justice des sottes manies, des bizarreries de tenue, dont l'affublent les mauvais comédiens, dans les pièces où il est en scène. Le doux poète des *Exilés*, citant un jour le nom de Coignet, en a pris prétexte pour rap-

d.

peler combien Napoléon se préoccupait des blessés après
une bataille, quelle délicatesse de gentilhomme il apportait
dans le sombre pugilat de la guerre. M. Jean Richepin a
demandé à Bonaparte une épigraphe pour ses *Morts bizarres*; et M. Paul Bourget, dans sa *Psychologie contemporaine*,
a évoqué avec talent les magnifiques visions qu'avaient
eues les générations de l'Empire. Musset et Balzac en firent
autant jadis, en quels termes, on le sait. La *Comédie Humaine* compte Napoléon parmi ses personnages; et Sainte-
Beuve se plaît à affirmer l'admiration de Balzac pour Napoléon. Récemment, un autre poète, M. Anatole France,
doublé comme Sainte-Beuve d'un critique, répondait, avec
beaucoup de chaleur, d'habileté, aux attaques violentes et
passionnées de l'auteur de *Thomas Graindorge*[1]. Lorsque,
comme Napoléon, on a pour soi les poètes, on se console
aisément d'avoir perdu les bonnes grâces de Moreau, de
Bourrienne et de M. Taine.

Un des généraux de Napoléon, homme de tact et de
sang-froid, d'une politesse achevée, grand observateur de
son naturel, et qui avait reçu l'éducation mondaine de
l'ancien régime, a retracé, en quelques lignes, l'espèce d'ivresse que la démocratie militaire éprouva, pendant vingt
ans, pour son illustre chef. « Soldats, généraux, » dit M. de
Ségur, « nous étions tous jeunes alors. Un tiers d'entre
» nous commençait. La plupart des plus âgés n'avaient pas
» huit ans de guerre. Un triple printemps, celui de l'année,
» celui de la vie, celui de la gloire, l'émulation aussi en
» nous, autour de nous, tout exaltait. » Ceci date de la seconde campagne d'Italie. A Austerlitz, le général de Ségur
éprouvait le même sentiment. « Ma vie, dit-il, aurait la
» durée de celle du monde que jamais l'impression d'un
» tel spectacle ne s'effacerait de ma mémoire... Que les
» temps ont rapidement changé ! Mon Dieu ! qu'alors tout
» était grand, les hommes forts, les temps glorieux, et que

---

[1]. Journal *le Temps*, 1887. La Vie littéraire, par Anatole France.

» nos destinées semblaient imposantes ! » Il y a du trouble, de l'émotion, dans ces aveux d'un homme que ses aristocratiques instincts prédisposaient au scepticisme. Mais combien fut grand le charme qu'il subit : car Napoléon savait séduire. Le cas du légitimiste Las Cases en est la preuve. Personne ne travailla comme lui à la réconciliation, ou plutôt à l'extinction des partis ; et, dans l'intérêt de la *res publica*, comme on disait à Rome, l'empereur accomplit des prodiges. Des royalistes de vieille marque sollicitaient de lui des préfectures. D'autres, qui n'avaient pas la même opinion, et se posaient en farouches, des jacobins avérés, trouvaient que « César » était de commerce agréable ; et César se faisait un secret plaisir de les coiffer d'un chapeau à plumes à la Henri IV, pour varier un peu avec le bonnet phrygien de jadis. On a souvent épilogué sur la façon dont l'auraient servi quelques généraux républicains disparus prématurément. Je crois bien que tous ceux qui avaient du talent l'eussent suivi avec joie. Hoche, Marceau, nobles cœurs et glorieux soldats, auraient tenu de lui le bâton des maréchaux ; Desaix, qui l'adorait, semblait être un futur duc de Marengo ; le gros Kléber, dont Napoléon a tracé un portrait qui vaut un Saint-Simon, eût été ravi d'être appelé, dans l'*Almanach Impérial*, « M. le duc d'Héliopolis » et, plus tard, prince de quelque chose. Sans la balle de Wagram, Lasalle fût devenu maréchal, duc, colonel-général d'une arme quelconque et commandant de la cavalerie à la place de Murat, lequel mordait au métier de monarque. Kléber et Lasalle, Jeans-Barts d'un nouveau Louis XIV, auraient fumé leur pipe dans les allées de La Malmaison. Napoléon savait triompher de toutes les résistances ; et je ne sais rien de plus ridicule que cette réputation d'austérité et de désintéressement spartiates prêtée à des gens qui, au fond, auraient été enchantés d'ajouter un titre ou un grade à ceux qu'ils avaient déjà payés de leur sang. Cette faculté de charmer, d'attirer à lui, se comporte assez bien avec les autres côtés du tempérament de Bonaparte. Elle donne la clé de quelques-uns de ses écrits.

Tel est cet homme de lettres étrange, grâce auquel les Français sont entrés à Berlin, n'en déplaise à M. de Bismarck, et ont pu accomplir quelques actions dignes de la mémoire des hommes. De temps à autre, les Arabes du désert demandent encore des nouvelles de Bounaberdi, ce qui devrait flatter notre amour-propre. Malgré les fautes commises, les tendances égalitaires de notre époque, il est bien peu de Latins qui n'éprouvent un secret penchant pour lui. Ce qui n'empêche pas de le regarder sévèrement au besoin, sauf, je crois, sur le terrain de l'art d'écrire, terrain où il se comporta en maître. Son œuvre le proclame hautement.

TANCRÈDE MARTEL.

Paris, juillet 1887.

NOTE

SUR

NAPOLÉON BONAPARTE

I

PÉRIODE ROYALE

Napoleone de Buonaparte, écuyer, dont le nom français est Napoléon Bonaparte, quatrième enfant de Charles-Marie de Buonaparte, assesseur, l'un des douze nobles de l'île de Corse, et de Marie-Lœtitia Ramolino, est né à Ajaccio le 15 août 1769, quinze mois après l'annexion de la Corse à la France. Sa maison natale se trouvait au coin des rues del Pepe et Saint-Charles, sur le territoire de la paroisse Saint-Charles. Nommé boursier royal à l'école militaire préparatoire de Brienne, il séjourna d'abord au collège d'Autun du 1er janvier au 23 avril 1779, et entra à Brienne le 25 avril. Il eut pour principal le Père Louis, pour sous-principal le P. Dupuy et le P. Patrault pour professeur de mathématiques, tous trois minimes de l'ordre de Saint-Benoît. Après avoir fait ses mathématiques et sa quatrième, il se prépara pour les armes savantes, fut admis à l'examen d'artillerie et nommé *Cadet-gentilhomme à l'École militaire de Paris* par brevet du roi Louis XVI, daté du 22 octobre 1784 et contresigné du maréchal de Ségur, ministre de la guerre. Bonaparte eut pour commandant le baron de Moyrio, et le célèbre Monge comme professeur de mathématiques. Le chevalier DesMazis fut son « binôme ». Classé dans l'artillerie avec le numéro 42, sur cinquante-huit élèves promus officiers, il fut nommé *Lieutenant en second au régiment de la Fère-artillerie* le 1er septembre 1785, et placé dans la première compagnie de bombardiers, capitaine d'Autume. Son colonel était M. le chevalier de Lance. Bonaparte tint garnison à Valence du 5 novembre 1785 au 12 août 1786, à Lyon du 15 août au 20 septembre, à Douai du 17 octobre 1786 au 1er février 1787. En congé à cette époque, à Paris et Ajaccio, jusqu'à la fin de mai 1788. En garnison à Seurre et Auxonne jusqu'en septembre 1789. Enfin, en congé à Ajaccio du 10 septembre 1789 au 10 février 1791.

A Ajaccio, Bonaparte connut Paoli et rêva l'indépendance de la Corse. Rentré à son corps, après dix-sept mois d'absence, il fut promu *Lieutenant en premier au 4e régiment d'artillerie*, ancien Grenoble-artillerie, le 1er juin 1791, et envoyé de nouveau à Valence. Son second colonel avait nom Lard de Campagnol, et le capitaine se nommait La Catonne. Le 6 juillet, le lieutenant Bonaparte prêta serment à la Constitution décrétée par l'Assemblée nationale, et le 6 septembre, il se rendait à Ajaccio en vertu d'un congé régulier, qui expirait en décembre. Le décret d'août 1791 ayant ordonné la formation de bataillons de volontaires dans l'île de Corse, Bonaparte se porta candidat à une place d'officier. Le 1er avril 1792, il était élu *Lieutenant-colonel au 2e bataillon de volontaires corses*. Destitué de son grade dans l'artillerie pour absence illégale ou non motivée le 1er janvier 1792, il se rendit à Paris le 21 mai, fut témoin, dans le jardin des Tuileries, de la journée du 10 août, et obtint de Servan, ministre de la guerre, sa réintégration dans l'armée régulière. Le 30 août, il était nommé *Capitaine au*

4ᵒ *régiment d'artillerie* avec brevet antidaté du 6 février 1792. Le 6 septembre, il quittait Paris, avec congé, pour reconduire en Corse sa sœur Elisa, la chute de la royauté ayant entraîné la suppression de la maison de Saint-Cyr, où la jeune fille était élevée. Le 22, la République était proclamée.

II

PÉRIODE RÉPUBLICAINE

Le capitaine Napoléon de Bonaparte adopta avec chaleur les nouvelles idées. En Corse, il commença par se brouiller avec Paoli, dont le but avéré était de donner son île aux Anglais. Le 13 janvier 1793, le jeune officier fut employé à l'expédition de Sardaigne, sous les ordres du général Casabianca et du contre-amiral Truguet ; mais l'expédition ayant échoué, les partisans de l'Angleterre eurent le dessus. La Corse fut occupée par l'ennemi, la maison des Bonaparte détruite. Le 13 juin, Bonaparte et sa famille débarquaient à Toulon, après avoir eu beaucoup de mal à échapper aux paolistes. Le 25 juin, il se rendait à Nice, où se trouvait la batterie dont il était capitaine. Il y trouva le général Duteil qui l'employa au service des batteries de côte. Mais Marseille et Avignon s'étant révoltés contre la Convention, l'armée du Midi se forma sous les ordres du général Carteaux, et Bonaparte y fut employé, en quittant l'armée d'Italie, à partir du 15 juillet 1793. Toulon était occupé par les Anglais. Carteaux en entreprit le siège. Son incapacité le fit rappeler, et le général Doppet le remplaça. A Doppet succéda le brave Dugommier. Ce dernier remarquant l'habileté de métier du capitaine Bonaparte, le chargea de diriger toutes les opérations de l'artillerie. Le 20 septembre 1793, le jeune homme était nommé *Chef de bataillon au 2º régiment d'artillerie*. Le 19 décembre, grâce à la vigueur et au coup d'œil de Bonaparte, Toulon était pris. Par décret provisoire du 22 décembre 1793, confirmé plus tard, le commandant d'artillerie obtenait le grade de *Général de brigade*; et, en cette qualité, on le chargeait de l'inspection des côtes de la Méditerranée.

Nommé commandant en chef de l'artillerie à l'armée d'Italie, le général Bonaparte rejoint son poste le 1ᵉʳ avril 1794, à Nice. Au retour d'une mission à Gênes, en juillet, son amitié pour Robespierre le jeune faillit lui coûter cher. Le 27 juillet (9 thermidor) amenait la chute de Robespierre aîné. Une réaction s'en suivit. On chercha à compromettre le général Bonaparte, on le représenta comme un partisan du dictateur tombé. Destitué de son grade, emprisonné au fort Carré, près Antibes, du 10 au 23 août, il reprit son commandement, sa position ayant été trouvée nette.

La Convention chargea l'amiral Saint-Martin d'une nouvelle expédition maritime ayant pour objet de reprendre la Corse aux Anglais. Le 14 septembre, Bonaparte fut appelé à commander l'artillerie du corps expéditionnaire. On perdit plusieurs mois en préparatifs. Bref, l'expédition échoua. Le 29 mars 1795, le futur empereur était appelé au commandement d'une brigade d'infanterie à l'armée de l'Ouest. Aubry, ministre incapable, avait eu cette singulière idée. Bonaparte vint à Paris au mois de mai, réclama son maintien dans l'artillerie; mais le ministre fut inflexible; et comme le général n'avait pas encore rejoint son poste, Aubry menaça de le destituer. Bonaparte demeura à Paris, sans situation, jusqu'au 30 août. Il vendit sa montre et ses livres pour vivre, connut la gêne, la misère même. Il habitait alors au numéro 19 de la rue de la Michodière. Grâce à la chute d'Aubry, il put rentrer dans l'armée. Doulcet de

Pontécoulant était ministre. Le général de brigade Bonaparte fut attaché à la section du Comité de salut public chargée des opérations militaires et des plans de campagne le 31 août. Dans l'intervalle, son projet d'aller à Constantinople réorganiser l'artillerie du Sultan lui ayant fait quelques jaloux, il fut destitué le 15 septembre (29 fructidor an III) et rayé de la liste des officiers généraux. Une conspiration royaliste arrangea ses affaires. Nommé par le Directeur Barras, affolé, *Commandant en second de l'armée de l'Intérieur*, le 4 octobre 1795, Bonaparte écrasa l'émeute. (13 vendémiaire). *Général de division* le 16 octobre, *Commandant en chef de l'armée de l'Intérieur* le 20 octobre, il fut nommé le 7 mars 1796 *Général en chef de l'armée d'Italie*, son rêve! Le 9 mars, il épousait la vicomtesse de Beauharnais. Le 22, il rejoignait l'armée à Nice.

La campagne d'Italie commença le 10 avril 1796 et se termina le 18 avril 1797. Montenotte, Dego, Lodi, Castiglione, Roveredo, Bassano, Arcole, en 1796, Rivoli, La Favorite, Tagliamento, Lavis, en 1797, en sont les étapes glorieuses. Bonaparte avait détruit quatre armées autrichiennes, celles de Beaulieu, de Wurmser, d'Alvinzi et de l'archiduc Charles. Il avait créé les républiques transpadane, cispadane et ligurienne, signé des traités avec le roi de Sardaigne, le pape, les doges de Gênes et de Venise. Le 17 octobre 1797, fut conclue la glorieuse paix de Campo-Formio. Le 16 novembre, Bonaparte était nommé *Président de la délégation française au congrès de Rastadt*; le 10 décembre, il était solennellement reçu à Paris par le Directoire. Le jeune général alla se loger au numéro 6 de la rue de la Victoire. Élu *Membre de l'Institut national* le 28 décembre, Bonaparte siégea dans la section des arts mécaniques.

Le gouvernement forma le projet d'une descente en Angleterre. Le 1er janvier 1798, Bonaparte était *Général en chef de l'armée d'Angleterre*, avec Desaix comme second. L'idée fut abandonnée. Le 5 mars, on le fit *Général en chef de l'armée d'Orient*. Le 19 mai, il s'embarque à Toulon avec l'armée et la flotte; le 10 juin, il prend Malte; le 1er juillet, il débarque à Alexandrie. La campagne d'Egypte s'ouvre alors et dure jusqu'au 18 avril 1799 (Alexandrie, Chébreiss, Les Pyramides, Mansourah, la Haute-Egypte). Le 21 août 1798, Bonaparte créait au Caire l'Institut d'Egypte. Le 6 février 1799 s'ouvrit la campagne de Syrie (Jaffa, Haïffa, Mont-Thabor). Le 14 juin, l'armée regagnait le Caire. Le 25 juillet, Bonaparte détruisait les troupes turques à Aboukir. Les fautes du Directoire le décidèrent à rentrer en France. Le 21 août, il laissait son commandement à Kléber; le 9 octobre, il débarquait à Fréjus; le 16, il était à Paris. Son frère, Lucien Bonaparte, fut appelé le 22 octobre à présider le conseil des Cinq-Cents. Le 9 novembre 1799 (18 brumaire) paraissait le fameux décret des Anciens. Bonaparte se mettait à la tête des troupes, marchait sur Saint-Cloud, dispersait les représentants. Le lendemain, il était *Consul provisoire*, en compagnie de Sieyès et Roger-Ducos.

III

PÉRIODE CONSULAIRE

La nouvelle Constitution, issue du coup d'Etat de brumaire, fut promulguée le 13 décembre 1799. Le général de division Bonaparte était reconnu *Premier Consul de la République*. Cambacérès et Lebrun devinrent ses associés au consulat. Le 24 et le 25 décembre furent organisés : 1° le Sénat conservateur; 2° le Corps législatif; 3° le Tribunat. Le 7 février 1800, la nouvelle Constitution, les pouvoirs des Consuls, furent reconnus par 3,011,007 suffrages contre 1562. Du 16 mai au 16 juin 1800 eut lieu la seconde campagne d'Italie (Turbigo, Montebello, Marengo). Le 9 février 1801, traité de Lunéville. Le 21 mars, création du royaume d'Etrurie en faveur de Louis de Bourbon, prince de Parme. Le 15 juillet, Bonaparte rétablit le culte par son Concordat avec le pape Pie VII. A partir d'octobre 1801, paix générale. Le 26 janvier 1802, Bonaparte est élu *Président de la République Italienne*. Le 2 août, un sénatus-consulte lui confère le titre de *Consul à vie*. Par 3,568,885 suffrages, contre 8,374, — ce titre lui est confirmé. La Légion d'Honneur avait été instituée le 19 mai. Le 19 février 1803, Bonaparte est déclaré *Médiateur de la Confédération Helvétique*. Le 30 avril 1804, motion est faite au Tribunat de conférer la dignité impériale au Premier Consul. Le 4 mai, la proposition est adoptée.

IV

PÉRIODE IMPÉRIALE

Le 18 mai 1804, un sénatus-consulte déclare Napoléon Bonaparte *Empereur des Français*, avec bénéfice de l'hérédité. Le 19 mai, promotion de quatorze généraux de division à la dignité de maréchaux de l'Empire. Quatre généraux, membres du Sénat, reçoivent le même titre. Du 18 juillet au 12 octobre, séjour de l'empereur Napoléon au camp de Boulogne. Le 1er décembre, le Sénat présente les résultats du plébiscite relatif à la dignité impériale et à l'hérédité. Napoléon est reconnu empereur par 3,572,329 citoyens, contre 2,569. Le 2 décembre 1804, sacre et couronnement par Pie VII. Le 26 mai 1805, Napoléon est couronné à Milan *Roi d'Italie*. Le 8 juin, création d'une vice-royauté en faveur d'Eugène de Beauharnais. Le 9 septembre, rétablissement du calendrier grégorien. Troisième coalition de l'Europe contre la France. Napoléon prend le commandement de la Grande-Armée. Du 1er octobre au 6 décembre 1805, campagne d'Autriche (Elchingen, Ulm, entrée à Vienne, Austerlitz). Le 26 décembre, paix de Presbourg. Création des royaumes de Bavière, de Saxe et de Wurtemberg. Le 28 janvier 1806, le Sénat appelle l'empereur *Napoléon le*

Grand. Le 30 mars, statut constitutionnel de la famille impériale. Joseph Bonaparte est roi de Naples. Le 9 mai, on promulgue le Code de procédure civile. Le 5 juin, Louis Bonaparte est roi de Hollande. Le 12 juillet, Napoléon est déclaré *Protecteur de la Confédération du Rhin*. Quatrième coalition contre la France. Du 9 octobre au 25 novembre 1806, campagne de Prusse (Saalfeld, Auerstaëdt, Iéna, Erfurth, entrée à Berlin, Lubeck, Magdebourg). Du 26 novembre 1806 au 21 juin 1807, campagne de Pologne (Entrée à Varsovie, Eylau, Dantzick, Friedland). Le 7 juillet, paix avec les Russes et traité de Tilsitt. Le même jour, création du royaume de Westphalie en faveur de Jérôme Bonaparte. Le 27 juillet, Napoléon est à Paris. Le 21 novembre 1806, il avait lancé de Berlin le fameux décret du Blocus continental. Le 19 août 1807, suppression du Tribunat. Le 5 novembre, installation de la Cour des Comptes. On vient de se brouiller avec le Portugal, Junot y entre à la tête d'une armée, afin de faire respecter le Blocus continental, énorme machine dirigée contre les Anglais. Le 1er janvier 1808, mise à exécution du Code de Commerce. A cette date, la France compte 126 départements.

Le 5 mai 1808, abdication du roi d'Espagne et renonciation de son fils. Le 6 juin, Joseph Bonaparte est roi d'Espagne et des Indes. Le 14 juillet, le maréchal Murat devient roi de Naples. Du 27 septembre au 14 octobre, conférences de Napoléon, à Erfurth, avec l'empereur de Russie. Du 4 novembre au 22 janvier 1809, Napoléon dirige la campagne d'Espagne (Espinosa, Tudela, Somo-Sierra, entrée à Madrid, Uclès). Du 15 avril au 12 juillet, seconde campagne d'Autriche (Eckmühl, Ebersberg, seconde entrée à Vienne, Essling, Raab, Wagram, Znaïm). Le 14 octobre, paix de Schœnbrunn. La France s'annexe les Etats romains et les provinces Illyriennes. Le 16 décembre 1809, le Sénat prononce le divorce de Napoléon.

Du 14 octobre 1809 au 22 juin 1812, la France est en paix, sauf en Espagne où la guerre continue.

Le 2 avril 1810, l'empereur épouse l'archiduchesse Marie-Louise. Le 20 mars 1811, naissance du roi de Rome. Le 15 novembre, Napoléon promulgue la Constitution de l'Université de France. La guerre est déclarée à la Russie. Le 23 juin 1812, passage du Niémen. Campagne de Russie (Mohilow, Krasnoï, Smolensk, Polotsk, La Moskowa, entrée à Moscou). Le 28 décembre, l'armée passe la Bérésina. Le 18, l'empereur est à Paris. Le 1er mars 1813, sixième coalition contre la France. Campagne d'Allemagne ou de Saxe, du 15 mars au 30 juin (Lutzen, Bautzen, Wurtschen). Congrès de Prague. Du 10 août au 31 décembre 1813, seconde campagne d'Allemagne (Dresde, Wachau, Leipsick, Hanau). Du 1er janvier au 31 mars 1814, campagne de France (Saint-Dizier, Brienne, La Rothière, Montmirail, Montereau, Craonne, Arcis-sur-Aube, La Fère-Champenoise). Le 30 mars, Paris a capitulé, et le 5 avril Marmont trahit Napoléon à Essonnes.

Le 11 avril 1814, abdication de l'empereur. Il est reconnu *Souverain de l'île d'Elbe*. Du 3 mai 1814 au 25 février 1815, Napoléon séjourne à l'île d'Elbe. Le 26 février, il s'en échappe, débarque au golfe Jouan le 1er mars, couche aux Tuileries le 20 mars. Louis XVIII se réfugie à Gand. Le 25 mars, septième coalition contre la France. Du 12 juin au 3 juillet 1815, campagne de Belgique. Victoire de Ligny le 16 juin, désastre de Waterloo le 18. Le 22 juin, seconde abdication de l'empereur en faveur de Napoléon II. Trahison de Fouché, duc d'Otrante. Le 8 juillet, les Bourbons sont à Paris.

Napoléon quitta la Malmaison le 29 juin. Le 15 juillet, ayant demandé l'hospitalité à l'Angleterre, il monte à bord du *Bellérophon*. On le déporte à Sainte-Hélène. Le *Northumberland* l'y débarque le 17 octobre 1815. En 1819, commencèrent à se montrer les premiers symptômes de sa maladie. Les persécutions de son geôlier, Hudson Lowe, avaient accompli leur œuvre. Le 5 mai 1821, Napoléon meurt dans le petit pavillon de Longwood, au milieu d'un ouragan terrible. Le 8 mai, funérailles solennelles.

En 1840, la frégate *la Belle-Poule* ramène en France les cendres du vainqueur d'Iéna. Le corps du glorieux soldat est déposé à Paris, à l'hôtel des Invalides. Depuis 1860, année de l'inauguration du sarcophage de porphyre, Napoléon repose au milieu des vétérans français. Quant à la légende du vol de ses cendres, elle ne mérite pas qu'on s'y arrête un seul instant.

NAPOLÉON BONAPARTE

ŒUVRES
LITTÉRAIRES

...Now could I, Casca, name to thee a man
Most like this dreadful night;
That thunders, lightens open graves, and roars
As doth the lion in the Capitol:
A man no mightier than thyself, or me,
In personal action; yet prodigious grown,
And fearful, as these strange eruptions are.

     SHAKESPEARE, *Julius Cæsar.*

Il avait tout. Il était complet. Il avait dans son cerveau le cube des facultés humaines. Il faisait des codes comme Justinien, il dictait comme César, sa causerie mêlait l'éclair de Pascal au coup de foudre de Tacite, il faisait l'histoire et il l'écrivait, ses bulletins sont des Iliades, il combinait le chiffre de Newton avec la métaphore de Mahomet.

     VICTOR HUGO.

PREMIÈRE PARTIE

OEUVRES DE JEUNESSE

1. *Le Masque prophète,* conte.
2. *Réglement de la Calotte.*
3. *Discours sur le Bonheur.*

I

LE MASQUE PROPHÈTE[1]

Conte [2]

L'an 160 de l'hégire, Mikadi régnait à Bagdad ; ce prince, grand, généreux, éclairé, magnanime, voyait prospérer l'empire arabe dans le sein de la paix. Craint et respecté de ses voisins, il s'occupait à faire fleurir les sciences et en accélérait les progrès, lorsque la tranquillité fut troublée par Hakem, qui, du fond du Korassan, commençait à se faire des sectateurs dans toutes les parties de l'empire. Hakem,

[1] Écrit à Ajaccio en 1787. Bonaparte n'avait pas encore dix-huit ans. Ce conte, publié en 1821, a été reproduit par M. le colonel Iung dans *Bonaparte et son temps*, tome Ier (1883).
[2] Lope de Rueda, dit le batteur d'or de Séville, a composé, en 1543, un *paso* dramatique : *le Masque*, qui n'est pas sans analogie avec le premier écrit de Napoléon. Voyez *la Comédie espagnole*, Michaud, éditeur, 1883.

d'une haute stature, d'une éloquence mâle et emportée, se disait l'envoyé de Dieu ; il prêchait une morale pure qui plaisait à la multitude ; l'égalité des rangs, des fortunes, était le texte ordinaire de ses sermons. Le peuple se rangeait sous ses enseignes. Hakem eut une armée.

Le calife et les grands sentirent la nécessité d'étouffer dans sa naissance une insurrection si dangereuse ; mais leurs troupes furent plusieurs fois battues, et Hakem acquérait tous les jours une nouvelle prépondérance.

Cependant une maladie cruelle, suite des fatigues de la guerre, vint défigurer le visage du prophète. Ce n'était plus le plus beau des Arabes. Ses traits nobles et sévères, ses yeux grands et pleins de feu étaient défigurés ; Hakem devint aveugle. Ce changement eût pu ralentir l'enthousiasme de ses partisans. Il imagina de porter un masque d'argent.

Il parut au milieu de ses sectateurs ; Hakem n'avait rien perdu de son éloquence. Son discours avait la même force ; il leur parla, et les convainquit qu'il ne portait le masque que pour empêcher les hommes d'être éblouis par la lumière qui sortait de sa figure.

Il espérait plus que jamais dans le délire des peuples qu'il avait exaltés, lorsque la perte d'une bataille vint ruiner ses affaires, diminuer ses partisans et affaiblir leur croyance : il est assiégé, sa garnison est

peu nombreuse. Hakem, il faut périr, ou tes ennemis vont s'emparer de ta personne! Il assemble tous les sectateurs et leur dit : « Fidèles, nous que Dieu et
» Mahomet ont choisis pour restaurer l'empire et re-
» grader notre nature, pourquoi le nombre de vos
» ennemis vous décourage-t-il? Écoutez; la nuit
» dernière, comme vous étiez plongés dans le som-
» meil, je me suis prosterné et ai dit à Dieu : Mon
» père, tu m'as protégé pendant tant d'années; moi
» ou les miens t'aurions-nous offensé, puisque tu
» nous abandonnes? Un moment après, j'ai entendu
» une voix qui me disait : Hakem, ceux seuls qui
» ne t'ont pas abandonné sont tes vrais amis et
» seuls sont élus. Ils partageront avec toi les riches-
» ses de tes superbes ennemis. Attends la nouvelle
» lune, fais creuser de larges fossés, et tes ennemis
» viendront s'y précipiter comme des mouches
» étourdies par la fumée. » Les fossés sont bientôt creusés, l'on en remplit un de chaux, l'on pose des cuves pleines de liqueurs spiritueuses sur le bord.

Tout cela fait, l'on sert un repas en commun, l'on boit du même vin, et tous meurent avec les mêmes symptômes. Hakem traîne leurs corps dans la chaux qui les consume, met le feu aux liqueurs et s'y précipite. Le lendemain, les troupes du calife veulent avancer, mais s'arrêtent en voyant les portes ouvertes; l'on entre avec précaution et l'on ne trouve qu'une femme, maîtresse d'Hakem, qui lui a survécu. Telle fut la fin de Hakem, surnommé Durhaï, que ses sectateurs croient avoir été enlevé au ciel avec les siens.

Cet exemple est incroyable. Jusqu'où peut pousser la fureur de l'illustration!

II

RÈGLEMENT DE LA CALOTTE[1] DU RÉGIMENT DE LA FÈRE — ARTILLERIE[2]

Messieurs[3], vous nous avez chargé de rédiger les principaux articles du règlement de la Calotte ; nous nous sommes empressé de nous rendre digne de votre confiance, et nous soumettons aujourd'hui à votre profonde sagesse des idées que nous a inspirées l'amour de l'ordre public.

1. Avant 1789, certains régiments français possédaient, depuis Louis XV, une société dite de *la Calotte*. C'était, à proprement parler, une espèce de chambre syndicale et de discipline des officiers subalternes. Formée en tribunal, cette société, simplement tolérée dans l'armée, tranchait tous les différends survenus entre camarades. Le plus ancien lieutenant, qui la présidait, portait le titre pompeux de *Chef de la Calotte*.

2. Écrit à Auxonne, en 1788, par Bonaparte alors lieutenant en second au régiment de la Fère. Publié par M. le baron de Coston, lieutenant-colonel d'artillerie en retraite, dans les *Premières années de Bonaparte*, brochure parue en 1802 à Montélimart.

3. Les officiers subalternes du régiment.

Il est, Messieurs, des lois constitutives auxquelles il n'est pas permis de déroger ; elles doivent dériver directement de la nature du pacte primitif ; leur développement sera le premier objet sur lequel nous attirerons votre attention.

Il est des lois qui ne sont que fondamentales ; l'unanimité des suffrages peut alors les anéantir. Celles-ci, Messieurs, nous découvriront la nature de l'autorité du plus ancien lieutenant.

Entrant ensuite dans les détails des formes à donner à notre administration, nous désignerons la portion d'autorité que vous devez accorder aux chefs et aux infaillibles, pour éviter à la fois les inconvénients de l'anarchie et les abus du pouvoir arbitraire.

La police de vos assemblées, la forme à suivre dans vos procédures, ce qui nous portera à vous parler de ces dernières, l'institution d'un grand maître des cérémonies, terminera la tâche glorieuse et pénible que vous nous avez imposée ; heureux si notre travail peut mériter votre approbation ; heureux s'il peut être de quelque utilité à la chose publique.

Article premier.

Institution première de la Calotte et de ses lois constitutives.

Nos ordonnances nous prescrivent obéissance aveugle aux officiers supérieurs ; de là est né le tribunal fraternel de la Calotte. L'intérêt commun est le premier agent qui éleva ce tribunal, et son premier bienfait fut de faire respecter aux chefs des jeunes gens, sans doute, mais des jeunes gens qui, remplis des préceptes de l'honneur, et non encore avilis par les fureurs de l'ambition, ne le cèdent à aucun corps par leurs sentiments.

Il fallait être respectable pour être respecté, et l'on ne tarda pas à sentir la nécessité de soumettre à la volonté générale..... qui nuisaient à l'intérêt commun.

Par quelle fatalité étrange une institution aussi avantageuse devint-elle l'instrument des fantaisies des particuliers ? Par quelle fatalité, ce qui n'avait été imaginé que pour l'avantage de tous, devint-il dans plusieurs corps la source des vexations les moins pardonnables ? Ainsi, Messieurs, dans la main des hommes tout se corrompt ; ainsi le monde languit aujourd'hui dans l'esclavage.

C'est en réfléchissant sur cet exposé que vous verrez, Messieurs, que la Calotte doit être composée de tout ce qui a le grade de lieutenant. On voudrait en vain...... les prérogatives de quelques membres ; tous sont égaux ; tous sont animés par l'intérêt du corps ; tous doivent avoir voix délibérative. La date du brevet, l'ancienneté du grade, distinctions puériles. Tous ceux qui partagent également les dangers, doivent partager également les honneurs.

Article 2e.
Lois fondamentales.

Les lois qui dérivent de la nature du pacte sont constitutives ; aucun législateur, aucune autorité ne peut y déroger. Nous n'en connaissons qu'une, c'est l'égalité dans les membres qui composent la Calotte. Les lois qui dérivent des rapports qu'ont les corps entre eux, tout ce que nous appelons lois fondamentales, telle est l'institution qui confère au plus ancien lieutenant la dignité de chef de Calotte. Toutes les personnes étrangères à votre assemblée sont accoutumées à considérer le plus ancien lieutenant comme votre chef. Ceci est consacré par une longue suite d'années ; vous ne pouvez donc l'en déchoir sans lui faire le plus grand tort ; c'est pourquoi il faut qu'il soit convaincu d'une incapacité absolue, ce qui ne peut être que par l'unanimité des suffrages.

Nous distinguons, Messieurs, deux sortes de Chef de Calotte : le Chef de Calotte premier lieutenant, et le chef de Calotte plus ancien lieutenant. Le Chef de Calotte premier lieutenant ne peut être déposé que par les grandes assemblées, où tous les Calottins assistent ; le Grand Chef de Calotte plus ancien lieutenant peut l'être par la Calotte particulière où il préside.

ARTICLE 3ᵉ.

De l'autorité des Chefs de Calotte et des Infaillibles.

Tout gouvernement doit avoir un chef, et nous venons de prouver que le plus ancien lieutenant est Chef né de la Calotte. Toute l'autorité attribuée aux puissances exécutives est de son ressort. Le droit de convoquer l'assemblée, d'y présider, de la représenter dans toutes les occasions, de veiller au maintien des intérêts et des égards qui nous sont dus, le droit de faire des démarches......... de parler au nom de tous dans les occasions, sans y être autorisé, ne peut lui être contesté.

Il est auprès de chaque individu particulier l'organe de l'opinion publique. La nuit n'a point pour lui de ténèbres; il ne doit rien ignorer de tout ce qui pourrait compromettre votre rang ou votre habit.

Les yeux perçants de l'aigle, les cent têtes d'Argus lui suffisent à peine pour satisfaire à toutes ses obligations, aux devoirs que lui impose sa charge.

Si jamais il s'endormait comme celui-ci, il faudrait alors lui faire subir la même destinée et s'armer du glaive de la loi. Son élévation ne le rend que plus comptable de sa conduite; la loi, toujours passive, ne reconnaît jamais aucun respect humain. Vous recommanderez sans doute à vos membres de lui porter les plus grands égards. Vous réprimerez la fougue..... de vos éloquents et parfois braves orateurs ; mais nous entendons déjà leurs véhémentes réclamations. Ils vous représentent la liberté sur le point de succomber sous le faix de la colossale autorité du chef.

Son autorité n'est pas trop étendue sans doute, tant qu'il sera fidèle à l'esprit de la loi ; mais si jamais il prétendait s'en affranchir; si jamais, contre l'esprit d'association, le chef voulait s'ingérer dans les affaires étrangères à l'intérêt public ; si jamais, par cet esprit de partialité qui caractérise si souvent les hommes en place, il vexait les uns pour en obliger d'autres ; si jamais par oubli des lois constitutives, il refusait de convoquer l'assemblée à la réquisition d'un ou de plusieurs membres, il faut prévoir un moyen de..... sans tomber dans l'excès de l'anarchie. Etablissez deux Infaillibles ; donnez-leur le pouvoir, lorsqu'ils sont d'accord, de s'opposer à l'exécution journalière de sa charge au moyen de la formule : « Nous nous opposons au projet que vous avez. » Donnez-leur le pouvoir de convoquer l'assemblée si absolument le premier lieutenant refuse. Donnez à chaque Infaillible la faculté de proposer une motion contre le chef sans courir aucun risque, et soyez sûrs que moyennant leur autorité votre constitution est assurée à jamais.

Qui appellerez-vous à remplir les places importantes d'Infaillibles? Y appellerez-vous les deux lieutenants qui suivent le premier? Nous n'avons pas besoin de renouveler des plaies qui saignent encore. Trop près..... ils auraient le même intérêt à la propagation du despotisme. Liés par une longue connaissance, éloignés par leur âge du commun de l'assemblée, ils seraient moins propres à être ses défenseurs. Ces raisons vous engageront sans doute à appeler, pour occuper ce poste..... lieutenant en premier et le plus ancien lieutenant en second. Par ce moyen, les deux ordres qui composent la république seront liés entre eux, auront plus de raison de se ménager, et auront chacun leur organe pour être l'expression de leur opinion. Vous ne craindrez plus alors, Messieurs, qu'un intérêt contraire au vôtre ne les lie. D'ailleurs, il est indispensable d'accorder une certaine prépondérance à l'ancien lieutenant, afin qu'il commence de bonne heure à apprendre l'art difficile de gouverner avec équité. Vous sentez qu'il est indispensable au premier lieutenant en second, qui était membre de la députation dans vos discussions avec les corps étrangers, de participer aux honneurs, participant aux dangers.

Article 4e.
Police des Assemblées.

Le Chef de la Calotte, qui seul peut convoquer

l'assemblée, en désignera l'heure et le lieu ; il aura soin de choisir le moment le plus convenable aux Calottins. S'il manquait souvent aux convenances, convoquait l'assemblée pour des choses futiles, l'assemblée lui donnerait un des Infaillibles pour le conseiller. On accordera six minutes de grâce au delà du temps désigné, et tout membre venant après se placera sur la sellette pour être jugé. Si le Chef outrepassait les six minutes, les deux Infaillibles iraient occuper leur place ordinaire et feraient siéger sur le trône le plus ancien lieutenant présent. Le Grand-Maître des cérémonies ferait une courte harangue et exposerait le sujet de la convocation de l'assemblée, et tout se ferait comme à l'ordinaire. Si le premier lieutenant arrivait dans ces circonstances il siégerait au milieu de la Chambre, sans avoir la faculté de parler. Si l'on n'avait pas encore voté, on le rétablirait avec les cérémonies usitées, et dès ce moment il aurait voix prépondérante.

Le Chef sera placé entre les deux Infaillibles ; les deux plus anciens les suivront, l'un d'un côté et l'autre de l'autre. Si alors il y avait à la Chambre plus de quatre nouveaux votants qui n'auraient pas vu les assemblées, les deux premiers d'entre eux seraient placés immédiatement après........

Article 5º.

Des procédures du Grand-Maître des cérémonies.

La Chambre peut s'assembler pour tant d'objets différents, les objets discutables sont en si grand nombre, que si l'on voulait déterminer les différents procédés à suivre dans les différentes discussions, nous n'aurions jamais tout prévu, ce qui nous a porté à vous proposer l'institution d'un Grand-Maître des cérémonies.

Les anciens connaissent toujours assez les lois ; s'ils les oublient ce n'est que pour leur avantage, c'est pourquoi il faudrait que le Grand-Maître des cérémonies ne fût pas trop ancien et fût éloigné des puissances. Il serait élu à la pluralité des voix et par scrutin, et devrait être au corps depuis deux promotions. La loi serait déposée chez lui ; il devrait la connaître, en avoir saisi l'esprit. La direction de toutes les cérémonies serait un des objets de son occupation : c'est lui qui aurait le droit de représenter le texte de la loi lorsqu'elle aurait été violée. Dans les discussions épineuses, il serait consulté sur les moyens de procéder pour discuter de manière à éclairer la Chambre et en connaître l'avis. Le Grand-Maître des cérémonies n'aurait aucune autorité, il n'aurait jamais que le droit de parler, sans pouvoir être jamais pris à partie de ses discours, surtout s'il s'agissait de représenter à l'assemblée les vexations qu'éprouve quelque membre nouvel arrivé de la part de quelques anciens. Il serait à la fois Grand-Maître des cérémonies, orateur et conseiller de la Calotte.

L'éloquence, l'activité, la chaleur et une bonne poitrine sont des qualités requises pour parvenir à cette place..... Le bon choix seul pourrait la rendre utile à la république. Il pourrait, d'ailleurs, être déposé pourvu qu'il y ait les trois quarts des voix contre lui, et tout..... qui proposerait de le déposer et qui n'en aurait pas la moitié, serait..... du premier lieutenant et ses Infaillibles. Vous engagerez sans doute vos orateurs à le ménager dans leurs discours.

Toute personne dénoncée à votre tribunal par le Chef, sera d'abord reconnue par..... des Infaillibles. Si elle avance la plainte, elle passera à la barre : le Chef fera aussitôt choix d'un avocat, qui sera un de ceux instruits à fond du délit. Aucun membre ne pourra refuser d'être avocat de la Chambre. L'accusé nommera également son avocat. Si celui-ci y consent, ils pourront s'entretenir en particulier l'espace de cinq minutes, ou plus, si le cas l'exigeait ; après quoi, l'on ira aux voix.

Article 6e.

Observations diverses.

Tous les membres sont égaux ; on ne peut porter atteinte à cette loi qu'en renversant la constitution. Vous jugerez cependant, Messieurs, que si le nombre des nouveaux arrivés était trop considérable, ils auraient avis prépondérant, et par leur..... et leur inexpérience, ils pourraient jeter le navire du bien public sur quelque roche malfaisante.

C'est pourquoi vous arrêterez que si le Chef et les deux Infaillibles sont d'accord et d'un avis opposé à celui des nouveaux votants, ceux-ci seraient-ils dix, ne pourraient avoir que trois voix contraires. Nous entendons par nouveau votant tout membre qui n'aura pas vu les assemblées d'été, ces assemblées majestueuses, sublimes.

Cette loi vous paraîtra dure ; mais considérons, Messieurs, qu'il est rare que d'une promotion il en vienne plus de cinq ou six, et qu'ils ne peuvent être unis que par..... L'unanimité des suffrages est requise pour pouvoir déposer le Chef. Il est bien entendu que les parents n'y seront pas compris ; et comme les liens de l'amitié ne sont pas moins sacrés, l'on ne comprendra ni les proches parents, ni ceux de ses amis. C'est pourquoi, avant de procéder à la déposition du Chef, l'assemblée exclura deux votants comme amis du Chef de Calotte. Quel est l'infortuné qui n'a point deux amis parmi ses camarades?........ des sujets dont toute la conduite est une contradiction continuelle à la dignité de votre habit. Il faut alors accorder au premier lieutenant une autorité plus marquée. Vous arrêterez donc que, moyennant cette formule : « La Chambre vous charge, illustre « Chef, de prendre les moyens les plus expéditifs « pour ramener........ », moyennant cette formule, dis-je, le premier lieutenant acquerra sur le Calottin toute l'autorité de la Chambre, et sera obligé de lui obéir comme si tous parlaient. Vous pourrez, Messieurs, déposer les Infaillibles, pourvu qu'il y ait les trois quarts de voix contre eux.

Lorsque la Calotte sera mécontente du premier lieutenant, elle pourra le lui témoigner par injonction de mieux se conduire ; le premier Infaillible sera l'organe de l'assemblée. Le mécontentement de la Chambre peut se manifester en ordonnant aux deux Infaillibles de veiller sur sa conduite, ou en lui en associant un pour le conseiller dans toutes ses fonctions.

Nous avons à vous proposer une loi peu nécessaire au moment actuel, mais qui peut le devenir d'un moment à l'autre. C'est que le lieutenant qui n'aura pas deux ans de service, ne pourra se battre sans avoir pour témoin une personne de trois promotions avant lui. Quel avantage pour ce jeune homme d'avoir un ancien pour le conseiller! Si l'on transgressait cette loi, il faudrait une punition exemplaire. Mais non, ce cas n'arrivera jamais : l'activité du premier lieutenant saura contenir cette brûlante jeunesse; la sévérité de la Chambre le secondera, et moyennant leur prévoyance, on ne verra plus de ces scènes à la fois ridicules et barbares.

Telles sont, Messieurs, les lois que vous devez...... Si elles ne sont pas les meilleures que l'on pourrait donner à une association sans préjugés, ce sont, à notre avis, les meilleures de celles qui lui conviennent. Puissent-elles ne pas être des toiles d'araignées! Puissent-elles être respectées du faible, craintes du puissant, amener à jamais le bonheur, la prospérité, la félicité de notre très chère république! Ce sont les sentiments qui nous ont animé, qui nous animent dans ce moment. Vos lumières..... ce que mes faibles talents n'ont peut-être fait qu'imparfaitement. Souvenez-vous cependant, Messieurs, que ces lois méditées dans les profondeurs de la retraite, éclairées par l'amour du bien, ont captivé dans tous leurs points l'unanimité des suffrages des trois commissaires que vous avez nommés.

Après avoir fait lecture à haute et intelligible voix desdites lois à la Calotte assemblée et présidée par son Chef, nous tous déclarons devoir être lesdites lois reçues et mises à exécution.

1° L'assemblée de la Calotte, composée de tout ce

qui a le grade de lieutenant, est le corps législatif qui a le droit de tout entreprendre, ne.....[1] d'autre loi que son intérêt;

2° Tous les membres qui ne sont pas en place sont égaux; les nouveaux venus n'auront tous ensemble que trois voix à opposer aux Chefs et aux Infaillibles quand ceux-ci seront unis;

3° Le premier lieutenant est Chef de la Calotte et a tout pouvoir exécutif.

---

1. Il va sans dire que toutes ces différentes lignes de points indiquent les lacunes du texte original.

III

DISCOURS SUR LE BONHEUR[1]

Les sociétés littéraires n'eussent jamais dû être animées que par l'amour de la vérité et des hommes ; mais il n'est point de vérité où règnent par devoir les préjugés. Il n'est point d'hommes où les rois sont souverains : il n'y a que l'esclave oppresseur plus vil que l'esclave opprimé. Cela explique pourquoi les sociétés littéraires ont offert, dans tous les

---

1. Écrit à Ajaccio en novembre et décembre 1790. Publié par le général Gourgaud en 1826. Reproduit par M. de Coston et par le bibliophile Jacob (1840).
En 1780, l'abbé Raynal fonda, à l'Académie de Lyon, un prix de quinze cents livres. Le sujet proposé pour le concours de 1790 était le suivant : *Déterminer les vérités et les sentimens qu'il importe le plus d'inculquer aux hommes pour leur bonheur.* Le 29 novembre 1791, la commission d'examen décida que le prix ne serait distribué qu'en 1793. Ce fut Daunou qui obtint le prix et non Bonaparte.
M. de Talleyrand, voulant faire sa cour à Napoléon, lui remit un jour le manuscrit de son ouvrage ; mais l'empereur le jeta au feu en le qualifiant de *composition de collège*. (O'Méara.)

temps, le spectacle affligeant de la flatterie et de la plus coupable adulation. Cela explique pourquoi les sciences vraiment utiles, celles de la morale et de la politique, ont langui dans l'oubli, ou se sont entortillées dans le labyrinthe de l'obscurité. Elles ont fait cependant dans ces derniers temps des progrès rapides. On le doit à quelques hommes hardis qui, impulsés par le génie, n'ont craint ni le tonnerre des despotes, ni les cachots de la Bastille. Ces rayons de lumière ont embrasé l'atmosphère, éclairé l'opinion, qui fière de ses droits, a détruit l'enchantement où étaient enlacées les nations depuis tant de siècles. Ainsi Renaud fut rendu à la vertu, à lui-même, dès qu'une main courageuse et amie lui présenta le bouclier où étaient à la fois tracés ses devoirs et son apathie. A quoi peuvent être mieux comparés les ouvrages immortels de ces hommes qu'au divin bouclier du Tasse. La liberté conquise après vingt mois d'énergie et de chocs les plus violents, fera à jamais la gloire des Français, de la philosophie et des lettres.

C'est dans ces circonstances que l'Académie propose de *déterminer les vérités, les sentimens qu'il importe le plus d'inculquer aux hommes pour leur bonheur.* Cette question vraiment digne de la méditation de l'homme libre fait l'éloge des sages qui l'ont proposée. Aucune ne pourrait mieux répondre au but du fondateur.

Illustre Raynal, si dans le courant d'une vie agitée par les préjugés et les grands que tu as démasqués, tu fus toujours constant et inébranlable dans ton zèle pour l'humanité souffrante et opprimée, daigne aujourd'hui, au milieu des applaudissements d'un peuple immense qui, appelé par toi à la liberté, t'en fait le premier hommage, daigne sourire aux efforts d'un zélé disciple dont tu voulus quelquefois encourager les essais. La question dont je vais m'occuper est digne de ton burin; mais sans ambitionner d'en posséder la trempe, je me suis dit avec courage : *Moi aussi je suis peintre.*

Il est indispensable d'abord de fixer nos idées sur le bonheur.

L'homme est né pour être heureux. La nature, mère éclairée, l'a doué de tous les organes nécessaires au but de sa création. Le bonheur n'est donc que la jouissance de la vie la plus conforme à son organisation. Hommes de tous les climats, de toutes les religions, y en aurait-il d'entre vous à qui le préjugé de leurs dogmes empêcherait de sentir l'évidence de ce principe ? Eh bien! qu'ils mettent la main droite sur leur cœur, la gauche sur leurs yeux, qu'ils rentrent en eux-mêmes, qu'ils soient de bonne foi...et qu'ils disent si comme moi ils ne le pensent pas.

Vivre donc d'une manière conforme à notre organisation, ou point de bonheur.

Notre organisation animale a des besoins indispensables : manger, dormir, engendrer... Une nourriture, une cabane, des vêtements, une femme, sont donc une stricte nécessité pour le bonheur.

Notre organisation intellectuelle a des appétits non moins impérieux et dont la satisfaction est beaucoup plus précieuse. C'est dans leur entier développement que consiste vraiment le bonheur. Sentir et raisonner, voilà proprement le fait de l'homme. Voilà ses titres à la suprématie qu'il a acquise, qu'il conservera toujours.

Le sentiment nous révolte contre la gêne, nous rend amis du beau, du juste; ennemis de l'oppresseur et du méchant. C'est dans le sentiment que gît la conscience, dès lors la moralité. Malheur à celui à qui ces vérités ne sont pas démontrées! il ne connaît de la vie que les rebuts; il ne connaît des plaisirs que la jouissance des sens.

Raisonner, c'est comparer. La perfection naît du raisonnement, comme le fruit de l'arbre. La raison, juge immobile de nos actions, en doit être la règle invariable. Les yeux de la raison garantissent l'homme du précipice des passions, comme ses décrets modifient même le sentiment de ses droits. Le sentiment fait naître la société; la raison la maintient encore.

Il faut donc manger, dormir, engendrer, sentir, raisonner, pour vivre en homme; dès lors pour être heureux.

De tous les législateurs que l'estime de leurs concitoyens appelle à leur donner des lois, aucuns ne paraissent avoir été plus pénétrés de ces vérités que Lycurgue et M. Paoli. Ils sont parvenus cependant par des chemins bien différents à les mettre en œuvre dans leur législation.

Les Lacédémoniens avaient une nourriture abondante, des vêtements et des maisons commodes, des femmes robustes ; ils raisonnaient dans leurs sociétés ; ils étaient libres dans leur gouvernement. Ils jouissaient de leur force, de leur adresse, de l'estime de leurs compatriotes et de la prospérité de leur patrie. C'étaient là les satisfactions de leur sentiment. Ils pouvaient s'attendrir avec leurs femmes, s'émouvoir aux perspectives variées du beau climat de la Grèce; cependant c'était principalement par le spectacle du fort de la vertu qu'ils sentaient. Dans le courage, dans la force consiste la vertu. L'énergie est la vie de l'âme, comme le principal ressort de la raison.

Les palpitations d'un Spartiate étaient celles d'un homme fort ; et *l'homme fort est bon, le faible seul est méchant.* Le Spartiate vivait d'une manière conforme à son organisation ; il était heureux.

.....Mais tout ceci n'est qu'un rêve. Sur les bords de l'Eurotas vit aujourd'hui le pacha à trois queues, et le voyageur, navré de ce spectacle déchirant, se retire avec effroi, doutant un moment de la bonté du moteur de l'univers. Mais pour conduire les hommes au bonheur faut-il donc qu'ils soient heureux en moyens ? Jusqu'à quel point doit-on leur inspirer l'amour de la liberté facultative ?

Puisqu'il faut sentir pour être heureux, quels sont les sentiments que l'on doit leur inspirer ?

Quelles sont les vérités que l'on doit leur développer ? Raisonner, dites-vous, ou point de félicité.

PREMIÈRE PARTIE

L'homme en naissant porte avec lui des droits sur la portion des fruits de la terre nécessaires à son existence.

Après l'étourderie de l'enfance vient l'éveil des passions. Il choisit parmi les compagnes de ses jeux, celle qui doit l'être de sa destinée. Son bras vigoureux, de concert avec ses besoins, demande du travail. Il jette un regard autour de lui ; il voit la terre, partagée en peu de mains, servir d'aliment au luxe et à la superfluité ; il se demande quels sont donc les titres de ces gens-là ? Pourquoi le fainéant est-il tout, l'homme qui travaille, presque rien ? Pourquoi, enfin, à moi qui ai une femme, un père et une mère décrépits à nourrir, ne m'ont-ils rien laissé ?

Il court chez le ministre dépositaire de sa confiance, lui expose ses doutes... « Homme, lui répond le prê-
» tre, ne réfléchis jamais sur l'existence de la so-
» ciété... Dieu conduit tout... Abandonne-toi à la
» Providence... Cette vie n'est qu'un voyage. Les
» choses y sont faites par une justice dont nous ne
» devons pas chercher à approfondir les décrets...
» Crois, obéis, ne raisonne jamais et travaille : voilà
» tes devoirs. »

Une âme fière, un cœur sensible, une raison naturelle, ne peuvent être satisfaits de cette réponse. Il porte ailleurs ses doutes et ses inquiétudes. Il arrive chez le plus savant du pays, c'est un notaire... « Homme savant, » lui dit-il, on s'est partagé les
» biens de la contrée, et l'on ne m'a rien donné. »
L'homme savant rit de sa simplicité, le conduit dans son étude, et là, d'acte en acte, de contrat en contrat, de testament en testament, il lui prouve la légitimité des partages dont il se plaint... « Quoi ! ce
» sont là les titres de ces messieurs ! » s'écrie-t-il in-
» digné ; les miens sont plus sacrés, plus incontes-
» tables, plus universels ; ils se renouvellent avec ma
» transpiration, circulent avec mon sang, sont écrits
» sur mes nerfs, dans mon cœur ; c'est la nécessité
» de mon existence, et surtout de mon bonheur. »
En achevant ces mots, il saisit ces paperasses qu'il jette aux flammes...

Il ne tarde pas à craindre le bras puissant qu'on

appelle justice. Il se réfugie dans sa cabane pour se jeter tout ému sur le corps glacé de son père. Ce respectable vieillard, aveugle et perclus par l'âge, ne paraît vivre que par un oubli de la mort... « Mon père
» vous m'avez donné la vie, avec elle un vif intérêt
» du bonheur. Eh bien ! mon père, des ravisseurs se
» sont tout partagé. Je n'ai que mes bras, parce qu'ils
» n'ont pas pu me les ôter. O mon père, je suis donc
» condamné au travail le plus continuel, à l'asser-
» vissement le plus avilissant. Au soleil d'août comme
» aux frimas de janvier, il n'y aura donc jamais de
» repos pour votre fils ; pour prix d'un si grand tra-
» vail, d'autres cueilleront les moissons acquises à la
» sueur de mon front ! et encore si je pouvais suffire
» à tout : il faut que je nourrisse, loge, habille,
» chauffe une famille entière. Le pain nous man-
» quera, mon cœur se brisera à chaque instant, ma
» sensibilité s'émoussera, ma maison s'offusquera.
» O mon père, je vivrai hébété, peut-être même mé-
» chant. Je vivrai malheureux. Suis-je misérable, donc
» né pour cela ? »

« Mon fils, » lui répondit le vénérable vieillard, « le
» sacré caractère de la nature est tracé dans ton sein
» avec toute son énergie. Conserve-le toujours pour
» vivre heureux et fort : mais écoute attentive-
» ment ce que quatre-vingts ans d'expérience m'ont
» enseigné. Mon fils, je t'ai élevé dans mes bras, j'ai
» protégé tes jeunes ans, et aujourd'hui que ton

» cœur commence à palpiter, tes fibres sont accou-
» tumées au travail sans doute, mais au travail modéré,
» qui rafraîchit le corps, excite le sentiment, calme
» l'imagination fougueuse. Mon fils, t'a-t-il rien man-
» qué? Ton habillement est grossier, ta demeure est
» rustique, ta nourriture est simple; mais encore
» une fois, as-tu rien désiré? Tes sentiments sont
» purs comme tes sensations, comme toi-même. Il
» te manquait une femme, mon fils, tu l'as choisie :
» je t'ai donné de mon expérience à décider ton jeune
» cœur... O mon tendre ami, pourquoi te plains-tu?
» Tu crains l'avenir, fais toujours comme tu as fait
» et tu ne le redouteras jamais. Mon fils, si j'avais été
» au nombre des hommes misérables qui ne possè-
» dent rien, j'eusse façonné ton corps au joug de
» l'animal, j'eusse fait de toi le premier des animaux
» de ta grange. Plié par le joug de l'habitude, tu
» eusses vécu tranquille dans ton apathie, content de
» ton ignorance. Tu n'eusses pas été heureux, ô mon
» fils ! tu ne l'eusses pas été, mais tu fusses mort
» sans savoir si tu avais vécu ; car, mon fils, comme
» tu l'as observé, pour vivre, il faut sentir et raison-
» ner, dès lors ne pas être accablé par le besoin phy-
» sique. Oui, bon jeune homme, que cette nouvelle
» te rafraîchisse, te console ; calme tes inquiétudes ;
» ces champs, cette cabane, ces animaux sont à nous.
» J'ai voulu te le laisser ignorer : il est heureux et
» si doux de monter, si dur de descendre!

« Ton père bientôt ne sera plus ; il a assez vécu ;
» il a connu les vrais plaisirs, il connaît le plus grand
» de tous, puisqu'il te presse encore sur son sein.
» Une seule chose, mon fils, si tu veux l'imiter : ton
» âme est ardente, mais ton travail, mais ta femme,
» ce doux présent de l'amour, mais tes enfants ; que
» d'objets pour remplir le vide de ton cœur, garde-toi
» seulement de la cupidité des richesses. Les riches-
» ses n'influent sur le bonheur, mon fils, qu'autant
» qu'elles procurent ou refusent le nécessaire physi-
» que. Tu l'as ce nécessaire, et avec lui l'habitude du
» travail. Tu es le plus riche du pays : sache donc
» brider ton imagination. D'une âme ardente à une
» imagination déréglée, il n'y a, mon fils, que la
» raison au milieu.

» Les riches sont-ils heureux? Mon fils, ils peuvent
» l'être, mais pas plus que toi. Ils peuvent l'être,
» entends-tu ; car rarement ils le sont. Le bonheur
» est spécialement dans ton état, parce que c'est
» celui de la raison et du sentiment. L'état du riche
» est l'empire de l'imagination déréglée, de la va-
» nité, des jouissances des sens, des caprices, des
» fantaisies... Ne l'envie jamais et si l'on t'offrait toutes
» les richesses de la contrée, mon unique ami, rejette-
» les loin de toi, à moins que ce ne soit pour les par-
» tager incontinent avec tes concitoyens. Mais, mon
» fils, cette lutte de force et de magnanimité n'appar-
» tient qu'à *un Dieu*... Sois homme, mais sois-le

» vraiment : vis maître de toi. Sans force, mon fils, il
» n'est ni vertu ni bonheur. »

Voilà les deux bouts de la chaîne sociale connus. Oui, messieurs, qu'au premier soit l'homme riche, j'y consens ; mais qu'au dernier ne soit pas le misérable ; que ce soit, ou le petit propriétaire, ou le petit marchand, ou l'habile artisan, qui puisse, avec un travail modéré, nourrir, habiller, loger sa famille.

Vous recommanderez donc au législateur de ne pas consacrer la loi civile où peu pourraient tout posséder ; il faut qu'il résolve son problème politique de manière que le moindre ait quelque chose. Il n'établit pas pour cela l'égalité, car les deux extrêmes sont si éloignés, la latitude est si forte que l'inégalité peut subsister dans l'intervalle... Dans la hutte comme dans le palais, couvert de peau comme de broderies de Lyon, à la table frugale de Cincinnatus comme à celle de Vitellius, l'homme peut être heureux ; mais encore, cette hutte, ces peaux, cette table frugale, encore faut-il qu'il les ait. Comment le législateur peut-il y influer ? Comment doit-il résoudre son problème politique, pour que le moindre ait quelque chose ? Les difficultés sont grandes, et je ne sache personne qui s'en soit mieux tiré que M. Paoli.

M. Paoli dont la sollicitude pour l'humanité et ses compatriotes fait le caractère distinctif, qui fit un moment renaître au milieu de la Méditerranée les beaux jours de Sparte et d'Athènes ; M. Paoli, plein de ces sentiments, de ce génie que la nature ne réunit dans un même homme que pour la consolation des peuples, parut en Corse pour fixer les regards de l'Europe. Ses concitoyens ballottés par les guerres civiles et étrangères, reconnurent son ascendant et le proclamèrent à peu près comme jadis Solon le fut à Athènes ou les Décemvirs à Rome. Les affaires étaient dans un tel désordre qu'un magistrat, revêtu d'une grande autorité et d'un génie transcendant pouvait seul sauver la patrie.

Heureuse la nation où la chaîne sociale n'est pas assez rivée pour craindre les conséquences d'une démarche aussi téméraire ! Heureuse lorsqu'elle a des hommes qui, justifiant une confiance aussi illimitée, s'en rendent dignes !

Arrivé au timon des affaires, appelé par ses compatriotes à leur donner des lois, M. Paoli établit une constitution, non seulement fondée sur les mêmes principes que l'actuelle, mais encore sur les mêmes divisions administratives. Il y eut des municipalités, des districts, des procureurs-syndics, des procureurs de la commune. Il renversa le clergé et appropria à la nation le bien des évêques. Enfin la marche de son gouvernement est presque celle de la révolution actuelle. Il trouva dans son activité sans pareille, dans son éloquence persuasive et chaleureuse, dans son génie pénétrant et facile, de quoi garantir sa constitution naissante des efforts des méchants et des ennemis, car on était alors en guerre avec Gênes.

Mais à nos yeux le principal mérite de M. Paoli est d'avoir paru pénétré du principe qu'en consacrant la loi civile, le législateur devait conserver à chaque homme une portion de propriété telle qu'avec un médiocre travail elle pût suffire à son entretien. Pour cela il distingua les territoires de chaque village en deux espèces : ceux de la première furent les plaines bonnes aux semailles et aux pâturages; ceux de la seconde furent les montagnes propres à la culture de l'olivier, de la vigne, du châtaigner, des arbres de toute espèce. Les terres de la première espèce, appelées *pacages*, devinrent la propriété publique et l'usufruit particulier. Tous les trois ans, le *pacage* de chaque village se partageait entre les habitants. Les terres de la seconde espèce, susceptibles d'une culture particulière, restèrent sous l'inspection de la cupidité individuelle. Par cette sage disposition, tout citoyen naissait propriétaire, sans détruire l'industrie, sans nuire aux progrès de l'agriculture, enfin sans avoir d'ilotes.

Mais tous les législateurs ne se sont pas trouvés dans les mêmes circonstances, tous n'ont pas pu maîtriser les choses et les conduire à une aussi heureuse fin; cependant pressés par le principe, ils lu ont rendu hommage en excluant de la société ceux qui ne possédaient rien ou ne payaient pas telle imposition. Pourquoi cette seconde justice? C'est que l'homme que les lois n'ont pas mis à même d'être heureux ne peut être citoyen; c'est que l'homme qui n'a point d'intérêt au maintien de la loi civile en est l'ennemi. Il eût fallu lui assurer une portion de propriété, afin de l'y intéresser, de l'attacher; à défaut de cela, il a fallu l'exclure comme un être avili, hébété, et comme tel incapable d'exercer une portion de la souveraineté... Voilà la raison politique, sans doute... Mais aux yeux de la morale! Mais aux yeux de l'humanité! Quand je verrai un de ces infortunés transgresser la loi de l'État, être supplicié, je me dirai : *C'est le fort qui victime le faible.* Il me semble voir l'Américain périr pour avoir violé la loi de l'Espagnol.

Après avoir persuadé au législateur qu'il doit s'occuper également du sort de tous les citoyens dans la rédaction de sa loi civile, vous direz au riche : Tes richesses font ton malheur; rentre dans la latitude de tes sens; tu ne seras plus ni inquiet, ni fantasque. Combien de jeunes ménages deviennent méchants parce qu'il leur manque ce qui produit en toi cette inquiétude! Tu as trop et eux pas assez. Votre sort est égal, avec la différence que toi, plus sage, pourrais y remédier, au lieu qu'eux ne peuvent que gémir!.., Homme froid, ton cœur ne palpite donc jamais ? Je te plains et je t'abhorre : tu es malheureux et tu fais le malheur des autres.

Sans femme, avons-nous dit, il n'est ni santé ni bonheur. Vous enseignerez donc à la classe nombreuse des célibataires que leurs plaisirs ne sont pas les vrais, à moins que, convaincus qu'ils ne peuvent vivre sans femme, ils ne fondent sur celles des autres la satisfaction de leur appétit. Vous les dénoncerez dès lors à la société entière.

Vous dénoncerez l'extravagante présomption du ministre de Brama; vous lui apprendrez que l'homme est seul digne du créateur, et que le fakir qui se mutile est un monstre de dépravation et de folie.

Vous rirez avec le dédain de l'indignation, lorsque l'on prétendra vous persuader que la perfection consiste dans le célibat. Vous avez ouvert le grand livre de la raison et du sentiment, ainsi vous dédaignerez de répondre aux sophismes des préjugés et de l'hypocrisie.

Que la loi civile assure à chacun son nécessaire physique; que la soif inextinguible des richesses soit remplacée par le sentiment consolant du bonheur. Qu'à votre voix le vieillard soit le père de tous ses enfants, qu'il partage également ses biens, et que le spectacle harmonique de huit ménages heureux fasse à jamais abhorrer la loi barbare de la primogéniture. Que l'homme apprenne enfin que sa vraie gloire est de vivre en homme. Qu'à votre voix les ennemis de la nature se taisent et avalent de rage leurs langues de serpent. Que le ministre de la plus sublime des religions, qui doit porter des paroles de paix et de consolation dans l'âme navrée de l'infortuné, connaisse les douces émotions de l'épanchement, que le nectar de la volupté le rende sincèrement pénétré de la grandeur de l'auteur de la vie : alors vraiment digne de la confiance publique, il sera l'homme de la nature et l'interprète de ses décrets ; qu'il choisisse une compagne, ce jour sera le vrai triomphe de la morale et les vrais amis de la vertu le célébreront de cœur. Le ministre sensible bénira l'âge de la raison en goûtant les prémices de ses bienfaits.

Voilà, messieurs, sous le rapport animal, les vérités, les sentiments qu'il faut inculquer aux hommes pour leur bonheur.

SECONDE PARTIE

Qu'est-ce que le sentiment ? C'est le lien de la vie, de la société ; de l'amour, de l'amitié ! C'est lui qui unit le fils à la mère, le citoyen a la patrie. C'est surtout dans l'homme qu'il est puissant. La dissipation, les plaisirs des sens en émoussent la délicatesse, mais dans l'infortune l'homme le retrouve toujours; cet agent consolateur ne nous abandonne entièrement qu'avec la vie.

N'êtes-vous pas satisfait, grimpez sur un des pitons du mont Blanc; voyez le soleil, se levant par gradations, porter la consolation sous le chaume du laboureur. Que le premier rayon qu'il lance soit surtout recueilli dans votre cœur! Souvenez-vous bien des sentiments que vous goûterez.

Descendez au bord de la mer, voyez l'astre du jour sur son déclin se précipiter avec majesté dans le sein de l'infini : la mélancolie vous maîtrisera, vous vous y abandonnerez, l'on ne résiste pas à la mélancolie de la nature.

Etes-vous sous le monument de Saint-Rémi ? Vous en avez contemplé la majesté; le doigt de ces fiers Romains, tracé dans les âges passés, vous fait exister avec Emile, Scipion, Fabius. Vous revenez à vous pour voir des montagnes, dans l'éloignement d'un voile noir, couronner la plaine immense de Tarascon, où cent mille Cimbres restèrent ensevelis. Le Rhône coule à l'extrémité, plus rapide que le trait; un chemin est sur la gauche, la petite ville à quelque distance, un troupeau dans la prairie; vous rêvez sans doute, c'est le rêve du sentiment.

Égarez-vous dans la campagne, réfugiez-vous dans la chétive cabane du berger ; passez-y la nuit ; couchez sur des peaux, le feu à vos pieds ; quelle situation !

Minuit sonne ; tous les bestiaux des environs sortent pour paître, leurs bêlements se marient à la voix des conducteurs : il est minuit, ne l'oubliez pas ; quel moment pour rentrer en vous-même, et pour méditer sur l'origine de la nature, en en goûtant les délices les plus exquises.

Au retour d'une longue promenade êtes-vous surpris par la nuit, arrivez-vous au clair des rayons argentés dans le parfait silence de l'univers : vous avez été accablé de la chaleur de la canicule ; vous goûtez les délices de la fraîcheur et le baume salutaire de la rêverie.

Votre famille est-elle couchée, vos lumières éteintes, mais non pas votre feu car les frimas de janvier s'opposent à la végétation de votre jardin..... Que faites-vous là pendant plusieurs heures ? Je ne suppose pas que vous soyez égaré par la rage et par l'ambition des richesses ; qu'est-ce que vous faites ? vous jouissez de vous-même.

Vous savez que la métropole de Saint-Pierre de Rome est grande comme une ville ; une lampe est devant le principal autel : vous y entrez à dix heures du soir, vous marchez en tâtonnant; cette faible lumière ne vous permet de voir qu'elle. Vous croyez ne faire que d'entrer, il est déjà l'heure de l'aurore : elle entre par les fenêtres, la pâleur du matin succède aux ténèbres de la nuit. Vous vous en apercevez enfin pour vous retirer; mais vous y êtes resté six heures ! Si j'eusse pu écrire vos pensées, qu'elles intéresseraient le moraliste !

La curiosité, mère de la vie, vous fait-elle embarquer pour la Grèce, êtes-vous jeté par les courants à l'île de Monte-Cristo : deux heures vous restent ; à la nuit vous cherchez un refuge ; vous avez parcouru ce petit rocher ; vous vous trouvez sur une hauteur, au milieu des débris d'un vieux monastère, derrière un pan de mur couvert par le lierre et le romarin ; vous faites dresser votre tente ; le mugissement rauque des vagues qui se brisent sur les rochers, car le vaste gouffre des mers vous environne, vous représente l'idée de cet élément terrible pour le faible passager. Une légère toile et un mur de plus de quinze siècles vous abritent ; vous êtes agité par l'agitation du sentiment.

Êtes-vous à sept heures du matin dans vos bosquets fleuris, ou dans une vaste forêt pendant la saison des fruits ; sommeillez-vous dans une grotte environnée des eaux des Dryades, dans le fort de la canicule ? Vous serez seul à passer des heures entières, sans pouvoir vous en arracher, ni soutenir les discours du fâcheux qui viendra vous importuner.

Il n'est point d'homme qui n'ait éprouvé la doucœur, la mélancolie, le tressaillement qu'inspirent la plupart de ces situations. Que je plaindrais celui qui ne me comprendrait point et qui n'aurait jamais été ému par l'électricité de la nature ! Le sentiment ne nous ferait-il éprouver que ces délicieuses émotions, il aurait déjà fait beaucoup pour nous ; il nous aurait offert une succession de jouissances sans regrets, sans fatigues, sans aucune espèce d'ébranlement violent. Ç'aurait été son plus précieux don, si l'amour de la patrie, si l'amour conjugal, si la divine amitié n'étaient aussi de ses libéralités.

Vous rentrez dans votre pays après quatre ans d'absence ; vous parcourez les sites, théâtres des jeux de votre enfance et témoins de l'agitation que la première connaissance des hommes et l'aurore des passions produisent dans nos sens ; vous vivrez dans un moment de la vie de votre enfance, vous jouirez de ses plaisirs ; vous sentez tous les feux de l'amour de la patrie. Vous avez, dites-vous, un père, une tendre mère, des sœurs encore innocentes, des frères à la fois vos amis ; homme trop heureux ! cours, vole, ne perds pas un moment. Si la mort t'arrêtait en chemin tu n'aurais pas connu les délices de la vie, celles de la douce reconnaissance, du tendre respect et de la sincère amitié. Mais, me dites-vous, j'ai une femme et des enfants !... C'en est trop, mon cher ami ; c'en est trop, ne t'en éloigne plus ; le plaisir pourrait te suffoquer au retour, ou la douleur t'accabler au départ... Une femme et des enfants... Une femme et des enfants, un père et une mère, des frères et des sœurs, un ami ! Et l'on se plaint de la nature, et l'on se demande : pourquoi sommes-nous nés ? Et l'on souffre avec impatience les maux passagers, et l'on court avec fureur après les vides de la vanité, des richesses. Quelle est donc, ô infortunés humains, la boisson dépravatrice qui a ainsi altéré les penchants écrits dans votre sang, sur vos nerfs, dans vos yeux ?... Eussiez-vous l'âme aussi ardente que le foyer de l'Etna, si vous avez un père, une mère, une femme, des enfants, vous ne pouvez redouter les anxiétés de l'ennui.

Oui, voilà les seuls, les vrais plaisirs de la vie, et dont rien ne peut ni nous distraire ni nous indemniser. L'homme a beau s'environner de tous les biens de la fortune, dès que ces sentiments s'enfuient de son cœur, l'ennui s'en empare ; la tristesse, la noire mélancolie, le désespoir se succèdent, et si cet état dure encore, il se donne la mort.

Pontavéri est arraché à Taïti ; conduit en Europe, il est accablé de soins ; l'on n'oublie rien pour le distraire. Un seul objet le frappe, lui arrache les larmes de la douleur : c'est le mûrier à papier. Il l'embrasse avec transport en s'écriant : *Arbre de mon pays ! Arbre de mon pays !*... L'on prodigue en vain aux cinq Groënlendais tout ce que la cour de Copenhague peut offrir. L'anxiété de la patrie, de la famille, les conduit à la mélancolie et de là à la mort... Au lieu de cela, combien d'Anglais, de Hollandais, de Français qui vivent avec les sauvages ! C'est que ces infortunés étaient avilis en Europe, vivaient jouets des passions et tristes rebuts des grands; tandis que l'homme de la nature vit heureux dans le sein du sentiment et de la raison naturelle.

Nous venons de voir comment, par le sentiment, nous jouissons de nous, de la nature, de la patrie, des hommes qui nous environnent. Il nous reste à observer comment il nous fait tressaillir à l'aspect de différentes vicissitudes de la vie. C'est ici que nous nous convaincrons que s'il ne nous rend amis du beau, du juste, il nous révolte contre l'oppresseur et le méchant.

Une jeune beauté est entrée dans sa seizième année, les roses sur son teint font place aux lis ; des yeux de feu se sont presque éteints ; la vivacité des grâces n'est plus que la langueur de la mélancolie... elle aime... T'inspire-t-elle le respect, la confiance, c'est le respect et la confiance du sentiment. T'inspire-t-elle le mépris de sa faiblesse, à la bonne heure ; mais ne me le dis jamais si tu prises mon estime.

Nina aima ; son bien-aimé mourut, elle eût dû

mourir aussi. Elle lui survécut toutefois, mais pour lui rester fidèle. Nina a bien su que son bien-aimé était mort, mais le sentiment ne peut pas concevoir son anéantissement. Elle l'a attendu toujours; elle l'attendrait encore... Tu plains dédaigneusement sa folie... Homme dur! sens-tu, au lieu de cela, l'estime de sa constance et l'attendrissement du sentiment [1].

Une femme adorée est morte. C'est celle de ton ennemi. L'infortuné en est accablé : il a fui la société des hommes ; le drap noir a remplacé la tapisserie de la gaieté. Deux flambeaux sont sur la table, le désespoir dans son cœur ; il passera ainsi le reste languissant de sa vie... Ame bonne, tu sens ta haine se calmer : tu cours à son tombeau lui prodiguer les marques de la réconciliation. C'est la réconciliation du sentiment.

Vous avez lu Tacite. Quel est celui de vous qui ne s'est écrié avec le jeune Caton : *Que l'on me donne une épée pour tuer ce monstre.* Depuis deux mille ans le récit des actions de Marius, de Sylla, Néron, Caligula, Domitien, etc., vous révolte. Leur souvenir est celui de la haine et de l'exécration.

Le spectacle odieux du crime prospérant ou de l'innocence dans les fers vous brise le cœur ; le découragement circule dans vos veines pour y al-

---

1. VARIANTE : l'attendrissement de son erreur (*Œuvres de Napoléon*, 1840).

lumer bientôt le désir de la vengeance. Viennent-ils à paraître...

(*La dernière phrase était indéchiffrable.*)[1]

1. Louis Bonaparte, frère de Napoléon, avait eu la précaution de prendre une copie de ce curieux et bizarre traité de morale. On sait que le manuscrit original de Bonaparte fut jeté au feu par lui-même. Voir *le Mémorial.*

DEUXIÈME PARTIE

POÉSIES

1. *Fable.*
2. *Madrigal.*
3. *Inscription solaire.*

I

LE LAPIN, LE CHIEN ET LE CHASSEUR

Fable[1]

César, chien d'arrêt renommé,
Mais trop enflé de son mérite,
Tenait arrêté dans son gite
Un malheureux lapin de peur inanimé :
« Rends-toi, » lui cria-t-il d'une voix de tonnerre,
Qui fit au loin trembler les habitants des bois ;
« Je suis César connu par ses exploits,
Et dont le nom remplit toute la terre. »
A ce grand nom, Jeannot lapin,
Recommandant à Dieu son âme pénitente,
Demande d'une voix tremblante :
« Très sérénissime mâtin,
Si je me rends quel sera mon destin ?

---

1. Composée à Valence en 1786 par le lieutenant Bonaparte, probablement à la demande de mademoiselle du Colombier. Publiée en 1826.

— Tu mourras. — Je mourrai, » dit la bête innocente.
« Et si je fuis ? — Ton trépas est certain.
— Quoi ! » reprit l'animal qui se nourrit de thym,
« Des deux côtés, je dois perdre la vie !
Que votre illustre Seigneurie
Veuille me pardonner, puisqu'il me faut mourir,
Si j'ose tenter de m'enfuir. »
Il dit, et fuit en héros de garenne.
Caton l'aurait blâmé, je dis qu'il n'eut pas tort ;
Car le chasseur le voit à peine
Qu'il l'ajuste, le tire... et le chien tombe mort.

Que dirait de ceci notre bon La Fontaine ?
Aide-toi, le ciel t'aidera.
J'approuve fort cette morale-là [1].

---

[1]. Paul L. Lacroix (bibliophile Jacob) rappelle, dans ses *Œuvres littéraires et politiques* de Napoléon (Delloye, éditeur, 1840), que l'original de cette fable existait dans les autographes du cabinet de M. le comte de Weimars.

II

POUR MADAME SAINT-HUBERTY, CANTATRICE DANS LE ROLE DE DIDON[1]

Romains, qui vous vantez d'une illustre origine,
Voyez d'où dépendait votre empire naissant !
    Didon n'a pas d'attrait assez puissant
Pour retarder la fuite où son amant s'obstine.
Mais si l'autre Didon, ornement de ces lieux,
    Eût été reine de Carthage,
Il eût, pour la servir, abandonné ses dieux,
Et votre beau pays serait encor sauvage.

---

1. Ce madrigal, composé en 1792, a été souvent publié, notamment dans une *Anthologie des poëtes de l'amour*. Bonaparte était capitaine à Paris, en non-activité, quand il l'écrivit.

Didon est un opéra de Piccini, le rival de Gluck. Joué à l'Opéra, il fournit à la Saint-Huberty l'occasion d'un véritable triomphe.

III

INSCRIPTION POUR UN CADRAN SOLAIRE[1]

L'ombre passe et repasse,
Et sans repasser l'homme passe.

[1]. Écrite en 1796 par le général en chef Bonaparte. Publiée pour la première fois par M. Loustau, ingénieur, en 1884.
Le cadran solaire dont il s'agit se trouvait placé sur une ferme où Bonaparte avait reçu l'hospitalité, près de la via Emilia, entre Reggio et Modène. Voir à ce sujet de curieux détails dans le *Magasin pittoresque* du 15 février 1884.

TROISIÈME PARTIE

HISTOIRE DE LA CORSE

1. *Lettres sur la Corse*
2. *Précis de l'Histoire de Corse.*

I

LETTRES SUR LA CORSE[1]

LETTRE PREMIÈRE

Monsieur[2],

Ami des hommes libres, vous vous intéressez au sort de la Corse, que vous aimez; le caractère de ses habitants l'appelait à la liberté; la *centralité* de sa position, le nombre de ses ports et la fertilité du sol l'appelaient à un grand commerce. — Pourquoi donc le peuple corse n'a-t-il jamais été ni libre ni commerçant? — C'est qu'une fatalité inexplicable a toujours armé ses voisins contre lui. Il a été la proie

---

1. Ces *Lettres*, écrites de 1786 à 1790, ne sont qu'un amas de notes préparées par Bonaparte en vue d'une nouvelle réfection de son *Histoire de la Corse*. Voyez sur cette question la note qui accompagne le texte du *Précis*, que nous donnons plus loin.
2. L'abbé Raynal.

de leur ambition, la victime de leur politique et de sa propre opiniâtreté... Vous l'avez vu prendre les armes, secouer l'atroce gouvernement génois, recouvrer son indépendance, vivre un instant heureux; mais, poursuivi par cette fatalité irrésistible, il tomba dans le plus insupportable avilissement. Pendant vingt-quatre siècles, voilà les scènes qui se renouvellent sans interruption: mêmes vicissitudes, même infortune, mais aussi même courage, même résolution, même audace. Les Romains ne purent se l'attacher qu'en se l'alliant; des essaims de Barbares l'assaillirent; ils s'emparèrent de ses champs, incendièrent ses maisons; mais il sacrifia son caractère de propriétaire à celui d'homme; il erra pour vivre libre. S'il trembla devant l'hydre féodale, ce fut seulement autant de temps pour la connaître et pour la détruire. S'il baisa en esclave les chaînes de Rome, guidé par le sentiment de la nature, il ne tarda pas à les briser; s'il courba enfin la tête sous l'aristocratie ligurienne, si des forces irrésistibles le maintinrent vingt ans soumis au despotisme de Versailles, quarante ans d'une guerre opiniâtre étonnèrent l'Europe et confondirent ses ennemis. Mais vous qui avez prédit à la Hollande sa chute, à la France sa génération, vous aviez promis aux Corses le rétablissement de leur gouvernement, le terme de l'injuste domination française.

Votre prédiction se serait accomplie lorsque cet

intrépide peuple, revenu de son étourdissement, se fût ressouvenu que la mort n'est qu'un des états de l'âme, mais que l'esclavage en est l'avilissement ; elle se serait accomplie....Inutiles recherches! Dans un instant tout est changé. Du sein de la nation que gouvernaient nos tyrans a jailli l'étincelle électrique: cette nation éclairée, puissante, généreuse, s'est souvenue de ses droits et de sa force ; elle a été libre et a voulu que nous le fussions comme elle. Elle nous a ouvert son sein: désormais nous avons les mêmes intérêts, les mêmes sollicitudes; il n'est plus de mer qui nous sépare.

Parmi les bizarreries de la révolution française, celle-ci n'est pas la moindre. Ceux qui nous donnaient la mort comme à des rebelles sont aujourd'hui nos protecteurs; ils sont animés par nos sentiments. — Homme! homme! que tu es méprisable dans l'esclavage, que tu es grand lorsque l'amour de la liberté t'enflamme! Alors tes préjugés se dissipent, ton âme s'élève, ta raison reprend son empire... Régénéré, tu es vraiment le roi de la nature.

A combien de vicissitudes, Monsieur, sont sujettes les nations! Est-ce la Providence d'une intelligence supérieure, ou est-ce le hasard aveugle qui dirige leur sort? Pardonne, ô Dieu! mais la tyrannie, l'oppression, l'injustice dévastent la terre, et la terre est ton ouvrage. Les souffrances, les soucis sont le partage du juste, et le juste est ton image. Ces amères réflexions sont écrites sur toutes les pages de l'histoire de Corse, car l'histoire de Corse n'est qu'une lutte perpétuelle entre un petit peuple qui veut vivre libre et ses voisins qui veulent l'opprimer; l'un se défend avec cette énergie qu'inspirent la justice et l'amour de l'indépendance, les autres attaquent avec cette perfection de tactique qui est le fruit des sciences et de l'expérience des siècles; le premier a des montagnes pour dernier refuge, les seconds ont leurs navires. Maîtres de la mer, ils interceptent les communications et se retirent, reviennent ou varient leurs attaques à leur gré. Ainsi, la mer, qui, pour tous les autres peuples, fut la première source des richesses et de la puissance, la mer qui éleva Tyr, Carthage, Athènes, qui maintient encore l'Angleterre, la Hollande, la France, au plus haut degré de splendeur et de puissance, fut la source de l'infortune et de la misère de ma patrie; heureuse si la sublime faculté de perfection eût été plus bornée dans l'homme! Il n'aurait pas alors, dans la soif de son inquiétude et par le moyen de l'observation, soumis à ses caprices le feu, l'eau et l'air; il aurait respecté les barrières de la nature. Des bras de mer immenses l'auraient étonné sans lui donner l'idée de les franchir. Nous eussions donc toujours ignoré qu'il existait un continent... Oh! l'heureuse, l'heureuse ignorance!!!

Quel tableau offre l'histoire moderne! Des peuples qui s'entre-tuent pour des querelles de famille, et qui s'entr'égorgent au nom du moteur de l'univers; des prêtres fourbes et avides qui les égarent par les grands moyens de l'imagination, de l'amour du merveilleux et de la terreur. Dans cette suite de scènes affligeantes quel intérêt peut prendre un lecteur éclairé ! Mais, un Guillaume Tell vient-il à paraître, les vœux s'arrêtent sur ce vengeur des nations ; le tableau de l'Amérique dévastée par des brigands forts de leur fer, inspire le mépris de l'espèce humaine; mais on partage les travaux de Washington, on jouit de ses triomphes, on le suit à deux mille lieues; sa cause est celle de l'humanité. Eh bien ! l'histoire de Corse offre une foule de tableaux de ce genre; si ces insulaires ne manquèrent pas de fer, ils manquèrent de marine pour profiter de la victoire et se mettre à l'abri d'une seconde attaque. Ainsi les années durent se passer en combats. Un peuple fort de sa sobriété et de sa constance, et des nations puissantes, riches du commerce de l'Europe, voilà les acteurs qui figurent dans l'histoire de Corse.

Pénétré de l'intérêt qu'elle pouvait avoir, de l'intérêt qu'elle inspirait, et convaincu de l'ignorance ou de la vénalité des écrivains qui ont jusqu'ici travaillé sur nos annales, vous avez senti que l'histoire de Corse manquait à notre littérature. Votre amitié voulut me croire capable de l'écrire. J'acceptai avec empressement un travail qui flattait mon amour pour ma patrie, alors

avilie, malheureuse, enchaînée. Je me réjouis d'avoir à dénoncer à l'opinion qui commençait à se former, les tyrans subalternes qui la dévastaient : je n'écoutais pas le cri de mon impuissance... « Il s'agit moins ici
» de grands talents que d'un grand courage, me dis-
» je, il faut une âme qui ne soit pas ébranlée par la
» crainte des hommes puissants qu'il faudra démas-
» quer. Eh bien ! ajoutai-je, avec une sorte de fierté,
» je me sens ce courage-là.

« La constance et les vertus de ma nation capti-
» veront le suffrage du lecteur. J'aurai à parler de
» M. Paoli dont les sages institutions assurèrent un
» instant notre bonheur, et nous firent concevoir
» de si brillantes espérances. Il consacra le premier
» ces principes qui font le fondement de la pros-
» périté des peuples. On admirera ses ressources,
» sa fermeté, son éloquence; au milieu des guer-
» res civiles et étrangères, il fait face à tout.
» D'un bras ferme il pose les bases de la Constitu-
» tion, et fait trembler jusque dans Gênes nos ty-
» rans. Bientôt trente mille Français, vomis sur nos
» côtes, renversent le trône de la liberté, le noyant
» dans des flots de sang, nous font assister au spec-
» tacle d'un peuple qui, dans son découragement,
» reçoit des fers. Tristes moments pour le moraliste,
» pareils à celui qui fit dire à Brutus : *Vertu, ne*
» *serais-tu qu'une chimère!*... J'arriverai enfin à
» la domination française. Accablé sous le triple

» joug du militaire, du robin, du maltôtier ; étranger
» dans sa patrie, en proie à des aventures que le
» Français d'outre-mer refuserait de reconnaître, le
» Corse voit ses jours flétris par l'avidité, par la fan-
» taisie, par le soupçon et l'ignorance de ceux qui, au
» nom du roi, disposent des forces publiques. Hélas !
» comment cette nation éclairée ne serait-elle pas
» touchée de notre état ! Comment l'envie de répa-
» rer les maux qui nous sont faits en son nom ne
» lui viendrait-elle pas ! » C'était là le principal fruit
que je voulais tirer de mon ouvrage.

Plein de la flatteuse idée que je pouvais être utile
aux miens, je m'appliquais à recueillir les matériaux
qui m'étaient indispensables ; mon travail se trouvait
même assez avancé lorsque la révolution vint rendre au peuple corse sa liberté. Je cessai : je compris
que mes talents n'y étaient plus suffisants, et que
pour oser saisir le burin de l'histoire, il fallait avoir
d'autres moyens. Lorsqu'il y avait du danger, il ne
fallait que du courage : quand mon ouvrage pouvait
avoir un objet immédiat d'utilité, je crus mes forces
suffisantes ; aujourd'hui je laisse le soin d'écrire notre
histoire à quelqu'un qui n'aurait pas eu notre dévouement, mais qui aura peut-être plus de talents.
Cependant, pour ne pas perdre tout le fruit de quelques recherches, et pour remplir en quelque sorte
la promesse que je vous avais faite, convaincu d'ailleurs que je ne puis vous offrir rien qui soit plus con-

forme à vos principes que les annales d'un peuple comme le mien, je vais vous les faire passer rapidement sous les yeux. Entrant dans la belle saison, abrité par l'arbre de la paix et par l'oranger, chaque regard me retrace la beauté de ce climat, que la nature a orné de tous ses dons, mais que des ennemis implacables ont dévasté et dépouillé.

Le gouvernement républicain florissait jadis dans les plus beaux pays du monde, il amenait un accroissement de population qui obligeait à des émigrations fréquentes. C'est ainsi que les Lacédémoniens, les Lyguriens, les Phéniciens, les Troyens, envoyèrent des colonies en Corse.

Phocéens. — Six siècles avant l'ère chrétienne, les Phocéens, peuple d'Ionie, chassés de leur patrie, vinrent y établir la ville de Calaris. Les Phocéens étaient venus solliciter un asile; ils prétendirent cependant dominer; quoique plus instruits dans l'art militaire, ils n'y purent réussir : les naturels du pays, secourus par les Étrusques, les chassèrent.

Il est difficile de pénétrer dans les temps si éloignés. Il paraît cependant que les Corses vivaient contents, libres et abandonnés à eux-mêmes, divisés en petites républiques confédérées pour leur défense commune. C'est pourtant dans cet intervalle que les écrivains placent la domination carthaginoise : tous se répètent, sans qu'il soit possible de pénétrer l'origine de cette opinion. Il est certain toutefois que la Corse ne fut jamais soumise aux Carthaginois. On lit dans les anciens historiens qu'ils ont asservi la Sardaigne ; que les Corses, qui occupaient douze bourgs sur les plus hautes montagnes de cette île, leur résistèrent; mais Pausanias et Ptolémée nous apprennent que ces Corses étaient des descendants proscrits à qui on avait conservé le nom de la patrie de leurs pères. Dans les actes par lesquels les Romains et les Carthaginois ont limité leur navigation et leur commerce respectifs, comme dans leurs traités de paix, il est toujours fait mention de la Sardaigne et jamais de notre île. Si après la première guerre punique, Carthage céda la Sardaigne, la Corse ne se ressentit aucunement de l'humiliation de Carthage, et resta toujours indépendante et libre... Il y a cent raisons qui auraient pu empêcher tant d'écrivains de se copier si servilement. C'est surtout en lisant notre histoire qu'il faut être en garde contre les opinions le plus universellement adoptées.

Romains. — Les Romains, maîtres de l'Italie, vainqueurs de Carthage, durent penser à la conquête de la Corse, qui néanmoins ne leur fut pas aussi facile qu'ils se l'étaient promis. Les Corses se défendirent avec intrépidité, quatorze fois ils furent vaincus et quatorze fois ils reprirent les armes et chassèrent leurs ennemis. C. Papirius, réfléchissant sur la cause de cette obstination, leur offrit le titre d'alliés des Romains sur le pied des Latins, et l'on accepta cette condition qui assurait en partie la liberté... Rome ne put parvenir à se concilier ces peuples qu'en les faisant participer à sa grandeur... Depuis, quelques infractions au traité irritèrent les Corses, qui devinrent irréconciliables. En vain le préteur C. Cicereus et le consul M. Juventius Thalna ravagèrent la Corse. Leurs victoires furent aussi éclatantes qu'inutiles. Douze mille patriotes morts ou traînés en esclavage affaiblissent, sans le décourager, un peuple implacable dans sa haine. On fut bien étonné, à Rome, d'être obligé, après de pareils événements, d'envoyer des armées consulaires contre une nation qu'on croyait non seulement découragée, mais même détruite. Et si enfin il fallait qu'elle se soumît aux vainqueurs du monde, elle ne le fit qu'après avoir été l'objet de cinq triomphes... La Corse, dans son exaltation, avait préféré abandonner les plaines trop difficiles à défendre plutôt que de se soumettre. Les Romains se les approprièrent, et y établirent des colonies qui ont servi de lien entre les deux peuples. Lorsque, depuis, les triumvirs offrirent au monde le hideux spectacle du crime heureux, la Corse et la Sicile furent le refuge de Sextus Pompée. Je vois avec plaisir ma patrie, à la honte de l'univers, servir d'asile aux derniers restes de la liberté romaine, aux héritiers de Caton.

BARBARES. — Des peuplades nombreuses de Goths, de Vandales, de Lombards, après avoir ravagé l'Italie passèrent en Corse, plusieurs même s'y établirent et y régnèrent longtemps. Leur gouvernement, aussi sanglant que leurs excursions, semblait n'avoir pour but que de détruire ; la plume refuse de s'arrêter à de pareilles horreurs.

Lorsque les Sarrasins furent battus par Charles Martel, ils débarquèrent en Corse ; furieux d'avoir été vaincus, ils assouvirent sur nos malheureux habitants la rage forcenée qui les transportait contre le nom chrétien. Les prêtres massacrés au moment du sacrifice, les enfants arrachés du sein maternel, écrasés contre des rochers, périssant victimes d'un Dieu qu'ils ne pouvaient connaître ; les femmes égorgées, le pays incendié, furent les offrandes que ces hommes féroces vouèrent à leur prophète. Effet terrible du fanatisme ! il étouffe les lois sacrées de l'humanité, rend les peuples sanguinaires, et finit par leur forger des fers.

Fatigués de se trouver sans cesse en proie aux incursions des barbares et d'espérer en vain des secours des princes voisins, les Corses, quittant leurs habitations, et errant dans les forêts les plus impénétrables, sur les sommets les plus inaccessibles, traînèrent sans espoir leur triste existence, lorsque, du fond de l'Italie un homme généreux y aborda avec mille ou douze cents de ses parents et de ses vaisseaux.

Ugo Colonna. — Ugo, du sang des Colonna, fut le génie tutélaire qui, sous la protection des papes, vint ranimer le courage des insulaires et détruire l'empire mauresque. Les naturels du pays rentrèrent libres dans leurs habitations ; ils commenceront sans doute à goûter les fruits d'un sage gouvernement et désormais plus tranquilles, ils vivront heureux !... Non... Ugo croit avoir le droit de s'ériger en despote en conservant à la cour de Rome la suzeraineté. Les seigneurs qui l'avaient accompagné s'approprièrent divers cantons ; le régime féodal naquit de ce partage, et voilà les Corses, échappés aux cruautés des Goths et des Vandales, devenus victimes d'un système de gouvernement que ces barbares avaient imaginé, système qui a nui plus à l'Europe que leurs armes. Ainsi une reconnaissance exagérée pour les libérateurs, peut-être même une admiration aveugle pour de riches étrangers, dompte cette fois ce caractère inflexible.

Quiconque a médité sur l'histoire des nations est accoutumé sans doute au spectacle du fort opprimant le faible, et à voir les différentes sectes se haïr et s'égorger ; mais l'horrible rapine que Rome exerçait à cette époque est, je crois, le point extrême de l'abus de la religion. Les papes, en vertu de leur suzeraineté, pour s'indemniser des secours qu'ils avaient accordés, imposèrent, sous le titre de tribut temporel, le cinquième des revenus, et sous le nom de tribut spirituel... je crains que l'on ne me taxe d'exagération, je serai tenté de développer toutes les preuves..., oui, sous le titre de tribut spirituel, le père commun des fidèles, le vicaire d'un Dieu-Homme, percevait le dixième des enfants, que ses collecteurs prenaient âgés de cinq ans pour les transporter dans les palais de Rome. Briser les liens qui unissent les pères aux enfants, la patrie aux citoyens, s'appelait une chose spirituelle!... Quand les historiens ne présenteront que ce trait, ils offriraient une matière inépuisable aux méditations de l'homme sensé. Celui qui veut amollir l'empire de la raison, qui essaie de substituer aux sentiments infaillibles de la conscience le cri des préjugés, est un fourbe, il veut tromper!

Dans ces temps de malheurs et d'avilissement naquit *Arrigo il bel Messere*. Arrigo, descendant de *Ugo*, respecté de ses peuples, craint de ses vassaux, s'occupait quelquefois de leur bonheur; quoique soumis à la cour de Rome, plus encore par les préjugés qui dominaient alors en Europe que par son serment, il obtint, après de longues négociations, la suppression du tribut spirituel. Le fer d'un Sarde coupa le fil des jours de ce prince. Arrigo ne laissant point de postérité, tous les seigneurs se cantonnèrent dans leurs châteaux, et après s'être longtemps disputé l'empire, visèrent tous à l'indépendance. Les peuples également victimes des guerres que les seigneurs se faisaient entre eux ne tardèrent pas à s'en lasser. Le peuple corse, au centre de l'Europe, a dû sans doute être opprimé par les mêmes tyrans que les autres peuples, mais il a toujours été le premier à donner l'éveil et à secouer le joug. Ainsi, dans ce siècle où toute l'Europe croupissait sous le régime féodal, lui seul se fit un gouvernement municipal, adopté depuis en Italie, et ensuite dans les autres pays du continent.

Gouvernement municipal. — La partie septentrionale de l'île fut la première à recouvrer sa liberté; chaque village forma sa municipalité, chaque piève eut son podestat, et tous réunis nommèrent une régence, ou suprême magistrature, composée de douze membres.

Les papes, qui n'avaient pas abandonné leurs prétentions sur la Corse, y envoyèrent des seigneurs de la maison de Massa, sous prétexte de diriger les forces des communes contre les barons avec plus d'intelligence. Ils les accoutumaient ainsi à recevoir des chefs de leurs mains; mais, en 1091, le pape Urbain second donna l'investiture de la Corse aux Pisans, qui, maîtres de Bonifacio et très puissants dans ces mers, se faisaient estimer par leur sagesse.

Une partie de l'île était gouvernée en démocratie,

avait des lois, des magistrats et des forces; la partie méridionale, excepté deux pièves, était soumise aux seigneurs des maisons de Cinarca, Leca, Rocca, Ornano. Quelle était donc l'autorité de la République de Pise? Elle envoyait deux de ses principaux citoyens qui percevaient une légère imposition: leur principale fonction consistait à tâcher de maintenir la paix parmi les différents États qui composaient le royaume. Soit qu'il s'élevât un différend entre deux barons, soit qu'il s'en élevât un entre un baron et une commune, les deux magistrats qui portaient le titre de *judice* prononçaient. Le gouvernement des Pisans fut agréé en Corse; ils n'ambitionnaient pas une extension d'autorité, la paix et la justice furent l'objet de leur soin, le tribut modique qu'ils percevaient, ils l'employaient tout entier à des établissements publics. Le titre de citoyens de Pise, qu'ils donnèrent aux Corses, avec la jouissance des prérogatives qui s'y trouvaient attachées, acheva de consolider leur prépondérance.

Ainsi, Monsieur, s'écoulèrent dix-huit siècles, sans qu'au milieu de tant de révolutions, le peuple corse ait jamais démenti son caractère.

Des érudits italiens ont prétendu, dans ces derniers temps, que la maison Colonna n'était jamais venue en Corse; ils ont fourni des preuves qui ne m'ont point convaincu: je m'en tiens donc à l'assertion reçue, à la tradition, à la conviction qu'en ont les Colonna de Rome, et à l'autorité de tant d'historiens, dont plusieurs sont contemporains, aux restes de quelques monuments, etc. Contentons-nous de discuter la principale objection.

D'abord, disent-ils, on trouve qu'un Charles, roi de France, a délivré la Corse des Maures. Depuis, l'on voit un Bonifazio, marquis de Toscane, chargé par l'empereur de défendre la Corse ; c'est lui qui est si célèbre par la fameuse descente en Afrique. Après sa mort, l'on voit son fils Adalberto lui succéder et précéder Alberto second, dit le Riche, qui meurt en 916 ; enfin Guido Lamberto succède à Alberto le Riche... Je conviens de tous ces faits, mais je ne vois pas ce qu'ils ont d'incompatible avec ce que nous avons dit des Colonna.

Les papes envoyèrent Ugo en Corse pour la délivrer. Les empereurs étaient, ce me semble, aussi fort intéressés à ce que les Barbares ne s'y établissent pas ; ils donnèrent donc commission au marquis de Toscane de veiller sur la Corse, de la secourir si les Barbares l'attaquaient, et, en conséquence de cette commission, les marquis de Toscane prenaient le titre de *Tutor Corsicæ*. Cela est si vrai, que, depuis, lorsque les communes eurent pris consistance, l'on voit une comtesse Mathilde, marquise de Toscane, s'intituler *Tutor Corsicæ* ; cependant elle n'y avait certainement aucune autorité.

L'on relève ensuite quelques erreurs de chronologie de Giovanni della Grossa, et l'on en déduit la fausseté du fait ; cela n'est pas conséquent ; en vérité, il faut bien avoir la manie des systèmes pour ne pas sentir que c'est bâtir sur le sable que d'en fabriquer sur de si faibles fondements.

LETTRE DEUXIÈME

Monsieur,

Nous avons parcouru rapidement les régions ténébreuses de notre histoire ancienne ; nous voici arrivés au douzième siècle, nos annales commencent à s'éclaircir. A cette époque la tradition, les monuments, ont pu instruire Giovanni della Grossa, notre premier historien, qui naquit en 1378, Pietro-Antonio Monteggiani, qui écrivait en 1525, Marco-Antonio Ceccaldi, qui cessa de vivre en 1560, Cirneo, qui acheva son ouvrage en 1566, Philippini, qui publia son histoire en 1594.

A l'époque où les Corses libres avaient trouvé un refuge dans la confédération de Pise, les Génois abordèrent dans leur île ; l'esprit de la faction et de l'intrigue y arrivèrent avec eux. Armer le fils contre le père, le neveu contre l'oncle, le frère contre le frère, paraissait à ces avides Liguriens le chef-d'œuvre de la politique. S'étant rendus maîtres de *Bonifazio*, en trahissant les liens les plus sacrés de l'hospitalité, ils commencèrent à semer dans tous les cœurs le poison des factions.

Les Pisans, affaiblis par leur guerre, préoccupés des graves intérêts qu'ils avaient à soutenir dans le continent, se trouvèrent hors d'état de s'opposer aux projets des Génois et de maintenir la paix entre les différents pouvoirs qui existaient alors en Corse. Les seigneurs, ne connaissant plus de frein, aspirèrent à la tyrannie ; le peuple, dénué de protecteurs, se livra à tout l'emportement de son indignation, et menaça les barons de les dépouiller d'une autorité illégitime et contraire à tous les droits naturels. L'un et l'autre parti comptaient sur l'appui des Génois, qui fomentaient leurs discordes. Les barons, sur la promesse d'une protection efficace, se confédérèrent avec la république de Gênes et lui prêtèrent hommage. Les communes s'unirent et reconnurent Sinuccello della Rocca pour *Guidice*, ou premier magistrat.

Sinuccello della Rocca (1238). — Sinuccello della Rocca, distingué dans les armées pisanes par son rare courage, ne l'était pas moins par son austère justice. Pendant soixante ans qu'il fut à la tête des affaires, il sut contenir Gênes, et effacer des privilèges des seigneurs ce qui était contraire à la liberté publique. D'une humeur toujours égale, impartial dans ses jugements, calme dans ses passions, sévère par caractère et par réflexion, Sinuccello est du petit nombre des hommes que la nature jette sur la terre pour l'étonner. Au commencement de sa carrière publique on lui contestait son autorité; faiblement accompagné, il errait dans les montagnes de Quenza. Un chef fort accrédité dans ces pièves, après avoir tué un de ses rivaux, se présenta à lui. Sinuccello méprisant l'avantage qu'il pouvait tirer d'un homme puissant, fait constater son crime et le fait mourir. La renommée répand ce fait, on accourt de tous côtés se ranger sous ses drapeaux.

Pise, écrasée à la journée de la Meloria, ne donna plus d'ombrage; les Génois résolurent de faire tous les efforts pour profiter des circonstances. Voyant la difficulté de vaincre Sinuccello, ils firent en sorte de le gagner; envisageant d'ailleurs les barons comme les principaux obstacles à leur domination, ils les désignèrent à être d'abord sacrifiés. Sinuccello qui ne perdait pas de vue le grand objet de l'indépendance de la Corse, vit avec plaisir les ennemis naturels de sa patrie s'entre-déchirer. Profitant des événements, il sut faire tourner à l'avantage public l'animosité des deux partis. Il dut chercher à diminuer la puissance des barons, mais il le fit avec prudence, et garda assez de mesure pour pouvoir se réconcilier avec eux quand il serait temps; en effet, dès que les succès multipliés des Génois les eurent affaiblis, Sinuccello leur tendit la main, les incorpora dans le

reste de la nation, et obligea les ennemis communs à repasser les mers, après avoir remporté sur eux de grands avantages. Ce fut dans une de ces rencontres qu'ayant fait un grand nombre de prisonniers, leurs femmes vinrent de Bonifacio apporter leur rançon. Sinuccello les reçut avec humanité et les confia à la garde de son neveu. Ce jeune homme, égaré par l'amour, trahit les devoirs de l'hospitalité et de la probité publique, malgré la vive résistance d'une de ces infortunées. Navrée de l'affront qu'elle venait d'essuyer, les cheveux épars, ses beaux yeux égarés et flétris par la honte, elle se prosterne aux pieds de Sinuccello, et lui dit : « Si tu es un tyran sans
» pitié pour les faibles, achève de faire périr une
» malheureuse avilie ; si tu es un magistrat, si tu es
» chargé par les peuples de l'exécution des lois, fais-
» les respecter par les puissants. Je suis étrangère
» et ton ennemie ; mais je suis venue sur ta foi, et
» je suis outragée par ton sang et par le dépositaire
» de ta confiance... » Sinuccello fait appeler le criminel, constate son délit, et le fait mourir sur-le-champ. C'est par de pareils moyens qu'il soutint toujours la rigueur des lois. Ses armes prospérèrent et la nation unie vécut longtemps tranquille. Dès cette époque jusqu'au temps de Sambucuccio, les Génois ne parurent plus en Corse ; ils furent découragés par les pertes qu'ils avaient faites ; ils se contentèrent de fomenter, dans l'obscurité, la guerre

civile, mais Sinucello sut rendre vaines toutes leurs trames; il vieillit, et la perte de la vie fut son premier malheur.

Guglielmo de Pietrallerata, gagné par les Liguriens, méprisant un vieillard caduc et accablé d'infirmités, déploie l'étendard de la rébellion; Lupo d'Ornano, neveu de Sinucello, mis à la tête de la force publique, marche, bat, près de la Mezzana, l'imprudent Guglielmo, qui, sans ressource, a recours à la commisération du jeune vainqueur, de qui il obtient une suspension de quelques jours. Lupo se reproche déjà un délai qui peut rendre inutile sa victoire, flétrir ses lauriers, et lui enlever son triomphe. Dans l'inquiétude de ses pensées arrive le terme de la suspension : une entrevue lui est demandée, il y court avec impatience; il va enfin, par la captivité de son ennemi, se rendre illustre parmi les siens, et mériter de succéder aux honneurs comme à la puissance de son oncle...; les deux escortes restent à trois cents pas; les deux chefs s'avancent, se joignent, une visière se lève et, au lieu de Guglielmo, laisse voir sa fille, l'intéressante Véronica.

« Lupo, lui dit Véronica, il n'y a pas encore un
» an que nous vivions en frères, et il faut que la
» fortune te réserve une destinée bien glorieuse,
» puisque ton coup d'essai a été la défaite de mon
» père... Lupo, je t'ai vu à mes genoux me promet-

» tre un amour constant; ô Lupo, je viens aujour-
» d'hui implorer de toi la vie! »

Ce jeune héros, hors de lui, conserve cependant
assez de force pour fuir; mais Véronica le retient.
« Je ne viens pas ici séduire votre vertu, lui dit-elle,
» la gloire de mon père et des miens est en danger,
» et c'est vous qui la menacez... Quelle horrible po-
» sition est la mienne! et si vous refusez de m'é-
» couter, de qui devrai-je attendre la pitié? Sinuc-
» cello ne pardonne jamais, et c'est vous qui êtes
» destiné à être le ministre de ses cruautés! Lupo,
» pourrais-tu être le bourreau des miens, pourrais-
» tu porter la flamme dans ce séjour où tu passas à
» mes côtés les plus belles années de ton enfance? »
Déchiré par les sentiments les plus opposés, retenu
par l'amour, Lupo obéit au devoir, il s'arrache avec
violence et fait quelques pas pour s'éloigner, mais
un cri qui lui perce le cœur l'oblige de s'arrêter, à
détourner la tête, et lui laisse voir Véronica se pré-
cipitant sur sa lance, prête à se donner la mort; il
revient brusquement, arrive à temps, prend dans ses
bras et arrose de ses larmes celle qui l'a vaincu sans
retour, et qui, pâle, affaiblie par les efforts qu'elle
vient de faire, lui dit : « Je n'ai à te proposer rien
» d'indigne de toi; écoute-moi, et quand j'aurai
» cessé de parler, si ta gloire, si ton devoir l'ordon-
» nent, tu pourras me laisser seule en proie à mon
» sort malheureux... Sinuccello est vieux et infirme;

» il faut à la république un magistrat actif et dans
» la force de l'âge; tu t'es rendu assez grand pour
» pouvoir prétendre à gouverner tes concitoyens;
» mon père et les siens te promettent leur appui;
» Sinuccello lui-même ne pourra s'opposer à toi;
» à l'âge où l'on doit encore obéir, tu seras le pre-
» mier de la république, qui, heureuse et comblée
» de prospérité par tes vertus, par ton courage, ne
» laissera rien à désirer à ton cœur; la main de Vé-
» ronica cimentera ta puissance, Véronica t'aura
» dû la vie, et s'il est possible, son amour s'en ac-
» croîtra. »

Lorsque l'homme imprudent a laissé pénétrer dans son sein un amour désordonné, lorsque la femme qui l'a allumé vient d'échapper à la mort, et qu'elle est embellie par la pâleur de l'angoisse, par les souffrances du cœur, il est au-dessus des forces accordées aux faibles mortels de résister : Lupo réfléchit donc, et les intérêts du devoir, de la patrie, et de la gloire firent place à l'amour. Guglielmo put s'échapper; l'inflexible Sinuccello fit instruire le procès de son neveu, et oublia sa victoire pour ne voir que sa faute. Celui-ci n'ayant plus de ménagement à garder, s'unit à Guglielmo et épousa la tendre Véronica. Salnese, propre fils de Sinuccello, se joignit aux ennemis de son père; tous réunis, ils dressèrent une embuscade et firent prisonnier le vieillard. Ils furent longtemps indécis sur le sort qu'ils lui réserveraient :

les uns le voulaient mettre à mort, mais Lupo ne voulut jamais y consentir. Le garder prisonnier était le parti le moins sûr. Le peuple, ému par le souvenir de ses services et par son grand âge, aurait pu, dans un retour de son amour, lui restituer l'autorité. Dans cet embarras, les conjurés s'avisèrent de l'expédient qui réunissait tous les avantages, c'était de le livrer aux Génois... Un Spinola vint le prendre avec quatre galères. La tâche de l'historien devient pénible lorsqu'il a de tels faits à raconter. Le discours que les écrivains lui font prononcer, au moment de s'embarquer, est le dernier trait qui achève d'indigner contre les monstres qui l'ont trahi... « Lupo, dit d'un ton ferme le malheureux
» vieillard, ton cœur me vengera, je le connais bien;
» tu n'étais pas pour épouser des remords : tu as
» été méchant, parce que tu as été faible... Quant à
» toi, Salnese, ton âme atroce me punit de ne pas
» t'avoir laissé périr sur l'échafaud, souillé du crime
» de la mort de mon intime ami. Je fus faible; l'a-
» mour paternel étouffa le cri de la justice. Je te
» sauvai du supplice que tu méritais; j'expie dure-
» ment cette unique faute de ma vie; mais quatre-
» vingts ans de vertu n'effacent-ils pas une fai-
» blesse?... Salnese, que ta femme t'abreuve de
» douleur! que tes enfants conjurés contre toi te
» ressemblent par leur méchanceté! que tu périsses,
» ne laissant parmi les hommes que l'exécration de

» ta mémoire! Salnese, je te maudis avec ta pos-
» térité! »

En achevant ces paroles, cet illustre vieillard se prosterna à genoux, se couvrit la tête de sable, médita un moment, et puis d'un pas ferme, il monta sur un navire qui l'attendait. Salnese était ému, mais de colère; les dernières paroles de son père avaient vivement excité cette âme de fiel. Quant à Lupo, la révolution fut étonnante, le bandeau parut tomber; l'effervescence de la passion qui lui avait voilé l'énormité de son crime s'apaisa; il eut horreur de lui-même, il chercha à réparer ses fautes, mais ses efforts furent vains. Alors se roulant sur le sable, se jetant à la mer, il appelait tour à tour la mort et Sinuccello; heureux celui-ci, dans sa catastrophe, s'il eût pu être témoin du repentir de celui qu'il avait adopté pour fils. Son âme en eût été rafraîchie, et peut-être l'émotion du sentiment lui eût fait goûter un plaisir avant de mourir.

Arrivé à Gênes, ce grand homme périt au bout de quelques jours, dans un âge très avancé; il laissa quatre enfants, tous indignes de lui, tous marchant sur les traces de leur frère aîné. Lupo parut se consoler; le temps et le cœur de l'intéressante Véronica adoucirent le venin des remords. Lupo acquit une grande puissance, mais sa femme mourut, et les remords revinrent se saisir de leur proie. Il mourut enfin misérablement. Orlando le plus puissant de ses enfants périt sur l'échafaud ; l'amour fit le malheur de cette race. Orlando devint épris de la femme de son frère, et cette passion fut la cause de sa mort ignominieuse.

Quant à Salneso, il prospéra toujours, et toujours faisant le mal. Après avoir trahi son père, il vendit son oncle pour quatre cents écus d'or ; mais enfin ses deux enfants moururent sans postérité et cette mort délivra notre pays d'une race de monstres.

Les Giovannali (1355). — De grands troubles suivirent la mort de Sinuccello ; les différents partis se choquèrent violemment. Les Génois parurent vouloir profiter de cet instant, mais ils manquèrent d'énergie. L'on a peine à suivre les différentes factions qui se partagent la scène, lorsque tout d'un coup l'on voit les Giovannali s'élever d'un vol hardi. Deux frères de la lie du peuple, mais d'un esprit noble, d'un grand courage, tentent la régénération de leur pays ; ils voient que les débris du régime féodal qui s'appuyait sur les lois instituées par les préjugés, dictées la plupart sur les circonstances, mêlées de superstitions romaines, n'offraient qu'une bigarrure dégoûtante, propre à perpétuer l'anarchie. Ils comprirent qu'un palliatif n'était pas de saison. Ils employèrent les moyens les plus forts ; ils prêchèrent les vérités les plus hardies, les grands dogmes de l'égalité, de la souveraineté du peuple, de l'illégitimité de toute autorité qui n'émane pas de lui; ils firent en peu de temps de nombreux partisans, et ils n'étaient pas loin de rallier toute la nation à leurs principes, lorsque le Vatican publia une croisade contre eux, sous prétexte que leur morale n'était pas conforme à l'Évangile; une armée de croisés marcha contre les Giovannali, qui, après une vigoureuse résistance, furent exterminés jusqu'au dernier avec une telle barbarie, que le proverbe s'en conserve encore : *Il a été traité comme les Giovannali.*

Pour justifier cette exécrable entreprise, on a eu recours aux armes ordinaires. On a calomnié sans ménagement; on a dit tout ce qui a été répété depuis sur les protestants de Paris, qu'ils s'assemblaient, qu'ils éteignaient les lumières pour se livrer à leur lubricité. Impostures dignes de leur auteur... Les infortunés Giovannali périrent victimes de la superstition de leur siècle.

Sambucuccio d'Allando (1359). — Le vieux Sambucuccio était un des plus fermes soutiens des Giovannali. Blessé dans le dernier combat que ces infortunés livrèrent, il se réfugia dans une caverne du Fiumorbo, pour pouvoir mourir libre et inspirer à son fils ces sentiments qui portent à tout entreprendre et à braver tous les dangers. Ses leçons fructifièrent, et

Sambucuccio son fils, dès qu'il lui eut fermé les yeux, fit jurer à ses compagnons de ne rien épargner pour rétablir la République et les communes. Pour mieux exciter son zèle, pour qu'il eût devant les yeux un objet toujours présent qui lui fît un devoir de ne pas perdre un instant, son père lui avait fait promettre de ne rendre les derniers honneurs à son corps qu'après le premier succès qu'il devait obtenir dans sa juste entreprise. Il laissa donc le corps du vieux Sambucuccio sans sépulture, et il se transporta rapidement sur les pièves de Rostino et d'Ampugnani. Par ses discours autant que par les premiers avantages qu'il remporta sur les barons, il rétablit la confiance, ranima le courage, se fit une armée, fut créé premier magistrat, et partout il fit triompher la bonne cause; mais, le fer d'une main et la flamme de l'autre, il se porta à d'horribles excès que rien ne peut justifier, pas même le droit de représailles, et que condamne essentiellement la politique. D'une stature, d'une imagination, d'un courage gigantesques, il fut extrême dans toutes ses opérations, il crut devoir s'étayer de quelques secours étrangers, et se confédéra avec les communes de Gênes. Démarche imprudente, qui a coûté cher à son pays qu'il avait cru servir. Plein de fougue, de force et de haine, mais sans politique, sans ménagement et sans dextérité, Sambucuccio opposait à tout sa propre personne. Il ne tarda pas à être dominé par les alliés qu'il s'était donnés, et qui, insensiblement, à force d'adresse, s'étaient rendus ses maîtres; il s'en aperçut, mais trop tard. Il ne lui restait plus qu'un parti, c'était de pardonner aux nobles, de rechercher leur amitié, d'effacer autant qu'il était possible la défiance et le souvenir des maux passés; mais, soit que Sambucuccio comprît qu'il était impossible à ceux-ci d'avoir jamais confiance en un homme, qui, depuis tant d'années, était leur fléau, soit que, se souvenant de leur avoir juré dans les mains de son père une haine implacable, il ne voulût pas être infidèle à son serment, il ne trouva pas d'autre expédient que de finir une vie dont tous les moments avaient été sacrifiés à la patrie. Il termina ses jours dans cette exaltation de principe particulière aux sectateurs de Giovannali. Sambucuccio naquit les armes à la main contre l'aristocratie, et périt comme Caton, pour ne rien faire d'indigne de soi, ou comme Codrus, pour lever un obstacle à la félicité de son pays.

ARRIGO DELLA ROCCA (1378). — Avant de mourir, Sambucuccio avait désigné au peuple Arrigo della Rocca, comme digne de sa confiance. Arrigo, ennemi implacable de Gênes, ami des communes, avait l'avantage de tenir aux barons par la naissance et par les alliances; presque toute la nation marcha, se rallia autour de lui : en peu de temps

5.

il obligea les ennemis à repasser les mers. Mais les Génois ne pouvaient si promptement abandonner une entreprise qui était l'objet des intrigues fomentées, des crimes commis, du sang versé pendant deux siècles. Ils comprirent seulement qu'il fallait ou une masse de forces plus considérable, ou des ressorts plus compliqués, pour soumettre une nation indomptable; ils comprirent que le principal avantage qu'ils tiraient de l'île consistant dans un commerce exclusif, ainsi que dans la possession des ports qui favorisaient leur marine et les rendaient redoutables à leurs ennemis, ils pouvaient remplir le même but en tenant les places maritimes et en abandonnant l'intérieur aux factieux, que l'on exciterait pour les empêcher de se rallier. D'ailleurs, le commerce avait beaucoup accru la puissance de certaines familles de Gênes; il n'était pas moins important pour la liberté de les affaiblir. L'on imagina de les mettre aux prises avec les Corses. Dans ce but, la République déclara abandonner les affaires intérieures de l'île et ne plus vouloir se mêler de protéger un peuple ingrat; sous main cependant, elle sollicita les plus puissants patriciens d'employer leurs richesses à une conquête glorieuse pour la patrie et avantageuse pour leurs familles.

L'ambition excitée est aveugle, et cinq des plus puissantes familles de Gênes s'allièrent sous le nom de *Compagnie de la Maona* pour conquérir la Corse.

Au milieu des troubles que ces nouveaux ennemis nous susciteront, le gouvernement national ne pourra se consolider; les patriotes, ne voyant que guerres continuelles, se décourageront en s'affaiblissant. Outre ce double avantage, Gênes avait le plaisir de voir se briser contre une roche inébranlable les navires des familles qu'elle redoutait.

Quoique puissante, la Maona fit de vains efforts pour s'emparer de vive force de l'île. Battue, chassée, elle revint à ses premiers projets, et résolut de n'élever l'édifice de sa domination qu'à l'ombre des factions; mais aussi peu avancée qu'à sa première année, elle reconnut, après trente-neuf ans de vicissitudes, la chimère dont elle s'était bercée, et quoique à regret abandonna des projets qui lui avaient été si funestes.

La maison de Fregose était alors très puissante à Gênes. On lui offrit de succéder à la Maona, et, pour l'encourager, le Sénat lui céda Bonifacio et Calvi qu'il avait conservés jusque-là. Abraco di Campo Fregose ne parut en Corse que pour être battu et fait prisonnier; il vit en moins de quatre ans ses espérances s'évanouir avec sa faction.

VINCENTELLIO D'ISTRIA (1405). — Vincentellio d'Istria, depuis la mort d'Arrigo, avait été élevé au premier rang; son activité, ses talents militaires, lui ont mérité une des premières places parmi les grands hommes qui ont gouverné la Corse. Il acheva de détruire le reste de la faction de la Maona, renversa le parti des Fregose et fit régner la justice. Vainqueur des Turcs sur terre, il arma une flottille et battit leurs galères. Une grande partie de nos maux devait être causée par les papes. Par suite d'une donation qu'ils avaient faite de la Corse à Alphonse, roi d'Aragon, il vint, en 1420, avec quatre-vingts vaisseaux, pour s'en emparer... Vincentellio sentait que ce ne pouvait être qu'un torrent passager, il se joignit à lui et ils assiégèrent ensemble Calvi, dont ils se rendirent maîtres; mais ayant échoué devant Bonifacio, Alphonse continua son voyage vers la Sicile.

Après son départ, à l'abri de la grande réputation de Vincentellio, les Corses vécurent en paix, et les particuliers de Gênes n'osaient s'aventurer contre un homme si favorisé de la fortune; on réussit toutefois à gagner Simone-da-Mare, qui leva l'étendard de la révolte. Cet ennemi, quoique redoutable, n'aurait fait qu'augmenter les triomphes de Vincentellio, lorsque celui-ci, s'étant embarqué, fut pris par deux galères génoises et conduit à Gênes où il périt misérablement. Ainsi finit un homme qui, par ses rares talents, méritait l'estime des nations. Pourquoi Gênes, au mépris du droit des gens et de l'hospitalité, violait-elle cinquante-trois ans de paix? C'est ce qui fut reproché par les puissances voisines; mais, malgré ces reproches, ces avides marchands n'en recueillirent pas moins le fruit de leur crime.

PAOLO DELLA ROCCA (1438). — Après la mort de Vincentellio, le peuple choisit pour lui succéder, Paolo della Rocca. Sa première expédition fut de marcher contre Simone, qui avait pris du crédit : il le battit, le força de se retirer à Gênes. Là, cet infâme citoyen continua à conspirer contre sa patrie ; il entraîna les Montalto, les Fregose, les Adorno, qui aussi peu sages que la Maona, éprouvèrent le même sort ; mais, à mesure que les Corses détruisent un ennemi, il en paraît dix autres : affaiblis par leur victoire même, ne pouvant ni prévenir l'attaque ni profiter de leurs succès, ils se trouvent dans la plus triste position. Si un élément ennemi ne les eût empêchés de l'atteindre, Gênes, superbe repaire ! tu n'aurais pas longtemps insulté à nos malheurs... Pouvoir d'un bras désespéré se venger en un moment de tant d'affronts, d'un seul coup assurer l'indépendance de sa patrie et donner aux hommes un exemple éclatant de justice... Dieu ! ton peuple ne serait-il pas le faible opprimé ?

Dans cette position désespérée, l'évêque d'Aleria ouvrit l'avis d'implorer la protection des papes ; Eugène occupait alors la chaire pontificale. Ravi de cette heureuse circonstance, il envoya un légat en Corse. Les Adorno prétendirent mettre obstacle à ce nouvel ordre de choses ; mais battu, Gregorio Adorno paya par sa captivité les vues ambitieuses de son oncle.

Mariano di Caggia (1445). — Les peuples nommèrent pour gouverner sous la protection des papes, Mariano di Caggia. Mariano, implacable envers les *caporaux*, leur fit une guerre opiniâtre ; il brûla, dévasta leurs biens, démolit leurs châteaux. Les *caporaux* distingués par leur crédit sur le peuple, en étaient les chefs ; mais, corrompus, ils ne servirent plus qu'à l'égarer, et la nation était victime de leur ambition et de leur avidité : funestes effets de l'ignorance de la multitude. L'on ne peut disconvenir cependant que les *caporaux* n'aient rendu des services à la Corse. Leur histoire est à peu près celle des tribuns de Rome. Après sa brillante expédition contre les *caporaux*, Mariano ne fit plus rien qui fût digne de sa réputation ; il conserva sa prépondérance sur le peuple malgré le grand nombre de ses ennemis ; mais il s'en servit pour prêcher la soumission à l'Offizio. L'histoire, méprisant cette indigne conduite, ne s'occupe plus de lui et le laisse mourir dans l'oubli.

Peut-être, à l'ombre de la tiare, on eût vécu tranquille ; mais le pape Nicolas V, Génois, ami de Fregose, donna l'investiture de la Corse à Lodovico, chef de cette maison. Les Corses, bien loin d'approuver cette élection, coururent aux armes avec leur intrépidité ordinaire, et repoussèrent ce nouvel adversaire. Galeazzo dit Campo Frigoso, découragé, céda à la République le peu de forts qu'il tenait ; mais les Génois, constants dans leur politique, engagèrent l'Offizio de Sant-Giorgo à succéder aux Fregose, et firent naître dans cette compagnie une espérance de succès qu'ils étaient bien loin de désirer.

A cette époque, l'esprit de la nation était perverti, l'on ne respirait que factions, que divisions. L'Offizio fit des préparatifs considérables; son premier acte dans l'île fut d'assembler ses partisans al lago Benedetto. Là, il annonça ses propositions bénignes : ce n'était que pour le bonheur des Corses qu'il voulait les subjuguer. Ce jargon, auquel ils eussent dû être accoutumés depuis longtemps, en éblouit plusieurs. La liste de ses adhérents s'accrut; une partie considérable de l'île envoya les députés à la diète de Lago Benedetto, où ils arrêtèrent les pactes conventionnels de la souveraineté de l'Offizio.

RAFFAELLO DA LECA (1455). — Dans cet intervalle, les patriotes ne restèrent pas oisifs, la faction aragonaise se joignit à eux, et ils coururent aux armes, indignés de l'ineptie de la diète del Lago Benedetto, qui avait cru qu'une compagnie de marchands pût être animée par d'autres mobiles que l'amour du gain; Raffaëllo da Leca passe les monts, bat le général Batista Doria et le capitaine Francesco Fiorentino, et restreint l'Offizio aux seules villes de Bonifacio et de Calvi; mais ayant, l'année d'après, eu le malheur de tomber dans les mains de l'Offizio, il termina par une mort malheureuse une vie pleine de gloire. La rage inhumaine d'Antonio Calva, alors général des troupes de l'Offizio, ne fut pas assouvie ; il fit égorger sous ses yeux vingt-deux des plus zélés patriotes, avec plusieurs de leurs enfants. On craignait les rejetons d'un sang qui avait de tels pères à venger.

Les larmes que leur sort fit verser à la nation, se changèrent bientôt en haine ; toutes les factions semblèrent n'être animées que par l'indignation et le désir de la vengeance, et chacun s'empressa d'offrir son bras aux familles de Leca et Della Rocca. Dans ce pressant danger, l'Offizio expédia Antonio Spinola... Antonio Spinola, de tous les hommes, était le plus dissimulé : ne connaissant d'autre loi que sa politique, nourri dès son enfance d'intrigues obscures, imbu des barbares maximes seigneuriales, le cœur inaccessible à la pitié, Antonio Spinola débarqua dans l'île à la tête d'un corps de troupes cent fois moins redoutable que son génie malfaisant. Sa profonde dissimulation en imposa au peuple, et, par des manières étudiées, il vint à bout d'effacer les impressions sinistres des derniers événements qu'il attribua aux passions particulières des ministres... Il assura que l'Offizio voulait vivre en bonne intelligence avec les patriotes, et, dans la nécessité de prendre des mesures pour consolider l'harmonie, il invita les chefs Niolinchi et ceux des autres pièves à se transporter à Vico où il était. Dans cet état de choses, ils tinrent conseil.

Giocante di Leca, vieillard respecté, le Nestor du bon parti, se leva pour parler en ces termes :

« Mes infirmités, depuis bien des années, ne m'ont
» pas permis d'assister à vos conseils, et j'ignore les
» maximes que vous avez adoptées pour règle de
» votre conduite. Vos pères en avaient une qui était
» gravée dans leurs cœurs de traits ineffaçables; la
» vengeance était, selon eux, un devoir imposé par
» le ciel et par la nature... Si ces fureurs sublimes rè-
» gnent dans vos cœurs, compatriotes, courons aux
» armes; mais, je le vois, cette amertume était réser-
» vée à mes vieux ans; les méchants triompheront!...
» Vous délibérez et vous avez à venger, l'un un père,
» l'autre un frère; celui-ci un neveu, et tous ensem-
» ble, les maux qu'a soufferts la patrie... Mais que
» répondrez-vous à ces martyrs de la liberté, lors-
» qu'ils vous diront : Tu avais des bras, de la force,
» de la jeunesse, tu étais libre, et tu ne m'as pas
» vengé?... En recevant la vie, ne devîntes-vous pas
» les garants de la vie de vos pères? Eh bien! ils
» l'ont tous perdue en défendant vos foyers, vos
» mères, vous-mêmes; ils l'ont pour la plupart per-
» due dans les supplices ou par le poignard de lâches
» assassins, et leur mémoire resterait sans vengeance?
» Sinuccello della Rocca dans les prisons de Gênes;
» Vincentellio périt comme un criminel; Raffaellio en
» qui l'on voyait revivre ce courage inflexible, cet
» amour patriotique qui animait vos pères, vous savez

» tous comment il mourut! Oh! défenseurs de la
» patrie ! telle fut la récompense de vos vertus; mais
» que votre mort eût été cruelle pour vous, si vous
» eussiez prévu qu'elle n'aurait point de vengeurs.
» *Citoyens, si le tonnerre du ciel n'écrase pas le*
» *méchant, s'il ne venge pas l'innocence, c'est que*
» *l'homme fort et juste est destiné à remplir ce no-*
» *ble ministère.* » Malgré la véhémence de Giocante,
on décida que l'on consentirait à un accommodement,
si nécessaire dans ce temps de crise, et l'on résolut
de se rendre à Vico. « Hommes sans vertu! s'écria
» Giocante, si l'amour de la patrie, si les devoirs sa-
» crés de la vengeance sont étouffés dans vos cœurs
» énervés...au moins veillez à la conservation de vos
» vies, ne laissez pas tous ces peuples sans défen-
» seurs ; écoutez un instant et je cesse de vous impor-
» tuner.

» Seul d'entre vos pères, je me suis garanti des
» embûches des méchants; que cette considération
» vous fasse réfléchir sur ce que j'ai à vous dévoiler :
» aveugles, vous croyez que l'Offizio demande sincè-
» rement la paix... la paix est sur leurs lèvres, votre
» supplice est dans leurs cœurs. Aucun de vous
» ne reviendra de Vico, vous périrez par votre
» faute... Eh! comment pourriez-vous en douter ! Ne
» sont-ce pas les maximes qui ont toujours fait agir les
» enfants de Gênes ? Sans religion, sans vertu, sans
» pitié, n'ont-ils pas tout sacrifié à leurs projets?...

» Tout est vain ; la politique de Spinola l'emporte...
» triomphe ! tu tiendras bientôt dans tes filets ces
» hommes faibles, ton génie encore à demi illustre,
» va surpasser de beaucoup ceux des Montalto,
» des Lomelline, des Fregose, des Grimaldi, des
» Calva, et chargé de louanges et de lauriers par tes
» dignes compatriotes, tu vas offrir au monde le
» spectacle odieux du crime heureux, Spinola ! O
» Dieu ! n'est-il aucun d'entre vous qui, transporté
» d'une noble fureur, aille enfoncer son stylet
» dans le sein de ce traître avant qu'il ait con-
» sommé son crime !... Mon fils, où es-tu ? Hélas ! il
» périt en défendant son père... Raffaëllo, mon ne-
» veu, Raffaëllo, où es-tu ? O souvenir déchirant ! son
» sang arrose encore la terre qui vous porte... O vieil-
» lesse, tu ne m'as laissé qu'une prévoyance stérile
» et des larmes impuissantes ! Jeunes gens, voyez
» mes cheveux, ils ont blanchi dans le malheur ; le
» malheur m'a appris à apprécier les hommes. Ah !
» si les âmes de ces infortunés qui périrent par la
» trahison de vos ennemis pouvaient revenir du sein
» de l'Eternel... Dieu ! si les miracles sont indi-
» gnes de ta puissance, celui-ci est digne de ta
» bonté ! »

Le spectacle touchant de cet illustre vieillard prosterné à genoux ne fut pas capable de les détourner de leur fatale résolution ; que peut la sagesse humaine lorsque la destinée doit s'accomplir!... Giocante, consterné, abandonna....... l'île. Ces infortunés, arrivés à Vico, se laissèrent séduire par les manières de Spinola, et, invités à un grand festin, ils furent assassinés au milieu du repas. Cent vingt-sept des plus beaux villages devinrent aussitôt la proie de Spinola; les flammes les consumèrent.

Giocante et Paolo della Rocca retournèrent dans l'île. Les peuples, indignés, coururent en foule se ranger sous leurs drapeaux. Spinola mourut alors; il mourut de rage de voir tourner si mal des affaires pour lesquelles il s'était couvert d'infamie.

Tommasino di Campo Fregoso (1464). — Dans leur antipathie frénétique, les peuples élevèrent Tommasino di Campo Fregoso, et, par l'exaltation de ce seigneur génois, ils s'humilièrent. Ainsi, Monsieur, après onze ans, l'Offizio vit toute sa puissance échouer au moment où il croyait avoir, par un assassinat, assuré à jamais sa domination.

Les Génois, qui depuis tant d'années avaient médité notre destruction, faillirent périr eux-mêmes; et, déchirés par les diverses factions, ils ne trouvèrent point de meilleur expédient que de se réfugier dans le sein du duc de Milan; ils pouvaient dire avec Thémistocle : Nous périssions si nous n'eussions péri.

L'Offizio céda les forteresses qu'il possédait aux

Milanais, qui firent de vains efforts pour accroître son autorité. Giocante di Leca, Paolo della Rocca, Sambucuccio, Dolenda, Vinciguerra, Carlo della Rocca, Colombano, Giovan Paolo, Carlo da Casta, à différentes années et sous différents titres, furent à la tête du gouvernement; mais, après seize ans, convaincue qu'elle ne pouvait gagner sur un peuple comme celui-là, la duchesse de Milan céda à Tommasino les forts qu'occupaient ses troupes. A force de patience et d'heureux succès, Tommasino parvint à supplanter tous ses rivaux. Giocante et Paolo étaient affaissés par l'âge; Carlo della Rocca et Colombano furent assassinés par ses plus intimes partisans; Carlo da Casta, battu, fut réduit au silence; il sut se faire un parent de Giovan Paolo; Tommasino, fils d'un Corse, joignait à un grand nombre de parents et à une fortune considérable, les qualités qui captivent la multitude; mais, depuis, ayant oublié qu'il ne devait sa fortune qu'au peuple, et voulant trancher du prince, on le chassa en criant : *e Genoves!* Il comprit alors que ses affaires étaient désespérées; il céda à l'Offizio ses prétentions, et le recommanda à ses partisans.

Gherardo, frère du seigneur de Piombino, séduisit nos insulaires par sa magnificence; mais, né dans les plaisirs, Gherardo ne put souffrir les incertitudes de la guerre, et il se retira chez son frère.

Giovan Paolo (1487). — L'Offizio revint alors avec de plus fortes espérances, mais vingt ans n'avaient pas suffi pour calmer l'indignation qu'avaient inspirée ses forfaits; Giovan Paolo, mis à la tête des patriotes, courut aux armes. Giovan Paolo, enfant, avait échappé au massacre de Vico; encore teint du sang de ses pères, il présenta pendant seize ans un front redoutable. L'Offizio consterné, réduit aux seuls ports de Calvi et de Bonifacio, fut plusieurs fois sur le point d'abandonner son entreprise ; mais Giovan Paolo dut succomber lorsqu'il se trouva privé de ses principaux appuis. Son fils fut fait prisonnier en allant voir à Vico une femme qu'il aimait. Rinuccio di Lecca, son compagnon d'armes, avait un fils prisonnier à Gênes; Fieschi, général des troupes de l'Offizio, passa en Corse, et proposa à Rinuccio une entrevue afin de renouveler leur connaissance, car ils avaient été élevés ensemble à la cour de Milan. L'expérience avait instruit Rinuccio ; il refusa craignant quelque piège. Alors Fieschi se présente seul à sa demeure et l'accable de mille marques d'une tendre amitié. « Tu t'es défié de moi, lui dit-il; les années
» ont effacé cette étroite liaison qui confondit nos
» premières affections et nos jeunes âmes ; mais
» dans mon âme, les impressions se conservent.
» Nous étions alors à l'aurore des passions ; que de
» beaux tableaux nos jeunes imaginations nous tra-

» çaient dans l'avenir! Quel plaisir nous goûtions!
» Nous sentions toutes les délices d'une amitié réci-
» proque.

» — Fieschi, répondit Rinuccio, vous me rappelez
» des temps qui seront toujours chers à mon cœur, et
» qui ne s'effaceront jamais de ma mémoire; mais
» devant voir en vous un ennemi, qui, sans
» droit, ravage cette patrie infortunée, je ne vou-
» lais point y reconnaître les traits qui, pendant
» dix ans, furent ceux de mon ami; votre confiance,
» votre âme noble est au dessus de la mienne... Par-
» donnez, Fieschi, vous avez passé votre vie dans les
» délices de Gênes, et moi, depuis le moment où
» je vous quittai, je fus toujours dans les factions,
» dans les guerres, dans les inimitiés, qui néces-
» sairement rendent l'homme farouche et ferment
» son cœur aux doux épanchements. J'ai vu le fils
» trahir le père; j'ai vu l'hospitalité, la sainte sus-
» pension des traités ne servir qu'à cacher les tra-
» mes les plus horribles; votre nation nous en a
» donné tant d'exemples, que je vous fis un moment
» l'injustice de me souvenir moins de votre carac-
» tère que de votre patrie; mais il m'est bien doux
» de vous retrouver, et vous me voyez glorieux de
» la victoire que vous remportez sur moi. Puisque
» l'Offizio vous envoie commander ses armées, il a
» donc changé de système, il s'en trouvera mieux;
» les trahisons ne font qu'aigrir les âmes, et si elles

» préparent des triomphes, ils sont de courte durée. »

Tels étaient les discours qu'ils se tenaient ; Fieschi était dans la fleur de l'âge, grand, beau ; la sérénité, la douceur étaient peintes dans sa physionomie, et l'onction de son discours achevait de lui captiver tous les cœurs. Il fit une douce impression sur celui de Rinuccio, qui se reprochait de s'être laissé vaincre en générosité et d'avoir pu calomnier un vieil ami... Celui-ci attendit le moment avec impatience, il courut dans le camp de Fieschi ; il y était attendu, les ordres étaient donnés pour le recevoir... et pour l'arrêter. Conduit dans une obscure prison, de là dans le château d'Evisa, il passa quelques semaines et après que son premier mouvement dut être calmé, Fieschi se présenta à lui. « Il ne tient qu'à vous, lui
» dit-il, d'améliorer le sort de votre patrie et de votre
» famille ; vous et votre fils vous vivrez dans les
» honneurs ; vous goûterez les charmes de la
» paix et les avantages que doit vous procurer
» votre immense fortune. L'Offizio prendra pour
» base de son gouvernement le pacte del Lago Bene-
» detto ; devenez son appui, livrez-lui vos châteaux
» et faites abandonner par vos partisans l'armée de
» Giovan Paolo. »

Rinuccio étouffait d'indignation, sa voix était éteinte ; il ne répondit que par un regard terrible et un morne silence.. Fieschi ne se découragea pas, il lui tint toute espèce de discours ; il finit par s'atten-

drir; il lui dit qu'il ne faisait dans cette affaire qu'obéir, qu'il n'était que l'instrument, qu'il plaignait son malheur... « Fieschi, dit Rinuccio, je suis près de ma
» mort; car je comprends bien que n'ayant pu me
» gagner, il faudra se défaire de moi; mais souviens-
» toi que je porte à l'autre monde une conscience
» intacte; les miens pleureront et vengeront ma mé-
» moire; les hommes de bien me citeront quelque-
» fois; tu ne sens pas combien cette idée est conso-
» lante! Fieschi, tu vivras longtemps et heureux, ta
» mort sera lente, mais à ton convoi funèbre: joie
» à la société, s'écrieront les spectateurs, elle est
» délivrée d'un méchant homme! » Rinuccio avait pressenti juste; il ne tarda pas à mourir de faim et de misère.

Peu de temps après, Giovan Paolo dut céder à Ambrogio Negri, et sa catastrophe mérita une statue à ce vainqueur génois.

RINUCCIO DELLA ROCCA (1502). — Rinuccio della Rocca, formé à l'école de Giovan Paolo, hérita de ses projets. On voyait revivre en lui les vertus inflexibles des anciens républicains. Il opéra six révolutions; souvent battu, mais jamais découragé, il semblait avoir étouffé tous les sentiments pour les sacrifier tous à la patrie. Richesse, douceur de la vie, amour paternel, rien ne put arrêter en sa course cet indomptable ennemi de l'Offizio, le malheur qui le poursuivit dans ses vieux jours rend sa mémoire plus intéressante ; vaincu, proscrit, errant sur les rochers, il fut inébranlable, et il mourut sans jamais rien faire d'indigne de lui.

Offizio de San-Giorgo (1502). — Ainsi, Monsieur, à force d'intrigues et d'assassinats, l'Offizio parvint à régner. Le sang de tant de martyrs ne servit qu'à teindre la pourpre des protecteurs de Saint-Georges. Paolo della Rocca, Giocante di Leca, Vinciguerra, Giovan Paolo, Rinuccio, ne brillaient plus à la tête de la nation : on avait péri, on s'était exilé. L'Offizio, au comble de ses vœux, régna sans contradiction ; une longue expérience lui avait appris à connaître l'amour de ces peuples pour la justice et la liberté ; il donna donc pour instruction à ses ministres de rendre la première avec exactitude, et leur accorda la seconde en prenant les conventions del Lago Benedetto pour pacte conventionnel de la souveraineté, et après tant de calamités, les Corses vécurent heureux de leur tranquillité.

Ils commencèrent à perdre de vue l'idole chérie de l'indépendance, et au lieu de l'enthousiasme qui les transportait autrefois aux noms sacrés de patrie et de liberté, des larmes seules exprimaient ce que ces noms chéris leur faisaient éprouver. La peste vint achever la dépopulation. En moins de deux ans, une grande partie de ceux qui avaient survécu à la liberté, descendirent dans la tombe. Dans l'état de faiblesse où l'on se trouvait, l'Offizio comptait qu'on ne pouvait plus s'opposer à ses projets et résolut de plier ces hommes indomptables sous le joug de la servitude ; les conventions del Lago Benedetto tombèrent dans l'oubli... Ensanglantées, jonchées des cadavres de ses habitants, nos montagnes ne retentissaient que de gémissements. Les Corses voyaient l'esclavage s'avancer à grands pas, et dans leur grande faiblesse ils n'y trouvaient point de remède. Ainsi l'infortuné timonier prévoit le flot qui va l'engloutir, et le prévoit en vain. Le roi d'Alger, Lazzaro, Corse de nation, qui avait conservé dans ce haut rang le même amour pour sa patrie, ne pouvant la délivrer, la vengeait en détruisant le commerce de l'Offizio ; mais rien ne pouvait adoucir le sort des Corses. Ils vivaient sans espérance, lorsque Sampiero de Bastelica, couvert de lauriers qu'il avait conquis sous le drapeau français, vint faire ressouvenir ses compatriotes que leurs oppresseurs étaient ces mêmes Génois qu'ils avaient tant de fois battus. Sa réputation, son éloquence, les ébranlaient, et à l'arrivée de Thermes, que le roi Henri II expédia avec dix-sept compagnies de troupes pour en chasser l'Offizio, le sCorses s'armèrent du poignard de la vengeance, et, réduits à la seule ville de Calvi, les protecteurs de Saint-Georges reconnurent, mais trop tard, que quelque accablés qu'ils fussent, ces intrépides insulaires pouvaient mourir, mais non vivre esclaves.

SAMPIERO DI BASTELICA. — Le sénat de Gênes, fidèle au plan qu'il s'était tracé, avait sans cesse travaillé et contre l'Offizio et contre les Corses. Il voyait avec plaisir s'entr'égorger des peuples qu'il voulait soumettre, et s'affaiblir une compagnie qui lui donnait ombrage ; mais, dans ces circonstances, il sentit qu'il fallait la secourir puissamment, ou se résoudre à voir recueillir par les Français le fruit de tant de peines et d'intrigues. Il offrit donc ses galères et ses troupes, et sollicita l'empereur Charles V, son protecteur, qui lui envoya aussitôt une armée et des vaisseaux. Vains préparatifs ! Les Corses triomphèrent ; le grand Andréa Doria vit périr dix mille hommes de ses troupes sous les murs de San-Fiorenzo. L'immortel Sampiero battit les Génois sur les rives du Golo, à Petreta ; mais s'étant brouillé avec de Thermes, le roi de France l'appela à sa cour. Dès ce moment nos affaires déclinèrent et ne furent rétablies que par son retour. Après diverses vicissitudes, l'Offizio allait être expulsé à jamais, lorsque par le traité de Cateau-Cambrésis, les Français évacuèrent l'île. Les Corses firent leur paix ; les pactes conventionnels del Lago Benedetto furent renouvelés de part et d'autre, l'Offizio promit de gouverner conjointement avec la nation et de gouverner avec justice. Gouverner avec justice n'était pas ce que voulait la politique du sénat, qui, voyant les Corses sur le point de s'attacher sérieusement, d'oublier leur ressentiment et de céder à leur fatalité une portion de leur indépendance, voyait se renverser tous ses projets. La circonstance d'ailleurs était favorable; il obligea les protecteurs de Saint-Georges à lui céder la possession de l'île. Outré de ce changement qui s'était fait sans son consentement, le peuple soupire après l'arrivée de son libérateur Sampiero. Cet homme ardent avait juré dans son cœur la ruine des tyrans et la délivrance de son pays. Voyant la France trahir ses promesses, il dédaigne les emplois que ses services militaires lui ont mérité, et parcourt les différents cabinets pour susciter des ennemis aux oppresseurs et des amis aux siens... Mais les rois de l'Europe ne connaissaient de justice que leur intérêt, d'amis que les instruments de la politique. Il s'embarque pour l'Afrique; il est accueilli par le bey de Tunis, qui lui promet du secours; il gagne la confiance de Soliman, qui lui promet assistance. Soliman avait l'âme noble et généreuse; il devint le protecteur de Sampiero et de ses infortunés compatriotes. Tout se dispose en leur faveur; bientôt le Croissant humiliera jusque dans nos mers la croix ligurienne! — Gênes cependant suit d'un œil inquiet les courses de son implacable ennemi, et ne pouvant l'apaiser, elle cherche à lui lier les mains par l'amour de ses enfants et par l'amour de sa

6.

femme, douces affections qui maîtrisent l'âme par le cœur, comme le sentiment par la tendresse... Sampiero aime tendrement sa femme Vannina, qu'il a laissée à Marseille avec ses enfants, ses papiers et quelques amis... C'est Vannina que les Génois entreprennent de séduire par l'espoir de lui restituer les biens immenses qu'elle a en Corse et de faire un sort si brillant à ses enfants, que son mari même s'en trouvera satisfait. Ainsi la patrie vivra tranquille sous leur gouvernement et elle vivra tranquille au milieu de ses terres, de ses parents, contente de la considération de ses enfants, et ne sera plus exposée à mener une vie errante en suivant les projets d'un époux furibond. Mais pour cela il faut aller à Gênes, donner aux Corses l'exemple de la soumission au nouveau gouvernement et de la confiance dans le sénat. Vannina accepte : elle enlève tout, jusqu'aux papiers de son mari, et s'embarque avec ses enfants sur un navire génois. Ils étaient déjà arrivés à la hauteur d'Antibes, lorsqu'ils sont atteints par un brigantin monté par les amis de Sampiero, qui s'emparent du bâtiment où est la perfide et la conduisent à Aix avec ses enfants.

La nouvelle du crime de Vannina élève dans le cœur de l'impétueux Sampiero la tempête et l'indignation ; il part, comme un trait, de Constantinople ; les vents secondent son impatience. Il arrive enfin en présence de sa femme.

Un silence farouche résiste obstinément à ses excuses et aux caresses de ses enfants. Le sentiment aigre de l'horreur a pétrifié sans retour l'âme de Sampiero. Quatre jours se passent dans cette immobilité, à la fin desquels ils arrivent dans leur maison de Marseille. Vannina, accablée de fatigue et d'angoisse, se livre un moment au sommeil; à ses pieds sont ses enfants, vis-à-vis est son mari, cet homme que l'Europe estime, en qui sa patrie espère et qu'elle vient de trahir... Ce tableau remue un instant Sampiero, le feu de la tendresse et de la compassion semble se ranimer en lui. Le sommeil est l'image de l'innocence! Vannina se réveille, elle croit voir de l'émotion sur la physionomie de son mari, elle se précipite à ses pieds ; elle en est repoussée avec effroi.

« *Madame,* lui dit avec dureté Sampiero, *entre le crime et l'opprobre, il n'est de milieu que la mort.* »

L'infortunée et criminelle Vannina tombe sans connaissance. Les horreurs de la mort s'emparent, à son réveil, de son imagination : elle prend ses enfants dans ses bras. « *Soyez mes intercesseurs; je veux la vie pour votre bien. Je ne me suis rendue criminelle que pour l'amour de vous!* »

Le jeune Alphonse va alors se jeter dans les bras de son père, le prend par la main, l'entraîne auprès de sa mère, et là, embrassant ses genoux, il les baigne de larmes, n'a que la force de lui montrer

du geste Vannina, qui, tremblante, égarée, retrouve cependant sa fierté à la vue de son mari, et lui dit avec courage : « *Sampiero, le jour où je m'unis à*
» *vous, vous jurâtes de protéger ma faiblesse et de*
» *guider mes jeunes années, pourriez-vous donc*
» *souffrir aujourd'hui que de vils esclaves souillas-*
» *sent votre épouse ? Et puisqu'il ne me reste plus*
» *que la mort pour refuge contre l'opprobre, la mort*
» *ne doit pas être plus avilissante que l'opprobre*
» *même... Oui, Monsieur, je meurs avec joie, vos*
» *enfants auront pour les élever l'exemple de votre*
» *vie et l'horrible catastrophe de leur mère ; mais*
» *Vannina qui ne vous fut pas toujours si odieuse,*
» *mais votre épouse mourante ne vous demande*
» *qu'une grâce, c'est de mourir de votre main !* »

La fermeté que Vannina mit dans ce discours frappa Sampiero sans aller jusqu'au cœur. La compassion et la tendresse qu'elle eût dû exciter trouva une âme fermée désormais à la vie du sentiment..... Vannina mourut..... Elle mourut par les mains de Sampiero.

Peu de temps après ce terrible événement, Sampiero débarque au golfe de Valinco, avec vingt-cinq hommes, et trouve bientôt une armée ; il bat les ennemis à Vescovato, à Rostino, où Antonio Négri périt avec deux mille des siens. Après avoir été forcé de se retirer devant l'armée de Stephano Doria, il la détruit par l'habileté de ses manœuvres ; il bat, à Borgo, les secours que le roi d'Espagne envoyait à la République. Enfin, sous cet intrépide général, les Corses touchaient au moment d'être libres, mais par un lâche assassinat, Gênes se délivra de cet implacable ennemi [1].

Dans la tombe d'Epaminondas s'ensevelit la prospérité de Thèbes; dans celle de Sampiero s'ensevelit le patriotisme et l'espérance des Corses. Son fils Alphonse, trop jeune pour soutenir son parti avec éclat, se retira en France après deux ans de guerre. Un grand nombre d'insulaires le suivirent et abandonnèrent une patrie qui désormais ne pouvait plus vivre libre.

Les Génois ne trouvèrent plus de contradicteurs, leur politique leur réussit en tous ses points. La Maona, les Adorne, les Fregose s'étaient ruinés, et les Corses affaiblis par leurs victoires mêmes, furent obligés de se soumettre; ils perdirent pour longtemps la liberté... Les infortunés! ils reconnaissaient pour maîtres les meurtriers de Sinuccello, de Vincentellio, de Sampiero, ceux qui ordonnèrent les massacres à Montalto, à Calvi, à Spinola.

---

[1]. Gustave Flaubert avait été frappé de la dramatique histoire qu'est la vie de Sampiero. Voyez, dans la première série de sa *Correspondance*, une lettre sur ce sujet. (Charpentier, édit. 1887.)

LETTRE TROISIÈME

Monsieur,

Les Génois, maîtres de la Corse, se comportèrent avec modération, ils prirent les conventions del Lago Benedetto pour bases de leur gouvernement. Le peuple conserva une portion de l'autorité législative : une commission de douze personnes, présidée par le gouverneur, eut le pouvoir exécutif ; des magistrats élus par la nation et ressortissant au syndicat eurent la justice distributive. A leur grand étonnement les Corses se trouvèrent tranquilles, gouvernés par leurs lois ; ils crurent qu'ils devaient désormais oublier l'indépendance et vivre sous une forme de gouvernement propre à rendre à la patrie toute la splendeur dont elle était susceptible. Les Génois trouvaient dans la Corse de quoi accroître leur commerce ; ils y trouvaient des matelots et des soldats intrépides pour augmenter leur force.... Mais il était à craindre que situés si avantageusement, ces insulaires ne fissent un commerce nuisible à celui de la métropole ; il était à craindre qu'avec l'accroissement de forces que donne un bon gouvernement, ils ne devinssent indépendants en peu de temps. La jalousie politique sera toujours le tourment des petits États, et l'on sait que la jalousie commerciale a toujours été la passion spéciale de Gênes.

D'ailleurs tous les ordres de l'État, accoutumés à se partager les possessions de la République, murmurèrent contre une administration où il n'y avait point d'emploi pour eux. « A quoi nous a servi la conquête » de la Corse, si l'on doit conserver à celle-ci un » gouvernement presque indépendant ; il valait » vraiment bien la peine que nos pères répandissent » tant de sang et dépensassent tant d'argent, » disait-on publiquement à Gênes. La grande noblesse voyait avec dépit l'autorité du gouverneur restreinte, réduite presque à rien par le conseil des douze et par les assemblées populaires. La petite noblesse, dite noblesse du grand conseil, que l'on peut appeler le peuple de l'aristocratie, attendait, avec une impatience facile à concevoir, l'occasion de pouvoir se saisir de tous les emplois qu'occupaient les Corses. Les prêtres convoitaient nos bénéfices ; les négociants aspiraient au moment où ils pourraient, au moyen de sages lois, fixer seuls le prix de nos huiles et de nos denrées.

Ce n'était qu'un cri dans tous les ordres de la République; pour la première fois le même vœu les unissait. Aussi l'on ne tarda pas à supprimer en Corse toute la représentation nationale. En peu de temps le gouverneur réunit sur sa tête toute l'autorité.... Il put faire mettre à mort un citoyen sans autre formalité que celle-ci : *Je le prends sur ma conscience,* et la grande noblesse fut satisfaite.

Tous les emplois civils et militaires furent donnés par le gouverneur ou par le sénat, et furent donnés à des nobles Génois. Pour ne laisser naître aucune espérance présomptueuse, il y eut une loi qui déclara les Corses incapables d'occuper aucun emploi... et la petite noblesse fut contente.

Le noble du grand conseil, excessivement pauvre, n'a pour nourrir une famille nombreuse que le droit qu'il tient de sa naissance, de gérer les emplois de la République. Il faut que chacun profite à son tour de ce droit, parce qu'il faut que chacun vive; aussi ne peut-on être que deux ans en place, et est-on obligé, durant un certain temps, de n'occuper aucun autre emploi. Il faut donc, pendant ces deux années, amasser assez pour se maintenir pendant quatre ans et fournir aux différents voyages que l'on doit entreprendre.

Gênes, jadis très puissante, avait un grand nombre d'emplois à donner ; mais au temps dont nous parlons, elle était réduite à la Corse seule, et la Corse était obligée de supporter presque tout cet horrible fardeau. Chaque deux ans l'on voyait arriver des flottilles de ces gentillâtres, avec leurs familles, affamés, nus, sans éducation, sans délicatesse. Plus redoutables que des sauterelles, ils dévoraient les champs, vendaient la justice et emprisonnaient les plus riches pour obtenir une rançon. On riait à Gênes de ces plaisanteries nobiliaires; le répertoire des gens aimables, des conteurs de bons mots dans les sociétés, n'est rempli que d'aventures de ces gentilshommes, et toujours le Corse est le battu et le moqué... Combien avez-vous gagné ? Nous avez-vous laissé quelque chose à prendre? demandaient ceux qui allaient partir à ceux qui étaient de retour. Un honnête sénateur fort religieux avait coutume de dire une prière toutes les fois qu'il entendait la cloche des morts annoncer le décès de quelque patricien; il demandait toutefois avant si le défunt avait été employé en Corse, et dans ce cas, il se dispensait de la prière, disant: A quoi cela servirait-il ? *è a casa del Diavolo*, il est au diable.

Les bénéfices ecclésiastiques furent donnés par les évêques; les évêques furent nommés à la sollicitation des cardinaux génois. Il est sans exemple qu'un Corse ait été évêque, et les prêtres génois furent contents.

Et le négociant ! Comment son intérêt eût-il été oublié dans un État commerçant ?... Des lois positives lui accordèrent le monopole de l'approvisionnement et du trafic. L'on détruisit les marais salants qui existaient, l'on en fit autant des poteries et de toutes manufactures. Cela accrut le petit cabotage et rendit le pays plus sujet.

Les marchandises cessant d'avoir leur prix, le peuple cessa de travailler, les champs devinrent incultes, et un pays appelé à l'abondance, au commerce, un sol qui promet à ses habitants la santé, la richesse, ne lui offrit que la misère et l'insalubrité. Malheureusement, à force de piller, l'on épuisa notre pauvre pays, qui n'eut plus rien à offrir que des pierres. Il fallait cependant que cette illustre noblesse vécût ; elle eut recours à deux moyens : d'abord chaque commandant de petites tours, chaque petit commissaire, eut une boutique à laquelle il fallut donner la préférence ; enfin ils vendaient la permission de porter les armes.

Dépouillé des biens qui rendent la vie aimable et sûre, exclu de tous les grades, de toutes les places, privé de toute considération, réduit à la dernière misère, outragé par la classe la plus méprisable de l'univers, comment le Corse, si hardi, si fier, si intrépide, se laissa-t-il traîner dans la fange sans résister ? Je m'empresse de vous développer ces tristes circonstances, afin qu'en plaignant ce peuple, vous ne cessiez pas de l'estimer.

Je vous ai, en deux pages, tracé l'histoire du gouvernement génois ; mais ces deux pages renferment cent cinquante ans. On marcha pas à pas. Si tout à coup le sénat eût découvert son horrible projet, sans exciter des soulèvements, ma nation serait si vile, qu'elle ne mériterait pas d'être plainte.

Immédiatement après la mort de Sampiero, on provoqua de toutes les manières les émigrations qui, dès ce moment, furent très considérables. On souffla partout l'esprit de la division, et la République accorda un refuge aux criminels ou favorisa leur fuite. Les émigrations s'accrurent. La peste affligea l'Italie; elle vint en Corse; la famine s'y joignit; la mortalité fut immense... Le gouvernement se montra insouciant, et si ces deux fléaux finirent c'est que tout finit. C'est ici l'occasion de faire une observation bien remarquable: toutes les fois que les Corses ont perdu leur liberté, ils ont été, quelque temps après, affligés d'une grande mortalité. Après la conquête de 1770, on vit encore la mortalité et la famine dépeupler le pays. Alors la République ne garda plus de mesure; elle jeta le masque, renversa le gouvernement national et établit les choses telles que nous les avons décrites.

Quelle position douloureuse! le Corse sentit la peste lui dévorer les chairs, la faim lui ronger les entrailles, et l'esclavage navrait son cœur, effrayait son imagination et anéantissait les ressorts de son âme!!!

Cependant, pour maintenir ce peuple dans cet assujettissement, il fallait avoir une grande force ou se faire une étude de le diviser. On adopta ce dernier parti, et on relâcha à cet effet les ressorts de la justice criminelle ; chacun fut obligé de pourvoir de soi-même à sa sûreté ; de là est né le droit de vendetta.

L'homme dans l'état de nature ne connut d'autre loi que son intérêt. Pourvoir à son existence, détruire ses ennemis fut son occupation journalière. Mais lorsqu'il fut réuni en société, ses sentiments s'agrandirent ; son âme, dégagée des entraves de l'égoïsme, prit son essor, l'amour de la patrie naquit, et les Curtius, les Décius, les Brutus, les Dion, les Caton, les Léonidas, vinrent émerveiller le monde. Des magistrats assurèrent à chacun la conservation de sa propriété et de sa vie ; le but des actions individuelles dut être le bonheur général de l'association, et personne ne dut plus agir par le sentiment de son propre intérêt. Les rois régnèrent ; avec eux régna le despotisme ; l'homme méprisé n'eut plus de volonté ! Avili, il fut à peine l'ombre de l'homme libre. Les rois, qui tinrent dans leurs mains la force publique, durent l'employer pour assurer à chacun sa vie et sa propriété.

La confédération changea, s'altéra même, si l'on veut, mais exista cependant toujours. La force publique serait devenue dans les mains du prince, un instrument inutile s'il eût vu l'homicide sans le punir ; si, par une dépravation inouïe, il eût lui-même aiguisé les poignards de l'assassin. Personne ne peut nier qu'alors la confédération ne se fût trouvée dissoute et les hommes rendus à l'anarchie. Telle était notre situation. Le sénat voyait avec plaisir s'entr'égorger des hommes dont il craignait l'union ; le meurtre ne fut plus puni, il fut encouragé, il fut récompensé ; il fallut cependant que chacun veillât à sa sûreté.

Des confédérations de familles, quelquefois de villages, se formèrent. On jura de veiller à l'intérêt de tous et de faire guerre éternelle à celui qui offenserait un des confédérés ; les liens du sang se resserrèrent, on chercha des parents ; l'île fut divisée en autant de puissances qu'il y eut de familles, qui se faisaient la paix ou la guerre selon leur caprice et leur intérêt...

On appela vertu l'audace de s'exposer à tous les dangers pour soutenir ses parents ou les membres de sa confédération ; les citoyens ne furent que des membres d'autant de puissances étrangères, liées entre elles par leurs rapports politiques. Ils respectèrent les femmes et les enfants et les laissèrent sortir de la maison assiégée pour prendre de l'eau et pour vaquer aux affaires du ménage. Il était aussi d'usage de laisser croître sa barbe lorsqu'on était en guerre ; c'était un acte de courage, car il n'y avait point de buisson, de rocher qui ne pût recéler un ennemi ; c'était s'exposer à périr à tous les moments du jour... Celui-là passait pour un homme lâche, un homme vil, qui, à la nouvelle de la mort de son parent, ne courait jurer sur son cadavre de le venger, et, dès ce moment, ne laissait croître sa barbe. La paix se faisait cependant quelquefois ; il y avait des gens sages, des vieillards respectés, qui réconciliaient les partis. On était scrupuleux dans l'exécution du traité.

Tels furent, Monsieur, les effets de l'administration génoise. Accablés sous le poids des impôts arbitraires, désunis, les mains dégouttantes du sang de nos frères, nous gémîmes longtemps ; mais ce ne fut qu'en 1714 que l'on commença à s'apercevoir qu'il se faisait un mouvement général, l'on envoya un orateur à Gênes représenter l'état déplorable de la nation ; il était entre autres choses chargé de solliciter un désarmement général et priait le sénat de faire respecter son autorité. Les patentes pour porter les armes étaient à la fois une spéculation de finances et de politique. Le sénat eut l'impudence de se refuser à la demande si raisonnable, et d'alléguer pour prétexte la diminution que cela produirait dans le revenu public. L'orateur proposa une nouvelle imposition beaucoup plus forte ; l'imposition fut acceptée, mais les patentes continuèrent toujours à se distribuer, et la justice s'occupa tout aussi peu de se faire respecter ; l'île était déserte, inculte et dépeuplée. Depuis l'époque de Giovan Paolo, la population avait diminué des trois quarts ; elle était alors de 400,000 habitants, et en 1720, on n'en comptait que 120,000, le commerce était anéanti et la férocité des Corses était à son comble, leur existence était si misérable, qu'ils n'avaient rien à perdre. Il ne fallait qu'un signal.

En 1729, le lieutenant génois qui commandait à Corte imposa, de sa propre fantaisie, une nouvelle taxe qui, jointe à toutes les autres et à la misère du pays, devenait insupportable. Cardone di Bozio, vieillard estropié, ayant reçu de la nature un corps difforme, mais une âme vigoureuse et une élocution très facile, assembla les habitants du village de Bozio pour leur parler dans les termes les plus forts sur l'avilissement où ils vivaient, sur la gloire de leurs ancêtres et les charmes de la liberté. Il profita du moment où les collecteurs venaient percevoir l'imposition pour les faire chasser et poursuivre. Il excite ses compatriotes à marcher vers Corte. Ceux-ci rencontrent un détachement de soldats envoyés pour les punir; ils le battent, le désarment, arrivent à Corte et brûlent la maison du commandant, qui a le bonheur de se sauver. A cette nouvelle, on se rallie de tous côtés, on prend les armes, on court à Bastia pour punir le gouverneur général Pinelli, objet de l'exécration publique; on prend une partie de la ville, on surprend Algagiolo, et voilà le joug rompu sans retour.... « Aux yeux de Dieu, disait souvent Cardone, le premier crime est de tyranniser les hommes; le second, c'est de le souffrir. » Jamais révolution ne s'opéra plus subitement. Les ennemis oublièrent leur haine, firent partout la paix, objet de tous

les vœux. La prospérité de la patrie naissante sembla être le mobile des actions de chacun ; le feu du patriotisme agrandit subitement des âmes qu'avaient pendant tant d'années, rétrécies l'égoïsme et la tyrannie... Amis, nous sommes hommes ! était le cri de ralliement. Fiers tyrans de la terre, prenez-y bien garde ! Que ce sentiment ne pénètre jamais dans le cœur de vos sujets ; préjugé, habitude, religion, faibles barrières ! Le prestige est détruit, votre trône s'écroule si vos peuples se disent jamais : « Et nous aussi, nous som-
« mes des hommes ! »

Les premières années de la guerre, les Corses n'eurent aucune forme de gouvernement : la haine des tyrans guidait tout le monde. Ce ne fut qu'à la réunion de Saint-Pancrazio que l'on nomma Giaffori commandant des armées.

A l'Assemblée de Corte, on déclara les Génois déchus de leur souveraineté, l'on déclara la nation libre et indépendante. Pour rendre cette déclaration plus imposante, pour achever de détruire les préjugés que la multitude pouvait conserver, on assembla à Orezza un Congrès des théologiens les plus célèbres des différents ordres. On leur proposa trois questions : Si la guerre actuelle était juste, si les Génois étaient des tyrans, si l'on était délié du serment de fidélité. Ce Congrès, que présida le célèbre Orticoni, répondit à tout d'une manière satisfaisante. La guerre, dit-il, est non seulement juste, mais même sainte ; *le serment est nul dès lors que le souverain est tyran.*

Mal armés, sans discipline, ils battirent partout leurs tyrans, malgré leur nombre, leur expérience et leur artillerie. Assiégés dans le château de Bastia, ils étaient, au bout de deux ans d'une guerre opiniâtre, réduits à abandonner notre île, lorsque l'aigle impériale, arborée au lieu de la croix ligurienne, vint nous présager de nouveaux malheurs, mais non décourager notre courage.

Qu'avions-nous fait aux Allemands pour qu'ils voulussent notre destruction? Que pouvait importer à l'empereur d'Occident qu'une petite île de la Méditerranée fût libre ou esclave? *Mais les puissances se jouent des intérêts de l'humanité, et les méchants ont toujours des protecteurs.* Le général allemand, à la tête de sa petite armée, s'engagea dans des défilés ; il périssait infailliblement, lorsqu'il trouva dans l'humanité des Corses une commisération inattendue, dont il s'est rendu indigne par son lâche manque de foi. On lui accorda la permission de retourner à Bastia, à condition qu'il ferait savoir à son souverain la manière dont les Corses agissaient à son égard, et l'on conclut un traité de deux mois ; mais, avant l'expiration de la trêve, les Allemands se remontrèrent au delà du Golo en plus grand nombre. Au respect que nous avaient inspiré les armes d'un grand prince, succéda l'indignation pour la perfidie de ses ministres. Après avoir laissé environ deux mille morts ou prisonniers, nos ennemis regagnèrent leurs remparts avec précipitation. L'enthousiasme produisit les actions les plus dignes d'être transmises à la postérité : Vingt et un bergers de Bastelica faisaient paître leurs troupeaux dans la plaine de Campo di Loro, deux cents hussards et six cents piétons vinrent pour les enlever : ces braves gens se réunissent, tiennent ferme, repoussent cette nombreuse troupe et la font fuir. Investis enfin par quatre cents autres ennemis, ils périssent tous en prononçant le nom sacré de la patrie.

L'honneur de l'empereur avait essuyé bien des échecs. Si l'honneur des princes consiste à protéger le juste contre le méchant, le faible contre le fort, sans doute l'empereur Charles VI avait déshonoré ses armes ; mais si l'honneur consiste à massacrer des infortunés, le cabinet de Vienne sut bien réparer ce qu'il n'avait pu faire à la campagne précédente : il envoya le prince de Wurtemberg avec des renforts considérables et quoique ses premiers efforts ne furent pas heureux, il était désormais impossible de résister à des forces si imposantes. On fit des propositions de paix; les Génois reconnurent, accordèrent, promirent tout ce qu'on voulut, et l'on posa les armes.

Il était tout naturel que, ne voulant observer aucune des conditions du traité, les Génois commençassent par se défaire des chefs qui avaient conduit les Corses avec tant de bonheur dans des circonstances si difficiles. Les principaux parmi ces chefs furent arrêtés et conduits dans le château de Savone. C'en était fait de leur vie, si Boerio et Orticone n'eussent su intéresser le prince Eugène[1] au sort de ces illustres prisonniers. L'empereur, éclairé, exigea du sénat leur délivrance. Ne pouvant les perdre, les Génois tentèrent de se les attacher en leur faisant des offres qu'ils méprisèrent. On suivit le même plan de persécution contre les principaux citoyens : la mort ou la prison[2].

1. Le prince Eugène de Savoie.
2. L'original de ces *Lettres* existe aux archives de la guerre. Le texte en a été reproduit par M. le colonel Iung (depuis général de brigade) au T. 1er de *Bonaparte et son temps*. (Charpentier, édit.)

II

PRÉCIS DE L'HISTOIRE DE LA CORSE[1].

Les Arabes d'Afrique régnèrent longtemps sur la Corse. Les armes de ce royaume sont encore aujourd'hui une tête de Maure[2] ayant un bandeau sur les yeux, et sur un fond blanc. Les Corses se distinguèrent à la bataille d'Ostie, où les Sarrasins furent battus et obligés de renoncer à leurs projets sur Rome. Il est des personnes qui pensent que ces enseignes leur furent alors données par le pape Léon II, en témoignage de leur bravoure.

1. C'est ici le complément de la grande *Histoire de Corse* que Bonaparte avait terminée à Auxonne, pendant ses loisirs de garnison. L'ouvrage devait paraître chez l'imprimeur François-Xavier Joly, à Dôle. Pour tout ce qui concerne les manuscrits et les copies de cette *Histoire*, voir notre note de la fin du *Précis* page 139. Le *Précis* a été publié pour la première fois par le général Montholon.

2. C'est à tort que le texte du bibliophile Jacob (*Napoléon*, Delloye, éditeur, 1840) dit : «une tête de mort.»

La Corse est censée avoir fait partie de la donation de Constantin et de celle de Charlemagne ; mais ce qui est plus certain, c'est qu'elle faisait partie de l'héritage de la comtesse Mathilde. Les Colones de Rome prétendent qu'au neuvième siècle un de leurs ancêtres a conquis la Corse sur les Sarrasins et en a été roi. Les Colones d'Itria et de Cinerca ont été reconnus par les Colones de Rome et les généalogistes de Versailles ; mais le fait historique de la souveraineté d'une branche de la famille Colonna en Corse n'en est pas moins un problème. Ce qui est constant toutefois, c'est que la Corse formait le douzième royaume reconnu en Europe, titre dont ces insulaires étaient glorieux et auquel ils ne voulurent jamais renoncer. C'est à ce titre que le doge de Gênes portait la couronne royale. Dans les moments où ils étaient le plus exaltés pour la liberté, ils conciliaient ces idées opposées en déclarant la sainte Vierge leur reine. On en trouve des traces dans les délibérations de plusieurs consultes ; entre autres, de celle tenue au couvent de Vinsolasca.

Comme toute l'Italie, la Corse fut soumise au régime féodal : chaque village eut un seigneur ; mais l'affranchissement des communes y précéda de cinquante ans le mouvement général qui eut lieu en Italie dans le onzième siècle. On aperçoit encore, sur des rochers escarpés, des ruines de châteaux, que la tradition désigne comme le refuge des seigneurs pendant la guerre des communes dans les douzième, treizième, quatorzième et quinzième siècles. La partie dite du Liamone et spécialement la province de la Rocca exercèrent la principale influence dans les affaires de l'île. Mais dans les seizième, dix-septième et dix-huitième siècles, les piéves dites des terres des communes, ou autrement, de la Castagnichia, furent à leur tour prépondérantes dans les consultes, ou assemblées de la nation.

Pise était la ville du continent la plus près de la Corse; elle en fit d'abord le commerce, y établit des comptoirs, étendit insensiblement son influence et soumit toute l'île à son gouvernement. Son administration fut douce, conforme aux vœux et aux opinions des insulaires, qui la servirent avec zèle dans ses guerres contre Florence. L'énorme puissance de Pise finit à la bataille de la Maloria. Sur ses débris s'éleva la puissance de Gênes, qui hérita de son commerce. Les Génois s'établirent en Corse. Ce fut l'époque des malheurs de ce pays, qui allèrent toujours en croissant. Le sénat de Gênes, n'ayant pas su captiver l'affection des habitants, s'étudia à les affaiblir, à les diviser et à les tenir dans la pauvreté et l'ignorance. Aussi, est-il peu d'exemples d'une inimitié et d'une antipathie égales à celles qui animèrent ces insulaires contre les Génois.

La France, si près de la Corse, n'y eut jamais de prétention. On a dit que Charles Martel y avait envoyé un de ses lieutenants combattre les Sarrasins ; cela est fort apocryphe. Ce fut Henri II qui, le premier, envoya une armée sous les ordres du maréchal de Thermes, du fameux San-Piétro Ornano et d'un des Ursins ; mais ils n'y restèrent que peu d'années. Le vieux André Doria, quoique âgé de quatre-vingt-cinq ans, reconquit cette île à sa patrie.

L'Espagne, divisée en plusieurs royaumes et uniquement occupée de sa guerre contre les Maures, n'eut de vues sur la Corse que fort tard ; mais elle en fut divertie par ses guerres en Sicile.

Les piéves des terres des communes, Rostino, Ampugnani, Orezza et la Penta, se soulevèrent les premiers contre le gouvernement du sénat de Gênes ; les autres piéves de la Castagnichia, et insensiblement toutes les autres provinces de l'île, suivirent leur exemple. Cette guerre, qui commença en 1729, s'est terminée, en 1769, par la réunion de la Corse à la monarchie française ; la lutte a duré quarante ans. Les Génois ont levé des armées suisses et ont eu plusieurs fois recours aux grandes puissances, en prenant à leur solde des troupes auxiliaires. C'est ainsi que l'empereur d'Allemagne envoya d'abord en Corse le baron Wachtendorf, et plus tard le prince de Wurtemberg ; que Louis XV y envoya le comte de Boissieux, et depuis le maréchal de Maillebois. Les armées génoises et suisses éprouvèrent des défaites ; Wachtendorf et Boissieux furent battus ; le prince de

Wurtemberg et Maillebois obtinrent des succès et soumirent tous deux le pays; mais ils laissèrent le feu sous les cendres, et aussitôt après leur départ, la guerre se renouvela avec plus de fureur. Le vieux Giafferi, le chanoine Orticone, homme souple et éloquent, Hyacinthe Paoli, Cianoldi, Gaforio, furent successivement à la tête des affaires, qu'ils conduisirent avec plus ou moins de succès, mais toujours loyalement et animés par les plus nobles sentiments. La souveraineté du pays résidait dans une consulte composée des députés des pièves. Elle décidait de la guerre et de la paix, décrétait les impositions et les levées de milices. Il n'y avait aucune troupe soldée, mais tous les citoyens en état de porter les armes étaient inscrits sur trois rôles dans chaque commune; ils marchaient à l'ennemi à l'appel du chef : les armes, les munitions, les vivres, étaient au compte de chaque particulier.

Dans toutes les consultes, et il est des années où il s'en tint plusieurs, les Corses publièrent des manifestes, dans lesquels ils détaillaient leurs griefs anciens et modernes contre leurs oppresseurs. Ils avaient pour but d'intéresser l'Europe à leur cause et aussi d'exalter le patriotisme national. Plusieurs de ces manifestes, rédigés par Orticone, sont pleins d'énergie, de logique et des plus nobles sentiments.

On a de fausses idées sur le roi Théodore. Le baron de Neuhoff était Westphalien ; il débarqua à la marine d'Aléria avec quatre bâtiments de transport chargés de fusils, de poudre, de souliers, etc... Les frais de cet armement étaient faits par des particuliers et des spéculateurs hollandais. Ce secours inattendu, au moment où les esprits étaient découragés, parut descendre du ciel. Les chefs proclamèrent roi le baron allemand, le représentèrent au peuple comme un grand prince d'Europe, qui leur était un garant des secours puissants qu'ils recevraient. Cette machine eut l'effet qu'ils s'en proposaient ; elle agit sur la multitude pendant dix-huit mois : elle s'usa, et alors le baron de Neuhoff retourna sur le continent. Il reparut plusieurs fois sur les plages de l'île avec des secours importants, qu'il dut à la cour de Sardaigne et au bey de Tunis. C'est un épisode curieux de cette guerre mémorable et qui indique les ressources de tout genre des meneurs du pays.

En 1754, Pascal Paoli fut déclaré premier magistrat et général de la Corse. Fils d'Hyacinthe Paoli et élevé à Naples, il était capitaine au service du roi don Carlos. La piève de Rostino le nomma son député à la consulte d'Alésani. Sa famille était très populaire. Il était grand, jeune, bien fait, fort instruit, éloquent. La consulte se divisa en deux partis : l'un le proclama chef et général ; c'était celui des plus chauds patriotes et les plus éloignés de tout accommodement. Les modérés lui opposèrent Matras, député de Fiumorbo. Les deux partis en vinrent aux mains; Paoli fut battu et obligé de s'enfermer dans le couvent même d'Alésani. Ses affaires paraissaient perdues; son rival le cernait. Mais aussitôt que la nouvelle en fut arrivée dans les pièves des communes, tous les pitons des montagnes se couvrirent de feu; les cavernes et les forêts retentirent du son lugubre du cornet : c'était le signal de la guerre. Matras voulut prévenir ces redoutables milices : il donna l'assaut au couvent. D'un caractère impétueux, il marcha le premier, et tomba frappé à mort. Dès lors tous les partis reconnurent Paoli : peu de mois après, la consulte d'Alésani fut reconnue par toutes les pièves. Paoli déploya du talent : il concilia les esprits ; il gouverna par des principes fixes ; créa des écoles, une université ; se concilia l'amitié d'Alger et des Barbaresques ; créa une marine de bâtiments légers, eut des intelligences dans les villes maritimes, et sut se captiver l'opinion des bourgeois. Il fit une expédition maritime, s'empara de Capraja et en chassa les Génois, qui ne furent pas sans quelque crainte que les Corses ne débarquassent dans la Rivière. Il fit tout ce qu'il était possible de faire dans les circonstances du moment et chez le peuple auquel il commandait. Il allait s'emparer des cinq ports de l'île, lorsque le sénat de Gênes, alarmé, eut pour la troisième fois recours à la France. En 1764, six bataillons français prirent la garde des villes maritimes; et sous leur égide, ces places continuèrent à reconnaître l'autorité du sénat.

Ces garnisons françaises restèrent neutres et ne prirent aucune part à la guerre, qui continua entre les Corses et les Génois. Les officiers français manifestèrent hautement les sentiments les plus favorables aux insulaires, et les plus contraires aux oligarques, ce qui acheva de leur aliéner tous les habitants des villes. En 1768, les troupes devaient retourner en France : ce moment était attendu avec impatience ; il ne fût resté aucun vestige de l'autorité de Gênes dans l'île, lorsque le duc de Choiseul conçut la pensée de réunir la Corse à la France. Cette acquisition parut importante, comme une dépendance naturelle de la Provence, comme propre à protéger le commerce du Levant et à favoriser des opérations futures en Italie. Après de longues hésitations, le sénat consentit ; et Spinola, son ambassadeur à Paris, signa un traité par lequel les deux puissances convinrent que le roi de France soumettrait et désarmerait les Corses, et les gouvernerait jusqu'au moment où la République serait en mesure de lui rembourser les avances que lui aurait coûté cette conquête. Or, il fallait plus de 30,000 hommes pour soumettre l'île et la désarmer ; et pendant plusieurs années il fallait y maintenir de nombreuses garnisons ; ce qui devait nécessairement monter à des sommes que la république de Gênes ne pourrait ni ne voudrait rembourser.

Les deux parties contractantes le comprenaient bien ainsi ; mais les oligarques croyaient par cette stipulation, mettre à couvert leur honneur et déguiser l'odieux qui rejaillissait sur eux aux yeux de toute l'Italie, de leur voir céder de gaîté de cœur à une puissance étrangère une partie du territoire. Choiseul voyait dans cette tournure un moyen de faire prendre le change à l'Angleterre et, s'il le fallait, de revenir sur ses pas sans compromettre l'honneur de la France. Louis XV ne voulait pas de guerre avec l'Angleterre.

Le ministre français fit ouvrir une négociation avec Paoli : il lui demandait qu'il portât son pays à se reconnaître sujet du roi et, conformément aux vœux que de plus anciennes consultes avaient quelquefois manifestés, qu'il se reconnût librement province du royaume. Pour prix de cette condescendence, on offrait à Paoli fortune, honneurs ; et le caractère grand et généreux du ministre avec lequel il traitait ne pouvait lui laisser aucune inquiétude sur cet objet. Il rejeta toutes les offres avec dédain ; il convoqua la consulte et lui exposa l'état critique des affaires ; il ne lui dissimula pas qu'il était impossible de résister aux forces de la France et qu'il n'avait qu'une espérance vague, mais rien de positif sur l'intervention de l'Angleterre. Il n'y eut qu'un cri : « *La liberté ou la mort !* » Il insista pour qu'on ne s'engageât pas légèrement ; que ce n'était pas sans réflexion et par enthousiasme qu'il fallait entreprendre une pareille lutte. Mais tous paraissaient surtout indignés de ce que la France, qui avait été souvent médiatrice dans leurs querelles avec Gênes et avait toujours protesté de son désintéressement, se présentait aujourd'hui comme partie et feignait de croire que le gouvernement de Gênes pouvait vendre les Corses comme un troupeau de bœufs, et contre la teneur des *pacta conventa*.

Maillebois, en 1738, avait levé le régiment Royal-Corse de deux bataillons, composé entièrement de nationaux. On pratiqua, par le moyen des officiers, des intelligences avec les principaux chefs. Beaucoup se montrèrent au-dessus de la corruption; mais quelques-uns cédèrent et se firent un mérite de courir au-devant d'une domination qui désormais était inévitable.

La masse de la population et surtout les montagnards n'avaient aucune idée de la puissance de la France. Accoutumés à se battre et à repousser souvent les faibles corps du comte de Boissieux et de Maillebois, rien de ce qu'ils avaient vu ne les effrayait. Ils croyaient que ces faibles détachements étaient les armées françaises. La consulte fut presque unanime pour la guerre; la population partagea les mêmes sentiments.

Le traité par lequel Gênes cédait la Corse au roi excita en France un sentiment de réprobation générale. Lorsque l'on connut par les résolutions de la consulte qu'il faudrait faire la guerre et mettre en mouvement une partie de la puissance française contre ce petit peuple, l'injustice et l'*ingénérosité* de cette guerre émurent tous les esprits. Le sang qui allait couler retombait tout entier sur Choiseul.

Le lieutenant-général Chauvelin débarqua à Bastia; il eut sous ses ordres 12,000 hommes. Il publia des proclamations, intima des ordres aux communes et commença les hostilités; mais ses troupes, battues au combat de Borgo, repoussées dans toutes leurs attaques, furent obligées, à la fin de la campagne de 1768, de se renfermer dans les places fortes, ne communiquant plus entre elles que par le secours de quelques frégates de croisière. Les Corses se crurent sauvés : ils ne doutèrent point que l'Angleterre n'intervînt ; Paoli partagea cette illusion; mais le ministère anglais, inquiet de la fermentation qui se manifestait dans ses colonies d'Amérique, ne voulait pas la guerre. Il fit remettre à Versailles une note faible et se contenta des explications plus faibles encore qui lui furent données. Des clubs de Londres envoyèrent des armes et de l'argent; la cour de Sardaigne et quelques sociétés d'Italie donnèrent en secret des secours; mais c'étaient de faibles ressources contre l'armement redoutable qui se préparait sur les côtes de la Provence. Les échecs qu'avait éprouvés Chauvelin furent un sujet de satisfaction pour toute l'Europe et spécialement en France. On avait le bon esprit de concevoir que la gloire nationale n'était en rien compromise dans une lutte contre une poignée de montagnards. Louis XV même montra quelques sentiments favorables aux Corses ; il était peu jaloux de mettre cette nouvelle couronne sur sa tête ; et pour le décider à ordonner les préparatifs d'une dernière campagne, il fallut lui parler de la joie qu'éprouveraient les philosophes de voir le grand roi battu par un peuple libre et obligé de reculer devant lui. L'influence en serait grande pour l'autorité royale. La liberté avait des fanatiques qui verraient des miracles dans le succès d'une lutte si inégale. Il n'y eut plus à délibérer. Le maréchal de Vaux partit pour la Corse ; il eut sous ses ordres 30,000 hommes ; les ports de cette île furent inondés de troupes. Les habitants se défendirent cependant pendant une partie de la campagne de 1769, mais sans espoir de succès. La population de la Corse était alors de 150,000 habitants au plus, 130,000 étaient contenus par les forts et les garnisons françaises, il restait 20,000 hommes en état de porter les armes, desquels il fallait ôter tous ceux qui appartenaient aux chefs qui avaient fait leur traité avec les agents du ministère français. Les Corses se battirent avec obstination au passage du Golo. N'ayant pas eu le temps de couper le pont, qui était en pierre, ils se servirent des cadavres de leurs morts pour en former un retranchement. Paoli, acculé au sud de l'île, s'embarqua sur un bâtiment anglais, à Porto-Vecchio, débarqua à Livourne, traversa le continent et se rendit à Londres. Il fut accueilli partout, par les souverains et par le peuple, avec les plus grandes marques d'admiration; 4 ou 500 patriotes suivirent Paoli et émigrèrent; un grand nombre d'autres abandonnèrent leurs villages et leurs maisons, et continuèrent plusieurs années à faire la petite guerre, coupant les chemins aux convois et à tous les soldats isolés. Les habitants les appelaient les patriotes, les Français les appelaient les bandits. Ils méritaient ce dernier titre par les cruautés qu'ils commettaient, quoique jamais contre les naturels.

Les vues du cabinet de Versailles étaient bienfaisantes : il accorda aux Corses des états de province, composés de trois ordres, le clergé, la noblesse, le tiers-état; il rétablit la magistrature des douze nobles que les Corses avaient toujours réclamée; des encouragements furent donnés à l'agriculture; la compagnie d'Afrique de Marseille fut contrainte à reconnaître d'anciens usages favorables aux pêcheurs corses pour la pêche du corail. Des grandes routes furent percées, des marais desséchés. On essaya même de former des colonies de Lorrains, d'Alsaciens, pour mettre sous les yeux des insulaires des modèles de culture. Les impositions ne furent pas onéreuses; les écoles furent encouragées; les enfants des principales familles furent appelés en

France pour y être élevés. C'est en Corse que les économistes firent l'essai de l'imposition en nature. Dans les vingt années qui s'écoulèrent de 1769 à 1789, l'île gagna beaucoup. Mais tant de bienfaits ne touchèrent pas le cœur des habitants, qui, au moment de la Révolution, n'étaient rien moins que Français. Ils le sont devenus en 1790, la Révolution ayant changé l'esprit de ces insulaires. Paoli quitta l'Angleterre où il vivait d'une pension que lui avait faite le parlement et qu'il abandonna. Il fut accueilli par la Constituante, par la garde nationale de Paris et même par Louis XVI. Son arrivée dans l'île produisit une joie générale ; la population tout entière accourut à Bastia pour le voir. En peu de jours, il reprit une grande influence sur le peuple. Le Conseil exécutif le nomma général de division, commandant les troupes de ligne dans l'île. Les gardes nationales lui avaient déféré leur commandement. L'assemblée électorale l'avait nommé président. Il réunit ainsi tous les pouvoirs. Cette conduite du Conseil exécutif n'était pas politique ; mais il faut se reporter à l'esprit qui régnait alors. Quoi qu'il en soit, Paoli servit fidèlement la Révolution jusqu'au 10 août. La mort de Louis XVI acheva de le dégoûter. Dénoncé par les sociétés populaires de Provence, la Convention, qu'aucune considération n'arrêtait jamais, l'appela à sa barre. Il avait près de quatre-vingts ans. C'était l'inviter à porter lui-même sa tête sur l'échafaud. Il n'eut d'autre ressource que d'en appeler à ses compatriotes ; il insurgea toute l'île contre la Convention. Les représentants du peuple, commissaires chargés de mettre à exécution ce décret, arrivèrent dans ces circonstances ; ils ne purent que conserver, à l'aide de quelques bataillons, les places de Bastia et de Calvi. Si la décision du parti que devait prendre la Corse avait dépendu d'une assemblée des principales familles, Paoli n'aurait pas réussi. On blâmait généralement les excès qui se commettaient en France ; mais on pensait qu'ils étaient passagers, qu'il était facile de s'en garantir dans l'île, et qu'il ne fallait pas, pour obvier à l'inconvénient du moment, se séparer d'une patrie qui pouvait seule assurer le bonheur et la tranquillité du pays. Paoli fut étonné du peu de crédit qu'il obtint dans des conférences privées. Plusieurs de ceux mêmes qui l'avaient accompagné en Angleterre et avaient passé vingt ans à maudire la France furent les plus récalcitrants, entre autres le général Gentili ; cependant, dans la masse entière de la population, à l'appel de son ancien chef, il n'y eut qu'un cri. En un moment la tête de maure fut arborée sur tous les clochers, et la Corse cessa d'être française. Peu de mois après, les Anglais s'emparèrent de Toulon ; lorsqu'ils en furent chassés, l'amiral Hood mouilla à Saint-Florent ; il débarqua 12,000 hommes, qu'il mit sous les ordres de Nelson ; Paoli y joignit 6,000 hommes. Ils cernèrent Bastia. La Combe Saint-Michel et Gentili défendirent la ville avec la plus grande intrépidité; elle ne capitula qu'après quatre mois de siège. Calvi résista quarante jours de tranchée ouverte. Le général Dundas, qui commandait un corps anglais de 4,000 hommes et était campé à Saint-Florent, se refusa à prendre part au siège de Bastia, ne voulant pas compromettre ses troupes sans l'ordre spécial de son gouvernement.

L'on vit alors un spectacle bien étrange: le roi d'Angleterre posa sur sa tête la couronne du royaume de Corse, bien étonnée de se trouver à côté de la couronne de Fingal. En juin 1794, la consulte de Corse, présidée par Paoli, proclama que ses liens politiques avec la France étaient rompus à jamais et que la couronne de Corse serait offerte au roi d'Angleterre. Une députation, composée de Galeazzi, président, Filippi de Vescovato, Negroni de Bastia, Cesari-Rocca de la Rocca, se rendit à Londres, et le roi accepta la couronne. Il nomma pour vice-roi lord Gilbert Elliot. La consulte avait en même temps décrété une constitution qui assurait les libertés et les privilèges du pays. Elle était calquée sur celle d'Angleterre. Lord Elliot était un homme de mérite; il avait été vice-roi des Indes; mais il ne tarda pas à se brouiller avec Paoli. Ce vieillard s'était retiré au milieu des montagnes, et là il désapprouvait la conduite du vice-roi, qui était influencé par deux jeunes gens Pozzo di Borgo et Colonna, dont l'un servait auprès de lui en qualité de secrétaire, et l'autre comme aide de camp. On reprochait à Paoli d'être d'un caractère inquiet, de ne pas savoir se résoudre à vivre en simple particulier, de vouloir toujours trancher du maître du pays. Cependant l'influence qu'il avait dans l'île et qui n'était pas contestée, les services que dans cette circonstance il avait rendus à l'Angleterre, tout ce qu'avaient de respectable sa carrière et son caractère, portaient le ministère anglais à de grands ménagements. Il eut plusieurs conférences avec le vice-roi et le secrétaire d'État. C'est dans l'une d'elles que, piqué par quelques observations, il leur dit : « Je suis ici dans mon royaume ; j'ai deux ans fait la guerre au roi de France ; j'ai chassé les républicains. Si vous violez les privilèges et les droits du pays; je puis plus facilement encore en chasser vos troupes. » Quelques mois après, le roi d'Angleterre lui écrivit une lettre convenable à la circonstance, où il lui conseillait, par l'intérêt qu'il portait à sa tranquillité et à son bonheur, de venir finir ses jours dans un pays où il était considéré et où il avait été heureux. Paoli sentit que c'était un ordre : il hésita ; mais rien n'annonçait que ce règne de la Terreur dût se terminer en France. Il se soumit au destin et se rendit à Londres, où il mourut en 1807.

Les Corses étaient extrêmement mécontents des gouverneurs anglais; ils n'entendaient rien à leur langue, à leur tristesse habituelle, à leur manière de vivre. Des hommes continuellement à table, presque toujours pris de vin, peu communicatifs, contrastaient avec leurs mœurs. La différence de religion fut aussi un sujet de répugnance. Les Anglais répandaient l'or à pleines mains; les habitants le recevaient, sans que cela leur inspirât aucune reconnaissance. Dans ce temps, Napoléon entra dans Milan, s'empara de Livourne, y réunit, sous les ordres de Gentili, tous les réfugiés corses. L'exaltation devint extrême dans toutes les montagnes. Dans une grande fête, à Ajaccio, on accusa le jeune Colonna, aide de camp du vice-roi, d'avoir insulté un buste de Paoli. Ce jeune homme en était incapable. L'insurrection éclata; les habitants de Borgognano interceptèrent les communications de Bastia à Ajaccio, cernèrent le vice-roi, qui avait marché contre eux avec un corps de troupes: il fut contraint d'abandonner ses deux favoris et de les chasser de son camp. Elliot vit qu'il était impossible de se maintenir en Corse; il chercha un refuge et s'empara de Porto-Ferrajo. Gentili et tous les réfugiés débarquèrent, en octobre 1796, malgré les croisières anglaises. Ils intimèrent une marche générale de la population. Toutes les crêtes des montagnes se couvrirent pendant la nuit de feux; le bruit rauque de la corne, signal de l'insurrection, se fit entendre dans toutes les vallées ; ils s'emparèrent de Bastia et de toutes les places. Les Anglais s'embarquèrent en hâte et abandonnèrent beaucoup de prisonniers. Le roi d'Angleterre ne porta que deux ans la couronne de Corse, qui ne servit qu'à dévoiler l'ambition de son cabinet et à lui donner un ridicule. Cette fantaisie coûta cinq millions sterling à la trésorerie de Londres.

La Corse forma la 23ᵉ division militaire de la République ; le général Vaubois en eut le commandement. Au commencement de 1798, des malveillants, sous un prétexte de religion, insurgèrent une partie du Fiumorbo ; voulant s'accréditer d'un grand nom, ils mirent à leur tête le général Giafferi. Le général Vaubois marcha à eux, les dispersa et fit prisonnier leur général. Il était âgé de quatre-vingt-dix ans et dominé par son confesseur. Il avait été élevé à Naples où il avait servi et était parvenu au grade de général major ; il jouissait depuis dix-huit ans de sa retraite et vivait tranquillement dans sa piève. Vaubois le fit traduire à une commission militaire qui le condamna à mort ; il fut fusillé. Cette catastrophe fit couler les larmes de tous les Corses ; c'était le fils du fameux Giafferi qui, pendant trente ans, les avait commandés dans la guerre de l'indépendance. Son nom était éminemment national. C'eût été le cas de considérer ce vieillard comme en enfance et de se contenter de faire tomber la vindicte nationale sur le moine hypocrite qui le dirigeait[1].

1. Le *Précis* a été reproduit par M. Kermoysan dans son *Napoléon* (Didot, édit. 1853) et par le bibliophile Jacob (*Œuvres de Napoléon*, Delloye, éditeur, 1840.)

De tous les ouvrages de Napoléon, c'est l'*Histoire de la Corse* qui a eu le plus de vicissitudes. A l'origine, le jeune auteur comptait la dédier à l'abbé Raynal ; mais il changea d'idée par suite de l'agencement trop inexpérimenté de l'œuvre. En juillet 1789, Bonaparte était en correspondance avec le père Dupuy, ancien sous-principal du collège de Brienne. Sur les conseils de son vieux maître, il refondit complètement son *Histoire*. Plus tard, projet de dédicace à l'archevêque de Sens, M. de Marbeuf, frère du gouverneur de la Corse.

La mort de ce prélat le décida à dédier son œuvre à Paoli. Mais les événements se précipitèrent. Paoli s'était jeté dans les bras des Anglais, à la grande indignation de Bonaparte. Le travail en resta là. Nous ne pouvons juger de cette œuvre que par le *Précis* et les *Lettres* publiées plus haut.

On croit que l'une des copies de l'*Histoire de Corse*, copie ayant appartenu à Lucien Bonaparte, se trouve actuellement à Londres. On la dit annotée et corrigée par Napoléon, avec indication en marge des sources où il a puisé. Ce qu'il y a de sûr, c'est que, en mai 1887, une autre copie autographe a été vendue à l'Hôtel Drouot. La *Petite République française*, du samedi 24 mai, dit à ce sujet :

« On vient de vendre à l'Hôtel Drouot, au milieu d'une cu
» rieuse collection d'autographes, une pièce réellement précieuse ;
» c'est un manuscrit autographe de Napoléon Ier, huit pages
» pleines in-folio à deux colonnes, couvertes d'une écriture fine
» et serrée. Ce manuscrit contient un passage d'une *Histoire de*
» *la Corse* que Napoléon Ier écrivit en 1790, à Ajaccio.

« Une des copies de cette *Histoire* fut adressée à l'abbé Ray
» nal, lequel, émerveillé, la montra à Mirabeau. Le grand tri
» bun jugea que « ce manuscrit lui semblait annoncer un génie
» de premier ordre ». Malheureusement, les deux copies de
» cette *Histoire* furent perdues et il ne reste que le fragment
» de l'original qui s'est vendu hier 5,500 francs, après avoir
» été vivement poussé. L'acquéreur est un Anglais. »

Il ne faut donc pas désespérer, d'après ces indications, de découvrir un jour le manuscrit complet de cette œuvre historique.

QUATRIÈME PARTIE

PAMPHLETS ET POLÉMIQUE

1. Lettre à Matteo Buttafuoco.
2. Le Souper de Beaucaire.
3. Articles de Journaux.

I

Lettre de M. Buonaparte à M. Matteo Buttafuoco[1], député de la Corse à l'Assemblée nationale.

Monsieur [2],

Depuis Bonifacio au cap Corse, depuis Ajaccio à Bastia, ce n'est qu'un chorus d'imprécations contre vous. Vos amis se cachent, vos parents vous désa-

1. Matteo Buttafuoco, né à Vascovato (Corse), chevalier des ordres du roi en 1762, aide-major au régiment Royal-Italien infanterie, colonel, puis maréchal de camp, député de la Corse à l'Assemblée nationale. Mort à Bastia en 1806. Il avait demandé que la Corse fût exceptée de la Constitution votée par l'Assemblée.
2. Écrite en Corse en janvier 1790; publiée pour la première fois en 1791, chez François-Xavier Joly, imprimeur à Dôle. En 1803, l'autographe de cet écrit célèbre appartenait à l'abbé Sautet, de Besançon. La *Lettre à Buttafuoco* a été reproduite : en 1827, au tome Ier du recueil de la *Librairie ancienne* ; — en 1840, dans le *Napoléon* de P. Lacroix, bibliophile Jacob, (Delloye, éditeur); — en 1843, dans les *Œuvres choisies* de Napoléon, préface de A. Pujol (Charpentier, éditeur) ; — enfin, en 1879, au tome Ier de *Bonaparte et son temps*, le livre le plus pas-

vouent, et le sage lui-même, qui ne se laisse jamais
maîtriser par l'opinion populaire, est entraîné cette
fois par l'effervescence générale.

Qu'avez-vous donc fait ? Quels sont donc les dé-

sionné qu'on ait écrit contre Napoléon, et qui est dû à la
plume de M. le général Iung.

Stendhal raconte dans sa remarquable *Vie de Napoléon* que,
au moment de l'impression de sa *Lettre*, Bonaparte, alors simple lieutenant en garnison à Auxonne, revoyait lui-même les
dernières épreuves : « Il partait d'Auxonne à quatre heures du
matin, arrivait à pied à Dôle ; après avoir vu les épreuves,
il prenait chez M. Joly un déjeuner extrêmement frugal, et rentrait avant midi à son régiment, après avoir fait huit lieues. »
L'ouvrage, tiré à 100 exemplaires qu'on fit passer en Corse,
porta un coup terrible à la popularité de l'ancien agent du duc
de Choiseul, de l'instigateur du fameux traité de Versailles, 15
mai 1768, qui cédait la Corse à la France.

En novembre 1790, le club patriotique d'Ajaccio décida que
Buttafuoco serait appelé l'*Infâme* ; et le président du club, M.
Masséria, ami du général Paoli, envoya au jeune Bonaparte la
lettre suivante :

« Monsieur, le club patriotique ayant pris connaissance de
l'écrit où vous dévoilez avec autant de finesse que de force et
de vérité, les menées obscures de l'infâme Buttafuoco, en a
voté l'impression. Il m'a chargé, par une déclaration dont je
vous envoie copie, de vous prier d'y donner votre assentiment :
il juge l'impression de cet écrit utile au bien public. C'est une
raison qui ne vous permet point d'excuse. »

Le procès-verbal de la délibération était rédigé comme suit :

« Le club patriotique, profondément indigné de la conduite
criminelle et scandaleuse, de l'impudence sans exemple, de
la calomnie la plus atroce, que ce député de la défunte noblesse a osé afficher, même dans la tribune de l'Assemblée
nationale ; considérant que journellement dans les brochures,
il ne cesse de déchirer son pays et tout ce qu'il y a de plus
précieux, a arrêté que désormais il ne serait plus appelé que
l'infâme Buttafuoco . »

lits qui peuvent justifier une indignation si universelle, un abandon si complet? C'est, Monsieur, ce que je me plais à rechercher en m'éclairant de vos lumières.

L'histoire de votre vie, depuis au moins que vous vous êtes lancé sur le théâtre des affaires, est connue. Ses principaux traits en sont tracés ici en (lettres) caractères de sang. Cependant, il est des détails plus ignorés : je pourrais alors me tromper ; mais je compte sur votre indulgence et espère dans vos renseignements.

Entré au service de France, vous revîntes voir vos parents ; vous trouvâtes les tyrans battus, le gouvernement national établi, et les Corses maîtrisés par les grands sentiments, concourant à l'envi, par des sacrifices journaliers, à la prospérité de la chose publique. Vous ne vous laissâtes pas séduire par la fermentation générale, bien loin de là, vous ne vîtes qu'avec pitié ce bavardage de patrie, de liberté, d'indépendance, de constitution, dont on avait boursouflé jusqu'à nos derniers paysans. Une profonde méditation vous avait dès lors appris à apprécier ces sentiments factices qui ne se soutiennent qu'au détriment commun. Dans le fait, le paysan doit travailler et non pas faire le héros, si l'on veut qu'il ne meure pas de faim, qu'il élève sa famille, qu'il respecte l'autorité.

Quant aux personnes appelées par leur rang et

leur fortune au commandement, il n'est pas possible qu'elles soient longtemps assez dupées pour sacrifier à une chimère leurs commodités, leur considération, et qu'elles s'abaissent à courtiser un savetier, pour finale, de faire les Brutus. Cependant, comme il entrait dans vos projets de captiver Paoli, vous dûtes dissimuler ; M. Paoli était le centre de tous les mouvements du corps politique. Nous ne lui refuserons pas du talent, même un certain génie ; il avait en peu de temps mis les affaires de l'île dans un bon système ; il avait fondé une Université, où, la première fois peut-être depuis la création, l'on enseignait dans nos montagnes les sciences utiles au développement de notre raison. Il avait établi une fonderie, des moulins à poudre, des fortifications, qui augmentaient les moyens de défense; il avait des ports qui, encourageant le commerce, perfectionnaient l'agriculture ; il avait créé une marine qui protégeait nos communications, en nuisant extrêmement aux ennemis. Tous ces établissements dans leur naissance n'étaient que le présage de ce qu'il eût fait un jour. L'union, la paix, la liberté étaient les avant-coureurs de la prospérité nationale, si toutefois un gouvernement mal organisé, fondé sur de fausses bases, n'eût été un présage encore plus certain des malheurs, de l'anéantissement total où tout serait tombé.

Le rêve de Paoli était de faire le Solon ; mais il

avait mal copié son original. Il avait tout mis entre les mains du peuple ou de ses représentants, de sorte que l'on ne pouvait exister qu'en lui plaisant. Étrange erreur! qui soumet à un brutal, à un mercenaire, l'homme qui, par son éducation, l'illustration de sa naissance, sa fortune, est seul fait pour gouverner. A la longue, un bouleversement de raison si palpable ne peut manquer d'entraîner la ruine et la dissolution du corps politique, après l'avoir tourmenté par tous les genres de maux. Vous réussîtes à souhait. M. Paoli, sans cesse entouré d'enthousiastes ou de têtes exaltées, ne s'imagina pas que l'on pût avoir une autre passion que le fanatisme de la liberté et de l'indépendance. Vous trouvant de certaines connaissances de la France, il ne daigna pas observer, de plus près que vos paroles, les principes de votre morale.

Il vous fit nommer pour traiter à Versailles de l'accommodement qui s'entamait sous la médiation de ce cabinet. M. de Choiseul vous vit et vous connut : les âmes d'une certaine trempe sont d'abord appréciées. Bientôt, au lieu du représentant d'un peuple libre, vous vous transformâtes en commis d'un satrape : vous lui communiquâtes les instructions, les projets, les secrets du cabinet de Corté.

Cette conduite, qu'ici l'on trouve basse et atroce, me paraît à moi toute simple ; mais c'est qu'en toutes espèces d'affaires, il s'agit de s'entendre et de raisonner avec sang-froid.

La prude juge la coquette et en est persiflée ; c'est en peu de mots votre histoire. L'homme à principes vous juge au pire, mais vous ne croyez pas l'homme à principes. Le vulgaire toujours séduit par de vertueux démagogues, ne peut être apprécié par vous, qui ne croyez pas à la vertu. Il n'est permis de vous condamner que par vos principes, comme un criminel par les lois ; mais ceux qui en connaissent le raffinement ne trouvent dans votre conduite rien que de très simple. Cela revient donc à ce que nous avons dit que, dans toute espèce d'affaire il faut d'abord s'entendre, et puis raisonner avec flegme. Vous avez d'ailleurs par devers vous une sous-défense non moins victorieuse, car vous n'aspirez pas à la réputation de Caton ou de Catinat : il vous suffit d'être comme un certain monde, et dans ce certain monde, il est convenu que celui qui peut avoir de l'argent et qui n'en profite pas, est un nigaud ; car l'argent procure tous les plaisirs des sens, et les plaisirs des sens sont les seuls estimables. Or, M. de Choiseul, qui était très libéral, ne vous permettait pas de lui résister, lorsque surtout votre ridicule patrie vous payait de vos services, selon sa plaisante coutume, par l'honneur de la servir.

Le traité de Compiègne conclu, M. de Chauvelin et vingt-quatre bataillons débarquèrent sur nos bords. M. de Choiseul, à qui la célérité de l'expédition importait *majeurement* avait des inquiétudes que, dans ses épanchements, il ne pouvait vous dissimuler. Vous lui suggérâtes de vous y envoyer avec quelques millions. Comme Philippe prenait les villes avec sa mule, vous lui promîtes de tout soumettre sans obstacle.... Aussitôt dit, aussitôt fait, et vous voici, repassant la mer, jetant le masque, l'or et le brevet à la main, entamant des négociations avec ceux que vous jugeâtes les plus faciles.

N'imaginant pas qu'un Corse pût se préférer à la patrie, le cabinet corse vous avait chargé de ses intérêts. N'imaginant pas, de votre côté, qu'un homme pût ne pas préférer l'argent et soi à la patrie, vous vous vendîtes et espérâtes les acheter tous. Moraliste profond, vous saviez ce que le fanatisme de chacun valait; quelques livres d'or de plus ou de moins nuançant à vos yeux la disparité des caractères.

Vous vous trompâtes, cependant : le faible fut bien ébranlé, mais fut épouvanté par l'horrible idée de déchirer le sein de la patrie. Il s'imagina voir le père, le frère, l'ami, qui périt en la défendant, lever la tête de la pierre sépulcrale, pour l'accabler de malédiction. Ces ridicules préjugés furent assez puissants pour vous arrêter dans votre course ; vous gémîtes d'avoir affaire à un peuple enfant. Mais, Monsieur, ce raffinement de sentiments n'est pas donné à la multitude ; aussi vit-elle dans la pauvreté et la misère, tandis que l'homme bien appris, pour peu que les circonstances le favorisent, sait bien vite s'élever. C'est à peu près la morale de votre histoire.

En rendant compte des obstacles qui s'opposaient à la réalisation de vos promesses, vous proposâtes de faire venir le *régiment Royal-Corse*. Vous espériez que son exemple désabuserait nos trop bons et trop simples paysans ; les accoutumant à une chose où ils trouvaient tant de répugnance : vous fûtes encore trompé dans cette espérance. Les Rossi, Marengo et quelques autres fous, ne vont-ils pas enthousiasmer ce régiment, au point que les officiers réunis protestent, par un acte authentique, de renvoyer leurs brevets plutôt que de violer leurs serments ou des devoirs plus sacrés encore.

Vous vous trouvâtes réduit à votre seul exemple. Sans vous déconcerter, à la tête de quelques amis et d'un détachement français, vous vous jetâtes dans Vescovato ; mais le terrible Clément[1] vous en dénicha. Vous vous repliâtes sur Bastia avec vos compagnons d'aventure et leur famille. Cette petite affaire vous fit peu d'honneur ; votre maison et celles de vos associés furent brûlées. En lieu de sûreté, vous vous moquâtes de ces efforts impuissants.

L'on veut ici vous imputer à défi d'avoir voulu armer Royal-Corse contre ses frères. L'on veut également entacher votre courage du peu de résistance de

---

1. Clemente Paoli, frère du général Paoli.

Vescovato. Ces accusations sont très peu fondées ; car la première est une conséquence immédiate, c'est un moyen d'exécution de vos projets, et, comme nous avons prouvé que votre conduite était toute simple, il s'ensuit que cette inculpation incidente est détruite.

Quant au défaut du courage, je ne vois pas que l'action de Vescovato puisse l'arrêter ; vous n'allâtes pas là pour faire sérieusement la guerre, mais pour encourager, par votre exemple, ceux qui vacillaient dans le parti opposé. Et puis, quel droit avait-on d'exiger que vous eussiez risqué le fruit de deux ans de bonne conduite, pour vous faire tuer comme un soldat. Mais vous deviez être ému de voir votre maison et celles de vos amis en proie aux flammes. Bon Dieu ! quand sera-ce que les gens bornés cesseront de vouloir tout apprécier ? Laissant brûler votre maison, vous mettiez M. de Choiseul dans la nécessité de vous indemniser. L'expérience a prouvé la justesse de vos calculs, on vous remit bien au delà de l'évaluation des pertes. Il est vrai que l'on se plaint que vous gardâtes tout pour vous, ne donnant qu'une bagatelle aux misérables que vous aviez séduits.

Pour justifier si vous l'avez dû faire, il ne s'agit que de savoir si vous l'avez pu faire avec sûreté. Or, de pauvres gens, qui avaient si besoin de votre protection, n'étaient ni dans le cas de réclamer, ni même dans celui de reconnaître bien clairement le tort qu'on leur faisait. Ils ne pouvaient pas faire les mécontents, et se révolter contre votre autorité; en horreur à leurs compatriotes, leur retour n'eût pas été plus sincère. Il est donc bien naturel qu'ayant ainsi trouvé quelques millions d'écus, vous ne les ayez laissé échapper; c'eût été une duperie.

Les Français, battus malgré leur or, leurs brevets, la discipline de leurs nombreux bataillons, la légèreté de leurs escadrons, l'adresse de leurs artilleurs; défaits à la Penta, à Vescovato, à Loretto, à Saint-Nicolao, à Borgo, à Barbaggio, à Oletta, se retranchèrent excessivement découragés. L'hiver, le moment de leur repos, fut pour vous, Monsieur, celui du plus grand travail; et si vous ne pûtes triompher de l'obstination des préjugés profondément enracinés dans l'esprit du peuple, vous parvîntes à en séduire quelques chefs auxquels vous réussîtes, quoique avec peine, à inculquer les bons sentiments; ce qui, joint aux trente bataillons qu'au printemps suivant M. de Vaux conduisait avec lui, soumit la Corse au joug, obligea Paoli et les plus fanatiques à la retraite.

Une partie des patriotes étaient morts en défendant leur indépendance, l'autre avait fui une terre proscrite, désormais hideuse, nid des tyrans; mais, un grand nombre n'avait dû mourir ni fuir; ils furent l'objet des persécutions. Des âmes que l'on n'avait pu corrompre étaient d'une autre trempe.

L'on ne pouvait asseoir l'empire français que sur leur anéantissement absolu. Hélas! ce plan ne fut que trop ponctuellement exécuté. Les uns périrent victimes des crimes qu'on leur supposa ; les autres, trahis par l'hospitalité, par la confiance, expièrent sur l'échafaud les soupirs, les larmes surprises à leur dissimulation. Entassés en grand nombre par M. Narbonne-Fritzlar dans la tour de Toulon, empoisonnés par les aliments, torturés par les chaînes, accablés par les plus indignes traitements, ils ne vécurent quelque temps dans leurs soupirs que pour voir la mort s'avancer à pas lents... Dieu, témoin de leur innocence, comment ne te rendis-tu pas leur vengeur!

Au milieu de ce désastre général, au sein des cris et des gémissements de cet infortuné peuple, vous, cependant, commençâtes à jouir du fruit de vos peines : honneurs, dignités, pension, tout vous fut prodigué. Vos prospérités se seraient encore plus rapidement accrues, lorsque la Dubarry, culbutant M. de Choiseul, vous priva d'un protecteur, d'un appréciateur de vos services. Ce coup ne vous découragea pas : vous vous tournâtes du côté des bureaux; vous sentîtes seulement la nécessité d'être plus assidu.

Ils en furent flattés, vos services étaient si notoires!... Tout vous fut accordé. Non content de l'étang de Biguglia, vous demandâtes une partie des terres de plusieurs communautés. Pourquoi les vouliez-vous dépouiller, dit-on? Je demande, à mon tour, quels égards deviez-vous avoir pour une nation que vous saviez, vous, détester?

Votre projet favori était de partager l'île entre dix barons. Comment! Non content d'avoir aidé à forger les chaînes où votre patrie était retenue, vous vouliez encore l'assujettir à l'absurde régime féodal! mais je vous loue d'avoir fait aux Corses le plus de mal que vous pouviez; vous étiez dans un état de guerre avec eux, et, dans l'état de guerre, faire du mal pour son profit est un axiome.

Mais passons sur toutes ces misères-là; arrivons au moment actuel, et finissons une lettre qui, par son épouvantable longueur, ne peut manquer de vous fatiguer.

L'état des affaires de France présageait des événements extraordinaires. Vous en craignîtes le contrecoup en Corse. Le même délire dont nous étions possédés avant la guerre, à votre grand scandale, commença à *ématir* cet aimable peuple. Vous en comprîtes les conséquences; car, si les grands sentiments maîtrisaient l'opinion, vous ne deveniez plus qu'un traître au lieu d'un homme de bon sens. Pis encore, si les grands sentiments revenaient à agiter le sang de nos chauds compatriotes, si jamais un gouvernement national s'ensuivait, que deveniez-vous? Votre conscience alors commença à vous épouvanter. Inquiet, affligé, vous ne vous y abandonnâtes pas. Vous résolûtes de jouer le tout pour le tout, mais vous le fîtes en homme de tête. Vous vous mariâtes pour accroître vos appuis.

Un honnête homme qui avait, sur votre parole, donné sa sœur à votre neveu, se trouva abusé. Votre neveu, dont vous aviez englouti le patrimoine pour accroître un héritage qui devait être le sien, s'est trouvé réduit à la misère avec une nombreuse famille. Vos affaires domestiques arrangées, vous jetâtes un coup d'œil sur le pays. Vous le vîtes fumant du sang de ses martyrs, jonché de victimes multipliées, n'inspirer à chaque pas que des idées de vengeance.

Mais vous y vîtes l'atroce militaire, l'impertinent robin, l'avide publicain, y régner sans contradictions, et le Corse accablé sous ses triples chaînes, n'oser ni penser à ce qu'il fut, ni réfléchir sur ce qu'il pouvait être encore. Vous vous dîtes dans la joie de votre cœur : les choses vont bien, il ne s'agit que de les maintenir et aussitôt vous vous liguâtes avec le militaire, le robin et le publicain.

Il ne fut plus question que de s'occuper à avoir des députés qui fussent animés de ces sentiments ; car pour vous, vous ne pouviez pas soupçonner qu'une nation, votre ennemie, vous choisît pour la représenter. Mais vous dûtes changer d'opinion, lorsque les lettres de convocation, par une absurdité peut-être faite à dessein, déterminèrent que le député de la noblesse serait nommé dans une assemblée composée seulement de vingt-deux personnes : il ne s'agissait que d'obtenir douze suffrages. Vos coassociés du conseil supérieur travaillèrent avec activité : menaces, promesses, caresses, argent, tout fut mis en jeu. Vous réussîtes. Les vôtres ne furent pas si heureux dans les communes : le premier président échoua, et deux hommes, exaltés dans leurs idées, l'un fils, frère, neveu des plus zélés défenseurs de la cause commune, l'autre avait vu Sionville et Narbonne ; en gémissant sur son impuissance, son esprit était plein des horreurs qu'il avait vu commettre. Ces deux hommes furent proclamés, et rencontrèrent le vœu de la nation dont ils devinrent l'espoir. Le dépit secret, la rage que votre nomination fit dévorer à tous, fait l'éloge de vos manœuvres et du crédit de votre ligue.

Arrivé à Versailles, vous fûtes zélé royaliste. Arrivé à Paris, vous dûtes voir avec un sensible chagrin que le gouvernement, que l'on voulait organiser sur tant de débris, était le même que celui que l'on avait noyé, chez nous, dans tant de sang.

Les efforts des méchants furent impuissants ; la nouvelle constitution, admirée de l'Europe et devenue la sollicitude de tout être pensant, il ne vous restait plus qu'une ressource, ce fut de faire croire qu'elle ne convenait pas à notre île quand elle était exactement la même que celle qui opéra de si bons effets et qu'il fallut tant de sang pour nous l'arracher.

Tous les délégués de l'ancienne administration, qui entraient naturellement dans votre cabale, vous servirent avec toute la chaleur de l'intérêt personnel ; l'on dressa des mémoires, où l'on prétendit prouver l'avantage dont était pour nous le gouvernement actuel et où l'on établissait que tout changement contrarierait le vœu de la nation. Dans ce même temps, la ville d'Ajaccio eut indice de ce qui se tramait ; elle leva le front, forma sa garde nationale, organisa son comité. Cet incident inattendu vous alarma ; la fermentation se communiquait partout. Vous persuadâtes aux ministres, sur qui vous aviez pris de l'ascendant pour les affaires de Corse, qu'il était imminent d'y envoyer votre beau-père, M. Gaffori, avec un commandement ; et voici M. Gaffori, digne précurseur de M. Narbonne, qui prétend, à la tête de ses troupes, maintenir par la force la tyrannie que feu son père, de glorieuse mémoire, avait combattue et confondue par son génie.

Des bévues sans nombre ne permirent pas de dissimuler la médiocrité des talents de votre beau-père ; il n'avait que l'art de se faire des ennemis. L'on se ralliait de tous côtés contre lui. Dans ce pressant danger, vous levâtes vos regards et vîtes Narbonne ! Narbonne, mettant à profit un moment de faveur, avait projeté de fixer dans une île, qu'il avait dévastée par des cruautés inouïes, le despotisme qui le rongeait. Vous vous concertâtes : le projet est arrêté ; cinq mille hommes ont reçu les ordres ; les brevets, pour accroître d'un bataillon le régiment provincial, sont expédiés ; Narbonne est parti. Cette pauvre nation sans armes, sans courage, est livrée, sans espoir et sans ressources, aux mains de celui qui en fut le bourreau.

O infortunés compatriotes ! De quelle trame odieuse alliez-vous être victimes ! Vous vous en seriez aperçus lorsqu'ils n'eût plus été temps. Quel moyen de résister, sans armes, à dix mille hommes ? Vous eussiez vous-mêmes signé l'acte de votre avilissement ; l'espoir se serait enfui, l'espérance se serait éteinte, et des jours de malheurs se seraient succédé sans interruption.

La France, libre, vous eût regardés avec mépris ; l'Italie affligée, avec indignation ; et l'Europe, étonnée de ce degré d'avilissement, eût effacé de ses annales les traits qui font honneur à votre vertu.

Mais vos députés des communes pénétrèrent le projet et vous avertirent à temps. Un roi, qui ne désira jamais que le bonheur de ses peuples, éclairé par M. La Fayette, ce constant ami de la liberté, sut dissiper les intrigues d'un ministre perfide, que la vengeance poussait toujours à vous nuire. Ajaccio montra de la résolution dans son adresse, où était peint avec tant d'énergie l'état misérable auquel vous avait réduit le plus agressif des gouvernements. Bastia, engourdie jusqu'alors, se réveilla au bruit du danger et prit les armes avec cette résolution qui l'a toujours distinguée. Arena vint de Paris en Balagne, plein de ces sentiments qui portent à tout entreprendre, à ne craindre aucun danger. Les armes d'une main, les décrets de l'Assemblée nationale de l'autre, il fit pâlir les ennemis publics. Achille Murati, le conquérant de Capraja, qui porta la désolation jusque dans Gênes, à qui il ne manqua, pour être un Turenne, que des circonstances et un théâtre plus vaste, fit ressouvenir aux compagnons de sa gloire qu'il était temps d'en acquérir encore ; que la patrie en danger avait besoin non d'intrigues, où il ne s'entendit jamais, mais du fer et du feu.

Au bruit d'une secousse si générale, Gaffori rentra dans le néant, d'où, mal à propos, l'intrigue l'avait fait sortir, il trembla dans la forteresse de Corté. Narbonne, de Lyon, courut ensevelir dans Rome sa honte et ses projets infernaux. Peu de jours après, la Corse est annexée à la France, Paoli rappelé, et, dans un instant, la perspective change et vous offre une carrière que vous n'eussiez jamais osé espérer.

Pardonnez, Monsieur, pardonnez. J'ai pris la plume pour vous défendre ; mais mon cœur s'est violemment révolté contre un système si suivi de trahison et de perfidie. Eh quoi ! fils de cette même patrie, ne sentîtes-vous jamais rien pour elle ? Eh quoi ! votre cœur fut-il donc sans mouvement, à la vue

des rochers, des arbres, des maisons, des sites, théâtre des jeux de votre enfance ! Arrivé au monde, elle vous porta sur son sein, elle vous nourrit de ses fruits. Arrivé à l'âge de raison, elle mit en vous son espoir, elle vous honora de sa confiance, elle vous dit : « Vous voyez l'état de misère où m'a ré-
» duite l'injustice des hommes ; concentrée dans
» ma chaleur, je reprends des forces qui me per-
» mettent un prompt et infaillible rétablissement,
» mais l'on me menace encore ? Volez, mon fils,
» volez à Versailles, éclairez le grand roi, dissipez
» ses soupçons ; demandez-lui son amitié. »

Eh bien ! un peu d'or vous fit trahir sa confiance, et bientôt, pour un peu d'or, l'on vous vit, le fer parricide à la main, entre-déchirer ses entrailles. Ah ! Monsieur, je suis loin de vous désirer du mal, mais craignez..... il est des remords vengeurs ! Vos compatriotes, à qui vous êtes en horreur, éclaireront la France.

Les biens, les pensions, fruits de vos trahisons, vous seront ôtés. Dans la décrépitude de la vieillesse et de la misère, dans l'affreuse solitude du crime, vous vivrez assez longtemps pour être tourmenté par votre conscience.

Le père vous montrera à son fils, le précepteur à son élève, en leur disant : « Jeunes gens, apprenez
» à respecter la patrie, la vertu, la foi, l'humanité. »

Et vous, de qui l'on prostitua la jeunesse, les

grâces et l'innocence, votre cœur pur et chaste palpite donc sous une main criminelle ? Femme respectable et infortunée ! Dans ces moments que la nature commande à l'amour, lorsqu'arrachés aux chimères de la vie, des plaisirs sans mélange se succèdent rapidement ; lorsque l'âme agrandie par le feu du sentiment, ne jouit que de faire jouir, ne sent que de faire sentir ; vous pressez contre votre cœur, vous vous identifiez à l'homme froid, à l'égoïste qui ne se démentit jamais, et qui, dans le cours de soixante ans, ne connut que les calculs de son intérêt, l'instinct de la destruction, l'oisiveté la plus infâme, les plaisirs, les vils plaisirs des sens !

Bientôt la cohue des honneurs, les lambris de l'opulence vont disparaître ; le mépris des hommes vous accablera. Chercherez-vous dans le sein de celui qui en est l'auteur une consolation indispensable à votre âme douce et aimante ? Chercherez-vous sur ses yeux des larmes pour mélanger aux vôtres ? Votre main défaillante, placée sur son sein, cherchera-t-elle à se retracer l'agitation du vôtre ? Hélas ! si vous lui surprenez des larmes, ce seront celles du remords. Si son sein s'agite, ce sera des convulsions du méchant qui meurt en abhorrant la nature, lui et la main qui le guide.

O Lameth ! ô Robespierre ! ô Pétion ! ô Volney ! ô Mirabeau ! ô Barnave ! ô Bailly ! ô La Fayette ! Voilà l'homme qui ose s'asseoir à côté de vous ! tout dégouttant du sang de ses frères, souillé par des crimes de toute espèce, il se présente avec confiance sous une veste de général, inique récompense de ses forfaits ! Il ose se dire représentant de la nation, lui qui la vendit, et vous le souffrez ! Il ose lever les yeux, prêter les oreilles à vos discours, et vous le souffrez ! Si c'est la voix du peuple, il n'eut jamais que celle de douze nobles. Si c'est la voix du peuple, Ajaccio, Bastia et la plupart des cantons ont fait à son effigie ce qu'ils eussent voulu faire à sa personne.

Mais vous, que l'erreur du moment, peut-être les abus de l'instant portent à vous opposer aux nouveaux changements, pouvez-vous souffrir un traître ; celui qui, sous l'extérieur froid d'un homme sensé, renferme, cache une avidité de valet ? Je ne saurais l'imaginer. Vous serez les premiers à le chasser ignominieusement dès que l'on vous aura instruits du tissu d'horreurs dont il a été l'artisan.

J'ai l'honneur d'être, Monsieur, votre très humble et très obéissant serviteur.

BUONAPARTE.

De mon cabinet de Milelli, le 23 janvier 1790.

II

LE SOUPER DE BEAUCAIRE.[1]

Je me trouvais à Beaucaire le dernier jour de la foire ; le hasard me fit avoir pour convives à souper deux négociants marseillais, un Nîmois et un fabricant de Montpellier.

---

1. Cette œuvre étrange, le plus célèbre, mais peut-être le moins connu, quoique souvent cité, des écrits de Napoléon Bonaparte, fut composée en juillet 1793 et publiée pour la première fois, au mois d'août suivant, chez Sabin Tournal, à Avignon. Tournal rédigeait le *Courrier d'Avignon*. Grâce à l'amitié du représentant Robespierre jeune pour le capitaine Bonaparte, la publication eut lieu aux frais du trésor public. Les exemplaires de cette édition originale atteignent des prix excessivement élevés dans les ventes publiques. L'œuvre est anonyme.

La 2ᵉ édition du *Souper de Beaucaire* parut à Paris, en 1821, chez l'imprimeur Brasseur aîné (brochure de deux feuilles in-8°.) Cette nouvelle édition était précédée d'une introduction par Frédéric Royou ; nous la reproduisons ici parce qu'elle forme un commentaire intéressant au *Souper* :

« Le 26 juillet 1793, le général Carteaux, qui commandait en chef l'armée du Midi, marcha sur Avignon, et ayant attaqué

Après plusieurs moments employés à nous reconnaître, l'on sut que je venais d'Avignon, et que j'étais militaire. Les esprits de mes convives, qui avaient été toute la semaine fixés sur le cours du négoce qui accroît les fortunes, l'étaient dans ce moment sur l'issue des événements présents, d'où en dépend la conservation ; ils cherchaient à connaître mon opinion, pour, en la comparant à la leur, pouvoir se rectifier et acquérir des probabilités sur l'avenir, qui nous affectait différemment; les Marseillais surtout paraissaient être moins pétulants ; l'évacuation d'Avignon leur avait appris à douter de tout. Il ne leur restait qu'une grande sollicitude sur leur sort. La confiance nous eut bientôt rendus babillards et nous commençâmes un entretien à peu près en ces termes :

---

les portes de cette ville, fut repoussé par les Marseillais qui l'occupaient et qui avaient du canon de douze, de seize et de trente-six, tandis que sa propre artillerie ne consistait qu'en deux pièces de huit et quelques-unes de quatre. Pendant qu'il se mettait en retraite, les canons des Marseillais qui étaient placés au château d'Avignon, lequel est situé sur un rocher, cessèrent leur feu, et Carteaux ne savait à quoi attribuer ce silence, lorsqu'on vint l'avertir sur le soir que les Marseillais évacuaient eux-mêmes la ville et se retiraient sur Aix.

» Il apprit bientôt la cause de cette retraite inattendue. Une colonne de l'armée de Carteaux, ayant suivi la ligne droite du Rhône, était entrée sans résistance à Villeneuve, séparé d'Avignon seulement par le fleuve. Le lieutenant qui commandait l'artillerie de la colonne (Bonaparte) fit placer ses deux pièces de quatre de façon à découvrir la plate-forme du rocher d'A-

LE NIMOIS.

L'armée de Carteaux est-elle forte ? L'on dit qu'elle a perdu bien du monde à l'attaque ; mais s'il est vrai qu'elle a été repoussée, pourquoi les Marseillais ont-ils évacué Avignon ?

LE MILITAIRE.

L'armée était forte de quatre mille hommes lorsqu'elle a attaqué Avignon, elle est aujourd'hui à six mille hommes, elle sera avant quatre jours à dix mille hommes.

vignon ; il les pointa lui-même, démonta du premier coup une pièce aux Marseillais et leur tua ou blessa deux canonniers du second. Cela seul servit de prétexte aux artilleurs d'Aix et de Marseille, qui désapprouvaient les horreurs commises dans la réaction à laquelle ils avaient pris part, pour déclarer qu'ils ne pouvaient ni ne voulaient lutter contre l'artillerie de la Convention, et que puisque le département du Gard se déclarait contre eux, ils s'exposaient à être fusillés en tenant plus longtemps. Cette résolution prise entraîna la retraite des Marseillais.

» Ce fut là le premier fait d'armes de Napoléon Bonaparte.

» Le 28 et le 29 juillet, les représentants du peuple en mission auprès de Carteaux firent successivement occuper Tarascon et Beaucaire par un détachement dont Bonaparte commanda l'artillerie. Le 29, Bonaparte soupant à Beaucaire avec des négociants de Montpellier, de Nîmes et de Marseille, il s'éleva entre eux une discussion sur la situation politique de la France ; cette discussion donna naissance au *Souper de Beaucaire*. »

A part le grade de lieutenant donné à Bonaparte (il était capitaine au 4e régiment d'artillerie depuis le 6 février 1792) tout est exact dans cette introduction.

Le Souper de Beaucaire a été reproduit : en 1821, dans les *Œuvres de Napoléon* de l'éditeur Pankouke (4 vol. in-8º); — en 1840, par le bibliophile Jacob ; — en 1879, par M. Iung, au tome 2e de *Bonaparte et son temps*. (Charpentier.)

Elle a perdu cinq hommes et onze blessés ; elle n'a point été repoussée, puisqu'elle n'a fait aucune attaque en forme : elle a voltigé autour de la place, a cherché à forcer les portes en y attachant des pétards ; elle a tiré quelques coups de canon pour essayer la contenance de la garnison ; elle a dû ensuite se retirer dans son camp pour combiner son attaque pour la nuit suivante.

Les Marseillais étaient trois mille hommes ; ils avaient une artillerie plus nombreuse et de plus fort calibre, et cependant ils ont été contraints à repasser la Durance. Cela vous étonne beaucoup ; *mais c'est qu'il n'appartient qu'à des vieilles troupes de résister aux incertitudes d'un siège.*

Nous étions maîtres du Rhône, de Villeneuve et de la campagne ; nous eussions intercepté toutes les communications. Ils ont dû évacuer la ville.

La cavalerie les a poursuivis dans leur retraite ; ils ont eu beaucoup de prisonniers et ont perdu deux pièces de canon.

LE MARSEILLAIS.

Ce n'est pas là la relation qu'on nous a donnée ; je ne veux pas vous la contester, puisque vous étiez présent ; mais avouez que cela ne nous conduira à rien.

Notre armée est à Aix, trois bons généraux sont venus remplacer les premiers ; l'on lève à Marseille de nouveaux bataillons, nous avons un nouveau train d'artillerie, plusieurs pièces de vingt-quatre ; sous peu de jours nous serons dans le cas de reprendre Avignon, ou du moins nous resterons maîtres de la Durance.

LE MILITAIRE.

Voilà ce que l'on vous dit pour vous entraîner dans le précipice qui s'approfondit à chaque instant, et qui peut-être engloutira la plus belle ville de France, celle qui a le plus mérité des patriotes ; mais l'on vous a dit aussi que vous traverseriez la France, que vous donneriez le ton à la République, et vos premiers pas ont été des échecs. L'on vous a dit qu'Avignon pouvait résister longtemps à vingt mille hommes, et une seule colonne de l'armée, sans artillerie de siège, dans vingt-quatre heures, en a été maîtresse ; l'on vous a dit que le Midi était levé, et vous vous êtes trouvés seuls ; l'on vous a dit que la cavalerie nîmoise allait écraser les Allobroges, et ceux-ci étaient déjà au Saint-Esprit et à Villeneuve ; l'on vous a dit que quatre mille Lyonnais négociaient leur accommodement.

Reconnaissez donc que l'on vous trompe, concevez l'impéritie de vos meneurs, et méfiez-vous de leurs calculs.

Le plus dangereux conseiller, c'est l'amour-propre : vous êtes naturellement vifs, l'on vous conduit à votre perte par le même moyen qui a ruiné tant de peuples, en exaltant votre vanité ; vous avez des richesses et une population considérables, l'on vous les exagère ; *vous avez rendu des services éclatants à la liberté. L'on vous les rappelle, sans faire attention que le génie de la République était avec vous alors, au lieu qu'il vous a abandonnés aujourd'hui.*

Votre armée, dites-vous, est à Aix avec un grand train d'artillerie et de bons généraux ; eh bien ! quoi qu'elle fasse, je vous assure qu'elle sera battue.

Vous aviez trois mille six cents hommes, une bonne moitié s'est dispersée ; Marseille et quelques réfugiés du département peuvent vous offrir quatre mille hommes : cela est beaucoup ; vous aurez donc cinq à six mille hommes sans ensemble, sans unité, sans être aguerris.

Vous avez de bons généraux ; je ne les connais pas ; je ne puis donc leur contester leur habileté ; mais ils seront absorbés par les détails, ne seront pas secondés par les subalternes, ils ne pourront rien faire qui soutienne la réputation qu'ils pourraient s'être acquise, car il leur faudrait deux mois pour organiser passablement leur armée, et dans quatre jours Carteaux sera au-delà de la Durance, et avec quels soldats !

Avec l'excellente troupe légère des Allobroges, le vieux régiment de Bourgogne, un bon régiment de cavalerie, le brave bataillon de la Côte-d'Or, qui a vu cent fois la victoire le précéder dans les combats, et six ou sept autres corps, tous de vieilles milices, encouragés par leurs succès, aux frontières et sur votre armée.

Vous avez des pièces de vingt-quatre et de dix-huit, et vous vous croyez inexpugnables, vous suivez l'opinion vulgaire ; mais les gens du métier vous diront, et une fatale expérience va vous le démontrer, que *des bonnes pièces de quatre et de huit font autant d'effet pour la guerre de campagne, et sont préférables sur bien des points de vue aux gros calibres.* Vous avez des canonniers de nouvelle levée, et vos adversaires ont des artilleurs des régiments de ligne, qui sont, dans leur art, les maîtres de l'Europe.

Que fera votre armée, si elle se concentre à Aix ? Elle est perdue : c'est un axiome dans l'art militaire, que *celui qui reste derrière ses retranchements est battu : l'expérience et la théorie sont d'accord sur ce point*, et les murailles d'Aix ne valent pas le plus mauvais retranchement de campagne, surtout si l'on fait attention à leur étendue, aux maisons qui les environnent extérieurement à la portée du pistolet. Soyez donc bien sûrs que ce parti, qui vous semble le meilleur, est le plus mauvais. Comment pouvez-vous d'ailleurs approvisionner la ville en si peu de temps de ce qu'elle aurait besoin ?

Votre armée ira-t-elle à la rencontre des ennemis ?

Mais elle n'a pas de cavalerie, mais elle est moins nombreuse, mais son artillerie est moins propre pour la campagne ; elle serait rompue, dès lors défaite sans ressources, car la cavalerie l'empêchera de se rallier.

Attendez-vous donc à voir la guerre dans le territoire de Marseille : un parti assez nombreux y tient pour la République, ce sera le moment de l'effort ; la jonction se fera ; et cette ville, le centre du commerce du Levant, l'entrepôt du midi de l'Europe, est perdue... Souvenez-vous de l'exemple récent de Lisle [1] et des lois barbares de la guerre.

Mais quel esprit de vertige s'est tout d'un coup emparé de votre peuple? quel aveuglement fatal le conduit à sa perte? comment peut-il prétendre résister à la République entière ? Quand il obligerait cette armée à se replier sur Avignon, peut-il douter que sous peu de jours de nouveaux combattants ne viennent remplacer les premiers. La République, qui donne la loi à l'Europe, la recevra-t-elle de Marseille?

Unis avec Bordeaux, Lyon, Montpellier, Nîmes, Grenoble, le Jura, l'Eure, le Calvados, vous avez entrepris une révolution, vous aviez une probabilité de succès, vos instigateurs pouvaient être mal intentionnés, mais vous étiez une masse imposante de

---

1. Lisle, petite ville à quatre lieues d'Avignon, ayant résisté à l'armée de Carteaux, fut emportée de vive force le 26 juillet.

forces ; au contraire, aujourd'hui Lyon, Nimes, Montpellier, Bordeaux, le Jura, l'Eure, Grenoble, Caen, ont reçu la Constitution, aujourd'hui qu'Avignon, Tarascon, Arles ont plié, avouez qu'il y a dans votre opiniâtreté de la folie ; c'est que vous êtes influencés par des personnes qui, n'ayant plus rien à ménager, vous entraînent dans leur ruine.

Votre armée sera composée de tout ce que vous avez de plus aisés, des riches de votre ville, car les sans-culottes pourraient trop facilement être tournés contre vous. Vous allez donc compromettre l'élite de votre jeunesse accoutumée à tenir la balance commerciale de la Méditerranée, et à vous enrichir par leur économie et leurs spéculations contre de vieux soldats, cent fois teints du sang du furibond aristocrate ou du féroce Prussien.

Laissez les pays pauvres se battre jusqu'à la dernière extrémité: l'habitant du Vivarais, des Cévennes, de la Corse, s'exposer sans crainte à l'issue d'un combat : s'il gagne, il a rempli son but; s'il perd il se trouve comme auparavant dans le cas de faire la paix et dans la même position... Mais vous !... perdez une bataille, et le fruit de mille ans de fatigues, de peines, d'économies, de bonheur, devient la proie du soldat.

Voilà cependant les risques que l'on vous fait courir avec autant d'inconsidération.

LE MARSEILLAIS.

Vous allez vite et vous m'effrayez ; je conviens avec

vous que la circonstance est critique, peut-être vraiment ne songe-t-on pas assez à la position où nous nous trouvons, mais avouez que nous avons encore des ressources immenses à vous opposer.

Vous m'avez persuadé que nous ne pouvions pas résister à Aix, votre observation du défaut de subsistances est peut-être sans réplique pour un siège de longue durée, mais pensez-vous que toute la Provence peut voir longtemps, de sang-froid, le blocus d'Aix; elle se lèvera spontanément, et votre armée, cernée de tous côtés, se trouvera heureuse de repasser la Durance.

LE MILITAIRE.

Que c'est mal connaître l'esprit des hommes et celui du moment. Partout il y a deux partis; dès le moment que vous serez assiégés le parti sectionnaire aura le dessous dans toutes les campagnes; l'exemple de Tarascon, de Saint-Remy d'Orgon, d'Arles, doit vous en convaincre: vingt dragons ont suffi pour rétablir les anciens administrateurs et mettre les autres en déroute. Désormais, tout grand mouvement en votre faveur est impossible dans votre département, il pouvait avoir lieu lorsque l'armée était au delà de la Durance et que vous étiez entiers... A Toulon, les esprits sont très divisés, et les sectionnaires n'y ont pas la même supériorité qu'à Marseille, il faut donc qu'ils restent dans leur ville, pour contenir leurs adversaires... Quant au département des

Basses-Alpes, vous savez que presque la totalité a accepté la Constitution.

LE MARSEILLAIS.

Nous attaquerons Carteaux dans nos montagnes où sa cavalerie ne lui sera d'aucun secours.

LE MILITAIRE.

Comme si une armée qui protège une ville était maîtresse du point d'attaque; d'ailleurs il est faux qu'il existe des montagnes assez difficiles auprès de Marseille pour rendre nul l'effet de la cavalerie ; seulement vos collines sont assez rapides pour rendre plus embarrassant le service de l'artillerie et donner un grand avantage à vos ennemis. Car, c'est *dans les pays coupés que par la vivacité des mouvements, l'exactitude du service et la justesse de l'évaluation des distances, le bon artilleur a la supériorité.*

LE MARSEILLAIS.

Vous nous croyez donc sans ressources: serait-il possible qu'il fût dans la destinée de cette ville qui résista aux Romains, conserva une partie de ses lois sous les despotes qui les ont suivis, qu'elle devînt la proie de quelques brigands ? Quoi! l'Allobroge, chargé des dépouilles de Lisle, ferait la loi dans Marseille ! Quoi ! Dubois de Crancé, Albitte seraient sans contradicteurs ! Ces hommes altérés de sang, que les malheurs des circonstances ont placés au timon des affaires, seraient les maîtres absolus ! Quelle triste perspective vous m'offrez. Nos propriétés, sous différents prétextes, seraient envahies ; à chaque instant nous serions victimes d'une soldatesque que le pillage réunit sous le même drapeau. Nos meilleurs citoyens seraient emprisonnés et périraient par le crime. Le club relèverait sa tête monstrueuse pour exécuter ses projets infernaux ! Rien de pis que cette horrible idée ; mieux vaut-il s'exposer à vaincre que d'être victime sans alternative.

LE MILITAIRE.

Voilà ce que c'est que la guerre civile, l'on se déchire, l'on s'abhorre, l'on se tue sans se connaître... Les Allobroges !... Que croyez-vous que ce soit ? Des Africains, des habitants de la Sibérie. Eh ! point du tout, ce sont vos compatriotes, des Provençaux, des Dauphinois, des Savoyards ; on les croit barbares parce que leur nom est étranger. Si l'on appelait notre phalange, la phalange phocéenne, l'on pourrait accréditer sur leur compte toute espèce de fable.

Il est vrai que vous m'avez rappelé un fait, c'est celui de Lisle, je ne le justifie pas, mais je l'explique.

Les Lislois ont tué le trompette qu'on leur avait envoyé, ils ont résisté sans espérance de succès, ils ont été pris d'assaut, le soldat, est entré au milieu du feu et des morts, il n'a plus été possible de le contenir, l'indignation a fait le reste. Ces soldats que vous appelez brigands, sont nos meilleures troupes et nos bataillons les plus diciplinés, leur réputation est au-dessus de la calomnie.

Dubois de Crancé et Albitte, constants amis du peuple, n'ont jamais dévié de la ligne droite... ils sont scélérats aux yeux des mauvais. Mais Condorcet, Brissot, Barbaroux, aussi étaient scélérats lorsqu'ils étaient purs ; *l'apanage des bons sera d'être toujours mal famés chez le méchant.* Il vous semble qu'ils ne gardent aucune mesure avec vous ; et au contraire, ils vous traitent en enfants égarés... Pensez-vous que, s'ils eussent voulu, Marseille eût retiré les marchandises qu'elle avait à Beaucaire? ils pouvaient les séquestrer jusqu'à l'issue de la guerre, ils ne l'ont pas voulu faire, et, grâce à eux, vous pouvez vous en retourner tranquillement chez vous.

Vous appelez Carteaux un assassin : eh bien ! sachez que ce général se donne les plus grandes sollicitudes pour l'ordre et la discipline, témoin sa conduite au Saint-Esprit et à Avignon. Il a fait emprisonner un sergent parce qu'il avait violé l'asile d'un citoyen qui recélait un soldat de votre armée : aux yeux du général, ce sergent était coupable d'être entré, sans ordre motivé, sur une réquisition, dans une maison particulière. L'on a puni des Avignonnais qui s'étaient permis de désigner une maison comme aristocrate. L'on instruit le procès d'un soldat qui est accusé de vol... Votre armée, au contraire, a tué, assassiné plus de trente personnes, a violé l'asile des familles, a rempli les prisons de citoyens, sous le prétexte vague qu'ils étaient des brigands.

Ne vous effrayez point de l'armée, elle estime Marseille, parce qu'elle sait qu'aucune ville n'a tant fait de sacrifices à la chose publique ; vous avez dix-huit mille hommes à la frontière et vous ne vous êtes point ménagés dans toutes les circonstances. Aussi secouez le joug du petit nombre d'aristocrates qui vous conduisent, reprenez des principes plus sains, et vous n'aurez pas joui de plus vrais amis qu'elle.

LE MARSEILLAIS.

Ah ! votre armée, elle a bien dégénéré de l'armée de 1789; celle-ci ne voulut pas prendre les armes contre la nation, la vôtre devrait imiter un si bel exemple et ne pas tourner ses armes contre les citoyens.

LE MILITAIRE.

Avec ces principes, la Vendée aurait aujourd'hui planté le drapeau blanc sur les murs de la Bastille relevée, et le camp de Jalès dominerait à Marseille.

LE MARSEILLAIS.

La Vendée veut un roi, la Vendée veut une contre-révolution déclarée ; la guerre de la Vendée, du camp de Jalès, est celle du fanatisme, du despotisme; la nôtre, au contraire, est celle des vrais républicains, amis des lois, de l'ordre, ennemis de l'anarchie et des scélérats. N'avons-nous pas le drapeau tricolore? quel intérêt aurions-nous à vouloir l'esclavage?

LE MILITAIRE.

Je sais bien que le peuple de Marseille est bien loin de celui de la Vendée, en fait de contre-révolution. Le peuple de la Vendée est robuste, sain, celui de Marseille est faible et malade, il a besoin de miel pour avaler la pilule; pour y établir la nouvelle doctrine, l'on a besoin de le tromper; mais depuis quatre ans de Révolution, après tant de trames, de complots, de conspirations, toute la perversité humaine s'est développée sous différents aspects, les hommes ont perfectionné leur tact naturel; cela est si vrai, que, malgré la coalition départementale, malgré l'habileté des chefs, le grand nombre de ressorts de tous les ennemis de la Révolution, le peuple partout s'est réveillé au moment où on le croyait ensorcelé.

Vous avez, dites-vous, le drapeau tricolore? Paoli aussi l'arbora en Corse, pour avoir le temps de tromper le peuple, d'écraser les vrais amis de la liberté, pour pouvoir entraîner ses compatriotes dans ses projets ambitieux et criminels; il arbora le drapeau tricolore, et il fit tirer contre les bâtiments de la République, et il fit chasser nos troupes des forteresses, et il désarma tous les détachements qu'il put surprendre, et il fit des rassemblements pour chasser la garnison de l'île, et il pilla les magasins, en vendant à bas prix tout ce qu'il y avait, afin d'avoir de l'argent pour soutenir sa révolte, et il ravagea et confisqua les biens des familles les plus aisées, parce qu'elles étaient attachées à l'unité de la République, et il se fit nommer généralissime, et il déclara ennemis de la patrie tous ceux qui resteraient dans nos armées ; il avait précédemment fait échouer l'expédition de Sardaigne. Et cependant, il avait l'impudeur de se dire ami de la France et bon républicain, et cependant il trompa la Convention qui rapporta son décret de destitution ; il fit si bien enfin, que lorsqu'il a été démasqué par ses propres lettres, trouvées à Calvi, il n'était plus temps, les flottes ennemies interceptaient toutes les communications.

Ce n'est plus aux paroles qu'il faut s'en tenir, il faut analyser les actions ; et avouez qu'en appréciant les vôtres, il est facile de vous démontrer contre-révolutionnaire.

Quel effet a produit dans la République le mouvement que vous avez fait? Vous l'avez conduite près de sa ruine ; vous avez retardé les opérations de nos armées ; je ne sais pas si vous êtes payés par l'Espagnol et l'Autrichien ; mais certes, ils ne pouvaient désirer de plus heureuses diversions : que feriez-vous de plus si vous l'étiez? Vos succès sont l'objet des sollicitudes de tous les aristocrates reconnus, vous avez placé à la tête de vos sections et de vos armées des aristocrates avoués, un Latourette, ci-devant colonel, un Sonis, ci-devant lieutenant-colonel du génie, qui ont abandonné leurs corps, au moment de la guerre, pour ne pas se battre pour la liberté du peuple.

Vos bataillons sont pleins de pareilles gens, et votre cause ne serait pas la leur, si elle était celle de la République.

LE MARSEILLAIS.

Mais, Brissot, Barbaroux, Condorcet, Buzot, Vergniaud, Guadet, etc., sont-ils aussi aristocrates? Qui a fondé la République? qui a renversé le tyran? qui a enfin soutenu la patrie à l'époque périlleuse de la dernière campagne?

LE MILITAIRE.

Je ne cherche pas si vraiment, ces hommes qui avaient bien mérité du pays dans tant d'occasions, ont conspiré contre lui : ce qu'il me suffit de savoir, c'est que la Montagne, par esprit public ou par esprit de parti, s'étant portée aux dernières extrémités contre eux, les ayant décrétés, emprisonnés, je veux même vous le passer, les ayant calomniés, les Brissotins étaient perdus, sans une guerre civile qui les mit dans le cas de faire la loi à leurs ennemis. C'est donc pour eux vraiment que votre guerre était utile.

S'ils avaient mérité leur réputation première, ils auraient jeté les armes à l'aspect de la Constitution, ils auraient sacrifié leur intérêt au bien public;

mais il est plus facile de citer Décius que de l'imiter ; ils se sont aujourd'hui rendus coupables du plus grand de tous les crimes, ils ont, par leur conduite, justifié leur décret... Le sang qu'ils ont fait répandre a effacé les vrais services qu'ils avaient rendus.

LE FABRICANT DE MONTPELLIER.

Vous avez envisagé la question sous le point de vue le plus favorable à ces Messieurs ; car il paraît prouvé que les Brissotins étaient vraiment coupables ; mais coupables ou non, nous ne sommes plus dans le siècle où l'on se battait pour les personnes.

L'Angleterre a versé des torrents de sang pour les familles de Lancastre et d'Yorck ; la France pour les Lorrains et les Bourbons. Serions-nous encore à ces temps de barbarie !!!

LE NÎMOIS.

Aussi avons-nous abandonné les Marseillais, dès que nous nous sommes aperçus qu'ils voulaient la contre-révolution, et qu'ils se battaient pour des querelles particulières. Le masque est tombé dès qu'ils ont refusé de publier la Constitution, nous avons alors pardonné quelques irrégularités à la Montagne. Nous avons oublié Rabaut et ses jérémiades, pour ne voir que la République naissante, environnée de la plus monstrueuse des coalitions qui menace de l'étouffer à son berceau, pour ne voir que la joie des aristocrates et l'Europe à vaincre.

LE MARSEILLAIS.

Vous nous avez lâchement abandonnés après nous avoir excités par vos députations éphémères.

LE NÎMOIS.

Nous étions de bonne foi, et vous aviez le renard sous les aisselles ; nous voulions la République, nous avons dû accepter une Constitution républicaine. Vous étiez mécontents de la Montagne et de la journée du 31 mai, vous deviez donc encore accepter la Constitution pour la renvoyer, et faire terminer sa mission.

LE MARSEILLAIS.

Nous voulons aussi la République, mais nous voulons que notre Constitution soit formée par des représentants libres dans leurs opérations ; nous voulons la liberté, mais nous voulons que ce soit des représentants que nous estimons qui nous la donnent ; nous ne voulons pas que notre Constitution protège le pillage et l'anarchie. Notre première condition est : point de club, point d'assemblées primaires si fréquentes, respect aux propriétés.

LE FABRICANT DE MONTPELLIER.

Il est palpable, pour qui veut réfléchir, qu'une partie de Marseille est contre-révolutionnaire ; l'on avoue vouloir la République, mais c'est un rideau que l'on rendait tous les jours plus transparent ; l'on vous accoutumait peu à peu à voir enfin la contre-révolution toute nue ; déjà le voile qui la couvrait n'était plus que de gaze ; votre peuple était bon, mais avec le temps on aurait perverti la masse, sans le génie de la Révolution qui veille sur elle.

Nos troupes ont bien mérité de la patrie pour avoir pris les armes contre vous avec autant d'énergie ; ils n'ont pas dû imiter l'armée de 1789, puisque vous n'êtes pas la nation. Le centre d'unité est la Convention, c'est le vrai souverain, surtout lorsque le peuple se trouve partagé.

Vous avez renversé toutes les lois, toutes les convenances ; de quel droit destituiez-vous votre département ? Etait-ce Marseille qui l'avait formé ?

De quel droit le bataillon de votre ville parcourait-il les districts ? De quel droit vos gardes nationales prétendaient-elles entrer dans Avignon ? Le district de cette ville était le premier corps constitué, puisque le département était dissous. De quel droit prétendiez-vous violer le territoire de la Drôme ? et pourquoi croyez-vous que ce département n'ait pas le droit de requérir la force publique pour le défendre ? Vous avez donc confondu tous les droits, vous avez établi l'anarchie, et puisque vous prétendez justifier vos opérations par le droit de la force, vous êtes donc des brigands, des anarchistes.

Vous avez établi un tribunal populaire. Marseille seule l'a nommé, il est contraire à toutes les lois, ce ne peut être qu'un tribunal de sang, puisque c'est le tribunal d'une faction ; vous avez soumis par la force à ce tribunal tout votre département. De quel droit ? Vous usurpez donc cette autorité, que vous reprochez injustement à Paris ?

Votre comité des sections a reconnu des affiliations. Voilà donc une coalition pareille à celle des clubs contre qui vous vous récriez ? Votre comité a exercé des actes d'administration sur des communes du Var ; voilà donc la division territoriale méconnue ?

Vous avez, à Avignon, emprisonné sans mandat, sans décret, sans réquisition, des corps administratifs ; vous avez violé l'asile des familles, méconnu la liberté individuelle ; vous avez, de sang-froid, assassiné sur les places publiques ; vous avez renouvelé les scènes dont vous exagérez l'horreur, et qui ont affligé l'origine de la Révolution, sans information, sans procès, sans connaître les victimes, seulement sur la désignation de leurs ennemis ; vous les avez prises, arrachées à leurs enfants, traînées dans les rues, et les avez fait périr sous les coups de sabre ; l'on a compté jusqu'à trente que vous avez ainsi sacrifiés ; vous avez traîné la statue de la liberté dans la boue ; vous l'avez exécutée publiquement ; elle a été l'objet des avanies de toute espèce d'une jeunesse effrénée ; vous l'avez lacérée à coups de sabre, vous ne sauriez le nier ; il était midi, plus de deux cents personnes des vôtres assistèrent à cette profanation criminelle ; le cortège a traversé plusieurs rues, est arrivé à la place de l'Horloge, est passé par la rue de l'Epicerie, etc., etc. J'arrête mes réflexions et mon indignation. Est-ce donc ainsi que vous voulez la République? Vous avez retardé la marche de nos armées, en arrêtant les convois ; comment pouvoir se refuser à l'évidence de tant de faits, et comment vous épargner le titre d'ennemis de la patrie?

LE MILITAIRE.

Il est de la dernière évidence que les Marseillais ont nui aux opérations de nos armées, et voulaient détruire la liberté ; mais ce n'est pas ce dont il s'agit ici ; la question est de savoir ce qu'ils pensent espérer, et quel parti il leur reste à prendre.

LE MARSEILLAIS.

Nous avons moins de ressources que je ne pensais, mais l'on est bien fort lorsque l'on est résolu à mourir, et nous le sommes plutôt que de reprendre le joug des hommes qui gouvernent l'Etat; vous savez qu'un homme qui se noie s'accroche à toutes les branches, ainsi plutôt que de nous laisser égorger, nous... Oui, nous avons tous pris part à cette nouvelle révolution, tous nous serions sacrifiés par la vengeance. Il y a deux mois que l'on avait conspiré d'égorger quatre mille de nos meilleurs citoyens ; jugez à quel excès on se porterait aujourd'hui... l'on se ressouviendra toujours de ce monstre qui était cependant un des principaux du club ; il fit lanterner un citoyen, il pilla sa maison et viola sa femme, après lui avoir fait boire un verre du sang de son mari...

LE MILITAIRE.

Quelle horreur ! mais ce fait est-il vrai ? je m'en méfie, car vous savez que l'on ne croit plus au viol aujourd'hui...

LE MARSEILLAIS.

Oui, plutôt que de nous soumettre à de pareilles gens, nous nous porterons à la dernière extrémité, nous nous donnerons aux ennemis, nous appellerons les Espagnols; il n'y a point de peuple dont le caractère soit moins compatible avec le nôtre, il n'y en a point de plus haïssable. Jugez donc, par le sacrifice que nous ferons, de la méchanceté des hommes que nous craignons.

LE MILITAIRE.

Vous donner aux Espagnols !!... Nous ne vous en donnerons pas le temps.

LE MARSEILLAIS.

On les signale tous les jours devant nos ports.

LE NIMOIS.

Pour voir lequel des Fédérés ou de la Montagne tient pour la République, cette menace seule me suffit; la Montagne a été un moment la plus faible, la commotion paraissait générale. A-t-elle cependant jamais parlé d'appeler les ennemis? Ne savez-vous pas que c'est un combat à mort que celui des patriotes et des despotes de l'Europe? Si donc vous espérez des secours de leur part, c'est que vos meneurs ont de bonnes raisons pour en être accueillis, mais j'ai encore trop bonne opinion de votre peuple, pour croire que vous soyez les plus forts à Marseille dans l'exécution d'un si lâche projet.

LE MILITAIRE.

Pensez-vous que vous feriez un grand tort à la République, et que votre menace soit bien effrayante. Évaluons :

Les Espagnols n'ont point des troupes de débarquement, leurs vaisseaux ne peuvent pas entrer dans votre port : si vous appeliez les Espagnols, ça pourrait être utile à vos meneurs pour se sauver avec une partie de leur fortune; mais l'indignation serait générale dans toute la République; vous auriez soixante mille hommes sur les bras avant huit jours, les Espagnols emporteraient de Marseille tout ce qu'ils pourraient, et il en resterait encore assez pour enrichir les vainqueurs.

Si les Espagnols avaient trente ou quarante mille hommes sur leurs flottes tout prêts à pouvoir débarquer, votre menace serait effrayante; mais, aujourd'hui, elle n'est que ridicule, elle ne ferait que hâter leur ruine.

LE FABRICANT DE MONTPELLIER.

Si vous étiez capables d'une pareille bassesse, il ne faudrait pas laisser pierre sur pierre dans votre superbe cité, il faudrait que d'ici à un mois le voyageur, passant sur vos ruines, vous crût détruits depuis cent ans.

LE MILITAIRE.

Croyez-moi, Marseillais, secouez le joug du petit nombre de scélérats qui vous conduisent à la contre-révolution ; rétablissez vos autorités constituées ; acceptez la Constitution ; rendez la liberté aux représentants ; qu'ils aillent à Paris intercéder pour vous ; vous avez été égarés, il n'est pas nouveau que le peuple le soit par un petit nombre de conspirateurs et d'intrigants ; de tout temps la facilité et l'ignorance de la multitude ont été la cause de la plupart des guerres civiles.

LE MARSEILLAIS.

Eh! monsieur, qui mettra le bien? Sera-ce les réfugiés qui nous arrivent de tous les côtés du département? Ils sont intéressés à agir en désespérés. Sera-ce ceux qui nous gouvernent? Ne sont-ils pas dans le même cas? Sera-ce le peuple? Une partie ne connaît pas sa position, elle est aveuglée et fanatisée ; l'autre partie est désarmée, suspectée, humiliée ; je vois donc, avec une profonde affliction, des malheurs sans remède.

LE MILITAIRE.

Vous voilà enfin raisonnable ; pourquoi une pareille révolution ne s'opérerait-elle pas sur un grand nombre de vos citoyens qui se sont trompés et de bonne foi? Alors, Albitte qui ne peut que vouloir épargner le sang français, vous enverra quelque homme loyal et habile ; l'on sera d'accord ; et l'armée, sans s'arrêter un seul moment, ira sous les murs de Perpignan faire danser la *Carmagnole*, à l'Espagnol enorgueilli de quelques succès.

Et Marseille sera toujours le centre de gravité de la liberté, ce sera seulement quelques feuillets qu'il faudra arracher de son histoire.

Cet heureux pronostic nous remit en humeur : le Marseillais nous paya de bon cœur plusieurs bouteilles de champagne, qui dissipèrent entièrement les soucis et les sollicitudes. Nous allâmes nous coucher à deux heures du matin, nous donnant rendez-vous au déjeuner du lendemain, où le Marseillais avait encore bien des doutes à proposer, et moi bien des vérités intéressantes à lui apprendre.

29 juillet 1793 [1].

[1]. Après un voyage à Nice pour le service de son arme, Bonaparte prit part à la répression du mouvement insurrectionnel de Marseille, toujours avec la colonne Carteaux. Le 26 août 1793, un billet de logement l'envoyait habiter la maison de la famille Clary. Ce Clary, ancien fabricant de savons, était père de deux jeunes filles, Julie et Désirée. Le capitaine d'artillerie et, plus tard, son frère Joseph reçurent le meilleur accueil. Quant aux deux jeunes filles, la première, qui épousa Joseph Bonaparte, fut reine d'Espagne ; l'autre, mariée à Bernadotte, monta avec lui sur le trône de Suède. Mère des rois Oscar Ier et Charles XV, elle était l'aïeule du roi actuel Oscar II.

Le 7 septembre, Bonaparte allait prendre part au siège de Toulon. Le 29, il passait chef de bataillon au 2e régiment d'artillerie. Le 22 décembre 1793, il était général de brigade.

Les victoires d'Italie ayant mis Napoléon en vedette, *le Souper de Beaucaire* devint célèbre. Nous avons de Louis Bonaparte une lettre en date du 24 mars 1799, par laquelle il demande quelques exemplaires de cet opuscule au libraire Aurel, successeur de Sabin Tournal.

III

ARTICLES DE JOURNAUX[1].

I

Article rédigé dans le cabinet des Consuls, le soir du coup d'État de Brumaire [2].

Le cercle des révolutions diverses, dont se compose l'ensemble de notre Révolution, présente une

---

1. Napoléon, merveilleusement doué pour la polémique, est auteur d'un certain nombre d'articles de journaux. De nos jours, il eût fait un excellent journaliste politique. Consul, il ne laissa jamais à d'autres le soin de répondre aux attaques de la presse anglaise; et il fit ainsi paraître des notes fort détaillées, où se retrouvent toutes ses qualités de pamphlétaire. Empereur, la même préoccupation le poursuivait. On peut donc dire de lui qu'il a été, de 1800 à 1814, le véritable rédacteur en chef du *Moniteur*.

Je le soupçonne aussi, mais sans preuves suffisantes, d'avoir glissé lui-même dans son journal quelques réclames pour les tableaux de David et les bals du chef de l'État.

2. Texte publié par M. Iung. (Tome 3e.)

telle succession d'événements, presque toujours accompagnés de réactions, qu'il semble désormais établi que toute action suppose réaction, et que déjà même, on se hasarde à prononcer ce mot funeste.

On conçoit bien mal alors la journée du 18 brumaire; on en dénature le caractère; on méconnaît l'empire des temps auxquels enfin nous sommes arrivés.

Que durant la tourmente révolutionnaire, on ait agi et réagi anssitôt, c'est ce qu'il est facile d'expliquer; il n'existait point d'accord entre les idées et les institutions; et tout, dans ce monde politique, comme dans le monde physique, est soumis à cette loi de la nature, qui veut que les événements se balancent et s'équilibrent mutuellement. Cet équilibre une fois rompu, il n'y a plus que choc, déchirement et chaos, jusqu'à ce que les deux bassins de la balance, se pondérant également, reprennent leur assiette. Ainsi, depuis 89 jusqu'en 92, les idées et les institutions ne se balançant plus, n'étant plus de niveau, nous avons vu l'action et la réaction constante de la liberté contre le despotisme, et du despotisme contre la liberté, de l'égalité contre le privilège, et du privilège contre l'égalité.

La déclaration royale du 23 juin fut la réaction de la réunion des trois ordres: la nuit du 4 août fut la réaction du 23 juin. Le triomphe des nouvelles idées sur les vieilles institutions fut enfin décidé par le 10 août, mais les vieilles idées luttèrent à leur tour contre les institutions nouvelles. Si des âmes généreuses s'étaient élevées jusqu'à la pensée de la République, elles laissaient toutefois, bien loin derrière elles, des esprits tardifs ou indociles ; et des souvenirs, des sentiments, des préjugés monarchiques se réinterposèrent entre le gouvernement nouveau et le gouvernement passé. On agit et on réagit donc encore ; et l'action, comme la réaction, prenant un caractère d'autant plus violent que les passions étaient plus exaspérées, toutes deux exercèrent à la fois leur force contre les idées et contre les personnes. Contre les personnes plus de garantie pour la sûreté individuelle ; on vit la vengeance punie par la vengeance, le crime par le crime. Contre l'idée, plus de principe sans atteinte.

(9 novembre 1799 (18 brumaire.)

II

Réponse à un message du roi d'Angleterre au Parlement[1].

Quelques paquets de marchandises anglaises, non reçus librement en France, tandis que les Anglais repoussent nos productions territoriales ; quelques agents commerciaux qui demandent des sondes de port et des plans de ville imprimés partout, tandis que nous accueillons, sans défiance, des milliers d'Anglais qui viennent chez nous ; quelques cantons suisses que la France n'a pas voulu laisser ruiner, se détruire par des dissensions intestines, ni laisser envahir par une guerre étrangère, tandis que les Anglais y envoyaient des émissaires, des armes, des munitions, des plans d'extermination civile ; quelques troupes françaises stationnées en Hollande, tandis que les Anglais organisaient des plans d'invasion sur cette contrée et sur ses colonies ; quel-

[1]. Publiée en mai 1803 (*Moniteur*.) Reproduite par M. A. Pujol. (1843.)
On était à la veille de la rupture du traité d'Amiens, rupture qui eut lieu le 13 mai, par la saisie sans déclaration de guerre de 1200 navires français et bataves.

ques obstacles apportés par la France à ce que l'Angleterre rallumât la guerre sur le continent par des intrigues diplomatiques, tandis que les Anglais envoient des émissaires dans toutes les parties de l'Europe pour tâcher de légitimer leur fureur de guerroyer encore avec la France; quelques invitations aux Anglais d'évacuer Malte pour exécuter le traité d'Amiens, tandis qu'ils se plaignaient dans lesdits journaux que la France ne l'exécutait pas de son côté; quelques idées que la France désirait encore l'Égypte et les îles Ioniennes, tandis que les Anglais laissaient leurs troupes à Alexandrie un an après le traité d'Amiens, et ne désemparaient pas de Malte; quelques conversations rédigées sans vérité et interprétées sans bonne foi, tandis que les Anglais ne cessent d'outrager la France dans les journaux et d'insulter le chef de son gouvernement : telles sont cependant les causes graves et légitimes de la guerre juste et nécessaire, causes officiellement présentées par Sa Majesté britannique, qui déclare à la fin de son manifeste: « n'être animée que du sentiment de ce qu'elle doit à l'honneur de son commerce, aux intérêts de son peuple, et du désir d'arrêter les progrès d'un système qui, s'il ne rencontre pas d'obstacles, peut devenir fatal à toutes les parties du monde civilisé... »

Vous, roi de la Grande-Bretagne, eh quoi! vous parlez de l'honneur de votre couronne pour faire de nouveau la guerre ; et vous vous basez sur l'honneur de votre parole royale pour annuler un traité de paix solennel ! Vous, vous êtes pénétré des intérêts de votre peuple, qui ne pouvait contenir sa joie lorsque vous signâtes la paix, et vous invoquez encore les intérêts de ce même peuple quand votre déclaration de guerre contriste toutes les classes pensantes, propriétaires et industrieuses de l'Angleterre ! Vous parlez du désir d'arrêter les progrès d'un système qui peut devenir fatal à toutes les parties du monde civilisé ; et pour mieux civiliser le monde, vous lui reportez toutes les calamités de la guerre !

Eh ! de quel système voulez-vous parler ? est-ce de ce système de puissance, de domination et d'accroissement dont vos ministres et vos orateurs ministériels ne cessent d'accuser la France, pour masquer aux autres nations la puissance colossale, l'insatiable ambition et l'accroissement perpétuel de l'Angleterre ? Entendez-vous parler de l'énergie, de l'ambition et de la vaste politique du Premier Consul, que vos journalistes et vos diplomates ne cessent de calomnier auprès des autres gouvernements. Que vos libellistes périodiques, oratoires ou diplomatiques dépriment tant qu'ils voudront une vie aussi glorieuse et un gouvernement aussi énergique ; que, dans leur style injuste et contuméleux, ils appellent la dignité qu'il imprime au peuple français, orgueil ; sa suite imperturbable dans le bien, opiniâtreté ; son énergie profonde d'exécution, dureté ; son désir prononcé de ne jamais laisser outrager la nation française, arrogance ; ses vues pour la défense et la sûreté du midi de l'Europe, ambition : de pareilles censures ne prouveront jamais que le génie ne soit le génie ; que vouloir la paix par tant de sacrifices ne soit l'amour inaltérable de l'humanité ; que résister aux invasions et aux perfidies de l'Angleterre ne soit défendre son pays et maintenir l'Europe ; mais elles prouveront seulement que les vues conciliatrices et paisibles de Bonaparte ont été également méconnues et calomniées dans le palais de Windsor et dans les salles de Westminster. Je m'arrête ; il ne s'agit ici ni d'homme ni de quelques éloges, il s'agit de la paix du monde.

Mais à quel tribunal doivent se porter de telles questions ? c'est à celui de l'Europe entière et de la postérité, que la république française citera l'Angleterre. Quelle importante cause que celle où les bienfaits de la paix et les calamités de la guerre sont mis en balance, où la violation des traités et des droits des peuples est mise en question par quelques passions honteuses, où l'on voit deux grands gouvernements pour parties et le monde entier pour tribunal ! De quel côté est donc l'esprit d'ambition, d'agrandissement, d'agression et de prééminence universelle ?

La France possédait par ses armes toutes les contrées, depuis la mer du Nord jusqu'à la mer Adriatique, et depuis le Danube jusqu'au canal de Messine. Qu'a-t-elle fait pour la paix générale ? Elle rend la Batavie à elle-même ; elle restitue à la Suisse son indépendance avec ses anciennes constitutions ; elle cède le pays vénitien à l'Autriche ; des indemnités territoriales sont accordées aux électeurs du corps germanique ; les îles vénitiennes régularisent la forme de leur gouvernement sous l'influence de la Russie et de la Porte ; l'Italie voit s'établir les républiques lucquoise, italienne et ligurienne ; les troupes françaises évacuent les états du pape et le royaume de Naples ; l'Étrurie reçoit un roi ; les troupes françaises, presque aux portes de Vienne, rentrent sur la rive gauche du Rhin ; le Portugal est évacué et rendu à son indépendance. Ah ! si la France avait eu des projets ambitieux et des vues d'agrandissement, n'aurait-elle pas conservé l'Italie tout entière sous son influence directe ; n'aurait-elle pas étendu sa domination sur la Batavie, la Suisse et le Portugal ? Au lieu de cet agrandissement facile, elle présente une sage limitation de son territoire et de sa puissance : elle subit la perte de l'immense territoire de Saint-Domingue, ainsi que des trésors et des armées destinés à la restauration de cette colonie... Elle fait tous les sacrifices pour obtenir la continuation de la paix.

L'Angleterre, au contraire, s'empare entièrement de l'île opulente de Ceylan et de toute la navigation du golfe du Bengale ; elle acquiert l'importante possession de la Trinité ; elle essaie, par un traité secret avec les mameloucks, d'envahir l'Égypte, en leur fournissant des armes et des munitions ; elle ne quitte Alexandrie que longtemps après l'expiration des délais convenus, et parce que les ravages de la peste l'épouvantent. Elle viole le traité d'Amiens pour garder Malte, pour éloigner les corsaires barbaresques, pour faire le commerce exclusif de l'Adriatique, du Levant, des Dardanelles et de la mer Noire, et pour défendre à toutes les nations la navigation de la Méditerranée ; elle réunit tous ses efforts pour faire perdre Saint-Domingue à la France, et pour l'empêcher de jouir de la Louisiane ; elle excite les dissensions dans les cantons suisses, et fournit des munitions et des armes à leur extermination civile ; elle envoie des escadres dans les mers du Nord, devant le Texel et la Meuse, menaçant d'envahir la Batavie ; elle convoite la Sicile, demande l'île de Lampedouse et occupe la Sardaigne. Les quatre parties du monde, les golfes, les caps, les détroits, des colonies opulentes, ne peuvent satisfaire sa cupidité politique et commerciale. Son avarice et son ambition sont enfin à découvert. Le masque tombe ; l'Angleterre n'assigne plus que trente-six heures à la durée de la paix. Elle a spéculé la guerre soudaine pour saisir à la fois sur l'Océan les richesses longtemps déposées, que les colonies espagnoles, portugaises et bataves envoient enfin à leurs métropoles, ainsi que les vaisseaux de la république et les bâtiments de son commerce à peine régénéré. L'Angleterre, pour satisfaire quelques passions haineuses et trop puissantes, trouble la paix du monde, viole sans pudeur les droits des nations, foule aux pieds les traités les plus solennels, et fausse la foi jurée, cette foi antique, éternelle, que même les hordes sauvages connaissent, et qu'elles respectent religieusement.

Un seul obstacle l'arrête dans sa marche politique et dans sa course ambitieuse, c'est la France victorieuse, modérée et prospère; c'est son gouvernement énergique et éclairé ; c'est son chef illustre et magnanime : voilà les objets de son envie délirante, de ses attaques réitérées, de sa haine implacable, de son intrigue diplomatique, de ses conjurations maritimes et de ses dénonciations officielles à son parlement et à ses sujets. Mais l'Europe observe ; la France s'arme : l'histoire écrit ; Rome abattit Carthage [1] !

---

[1]. Ces appréciations sont encore exactes aujourd'hui. Comparez l'Angleterre de 1803 avec celle de 1887 ; et vous verrez que John Bull n'a pas changé. L'occupation indéfinie de l'Egypte, le bombardement d'Alexandrie, en sont des preuves.

III

Réponse aux journaux anglais[1].

Paris, le 20 vendémiaire an 12 (13 octobre 1803).

Vous aviez en Europe la réputation d'une nation sage, mais vous avez bien dégénéré de vos pères. Tous vos discours inspirent sur le continent le mépris de la pitié. Voltaire dit quelque part : « Quand Auguste buvait, la Pologne était ivre. » L'état de maladie de votre roi s'est communiqué à votre nation ; jamais peuple n'a été entraîné si promptement par un esprit de vertige qui se manifeste chez les peuples quand Dieu le permet.

Vous faites la guerre pour garder Malte, et alarmés dès les six premiers mois sur votre position, vous croyez une levée en masse nécessaire à votre sûreté ! ! ! Les peines, les angoisses, les périls, attachés aux mouvements tumultueux et populaires, voilà déjà le châtiment terrible et juste de votre déloyauté.

Ce même esprit de vertige vous fit répondre avec insolence au roi de Prusse, lorsqu'il vous proposa

[1]. Reproduite dans l'édition Delloye (1840).

de garantir le Hanovre, si vous vouliez reconnaître l'indépendance de son pavillon, et vous conduisit à une levée en masse dans le Hanovre. Lorsque depuis on vous proposa la convention de Salhingen, le même esprit dicta votre refus, et par là le roi d'Angleterre manqua à ses devoirs les plus sacrés, mérita la haine de ses peuples de l'Elbe, et donna lieu au gouvernement français de désarmer vingt mille hommes et d'occuper celles des provinces du Hanovre qui lui étaient encore restées.

Lorsque vous vîtes le résultat de cette conduite inconsidérée, impolitique, immorale, vous eûtes recours à une mesure moins réfléchie encore; vous déclarâtes en état de blocus l'Elbe et le Weser. Par là, vous fîtes outrages, vous fîtes tort au Danemarck, à la Prusse, à Hambourg, à Brême, qui, riverains de ce fleuve, n'avaient cependant rien de commun avec l'occupation du Hanovre.

Cette conduite était peu sage; mais ce qui la constitue inconcevable, c'est que bloquant l'Elbe et le Weser, vous exécutâtes précisément ce que les Français désiraient. Il n'est pas un négociant, pas un teneur de livres de Londres, qui n'ait calculé le dommage que vous vous êtes fait à vous-mêmes.

Le Weser et l'Elbe, demeurant libres, vous auriez introduit vos marchandises au moyen des navires prussiens, danois, brémois, etc.; et vos manufactures et votre commerce ne se fussent pas ressentis de l'occupation du Hanovre. Ainsi, en déclarant le blocus de l'Elbe et du Weser, vous avez exécuté, non seulement la chose la plus injuste qui ait été faite depuis les Carthaginois, qui, à leur gré, prohibaient le commerce des différentes régions, mais la chose la plus contraire à vos intérêts.

Certainement cette conduite n'a pas été inspirée par l'esprit de calcul et de prudence qui seul vous dirigeait jadis, mais bien par cet esprit de vertige qui plane sur vous et qui règne dans vos conseils.

Enfin, pour prouver à la France que vous devez garder Malte, vous la menacez d'une levée en masse, la plus funeste des extrémités auxquelles puisse être réduite une nation après avoir essuyé de grands malheurs. Vienne ne fit une levée en masse que lorsque les armées françaises furent à ses portes. Vous nous menacez de M. Pitt, de lord Withwort, que vous faites colonels, et votre roi exerce à cheval sa troupe, afin de lui communiquer cette ardeur guerrière et cette expérience qu'il a acquises dans tant de combats !!! Ces caricatures misérables font rire de pitié l'Europe, et l'on cherche en vain l'esprit de cette vieille Angleterre, si sûre dans ses conseils, si sensée et si constante dans ses entreprises. La politique de vos précédents ministres vous a séparés de tous vos alliés, était-ce le temps de vous montrer injustes, oppresseurs, violateurs des traités?

Était-ce le temps de vouloir par la force réunir au commerce exclusif de l'Océan celui de la Méditerranée, auquel vos ancêtres, plus sages, avaient eu le bon esprit de renoncer ? Et lorsque vous avez des projets aussi ambitieux qu'ils sont mal calculés, vous vous aliénez la plus belle et la plus considérable de vos provinces. Vous avez réuni son parlement à votre parlement, et vous refusez à l'Irlande l'exercice de sa religion ! Vous savez pourtant bien que la chose la plus sacrée parmi les hommes c'est la conscience, et que l'homme a une voix secrète qui lui crie que rien sur la terre ne peut l'obliger à croire ce qu'il ne croit pas. La plus horrible de toutes les tyrannies est celle qui oblige les dix-huit vingtièmes d'une nation à embrasser une religion contraire à leur croyance, sous peine de ne pouvoir ni exercer les droits de citoyen, ni posséder aucun bien, ce qui est la même chose que de n'avoir plus de patrie sur la terre.

Ainsi donc vous voulez réunir l'Irlande, et vous ne voulez pas que les Irlandais aient une patrie ! Inconcevable contradiction que l'Europe ne peut expliquer qu'en l'attribuant à l'esprit d'absence et d'imprévoyance qui caractérise vos conseils. Vous êtes peut-être aujourd'hui la seule nation éclairée chez qui la tolérance ne soit pas établie. Vous voulez et vous ne voulez pas : et s'il était vrai que les Pitt et les Granville eussent quitté le ministère parce que le roi avait manqué de parole à l'égard des Irlandais, après leurs avoir promis la liberté de leur religion, il faudrait le dire : ils étaient dépourvus de toute pudeur, ces hommes qui ont brigué la honte de leur succéder aux conditions imposées par un prince malade, sans foi, et qui, dans le siècle où nous sommes, a rétabli les lois des Néron et des Domitien, et persécuté comme eux l'église catholique. Ils n'ont pas trouvé cet exemple dans votre histoire ; vos pères avaient plus de vertus, plus de respect national.

Quel est donc le sort que le destin vous a préparé ? il échappe aux calculs de toute intelligence humaine.

Cependant serait-il présomptueux de dire que le prince dont l'entêtement et le délire vous a fait perdre l'Amérique va vous faire perdre l'Irlande, si, pour votre punition, Dieu le conserve encore quelque temps sur son trône ? Le ciel ne donne aux nations des princes vicieux ou aliénés que pour châtier et abaisser leur orgueil [1].

---

1. Admirable langage, grandes idées! Et comme tout cela est encore d'une vérité éclatante! En août 1887, l'Irlande réclame son autonomie, les armes à la main. Dès 1803, Bonaparte avait prévu les revendications de M. Gladstone et de Parnell.

IV

Autre réponse [1].

Paris, le 27 thermidor an 13 (15 août 1805).

Et pourquoi l'ennemi ne vient-il pas? Nous verrions de qui l'événement châtierait la témérité. Nous connaissons votre généralissime; nous l'avons vu à Hondscoot et en Hollande; le tiers de l'armée de Boulogne suffirait pour changer ses audacieuses entreprises en une destruction certaine; mais quoi que vous en disiez, vous savez comme nous ce que vous pouvez attendre d'une lutte sur terre. Quant à la guerre de mer, vous avez acquis sans doute et vous conservez jusqu'à ce jour une véritable supériorité, mais vous ne l'avez due, mais vous ne la devez, qu'à la trahison. C'est la trahison qui vous a livré trente vaisseaux français à Toulon; la trahison du prince d'Orange vous a valu douze vaisseaux hollandais; la trahison enfin a détruit à Quiberon tout ce qui existait des officiers de notre ancienne marine. Malgré ces avantages si odieusement obtenus, et que nous

1. Un journal britannique avait imprimé cette phrase : « Que l'ennemi (les Français) vienne quand il voudra, il nous trouvera préparés à châtier sa témérité. »

ne vous contestons pas, nos escadres vous attaquent sur vos propres côtes; le Shannon est bloqué, non par de petits bâtiments, comme vous le dites, mais par une bonne et belle escadre. Vos colonies avaient déjà rédigé leur capitulation et envoyé des agents à Villeneuve pour traiter; mais ce n'était point là l'objet de sa mission, et malgré les contrariétés qu'il a éprouvées en revenant en Europe, quoique sa navigation eût été de plus de cinquante jours, quoique les vents contraires lui en eussent fait perdre vingt, il a marché sur le corps de vos escadres et opéré sa jonction. Son objet ne fut pas d'attaquer votre commerce, et il vous a fait pour vingt millions de dommages. Dans les Indes, une seule division française a fait sur vous des prises pour une valeur encore plus considérable. Un seul brick du côté des Orcades a capturé tout un convoi de Terre-Neuve. Nos frégates parcourent toutes les mers; il n'y a pas de jour qu'il n'en rentre quelqu'une dans nos ports, et vous n'en avez pas encore pris une seule. Enfin, vous vous vantiez d'empêcher la jonction de nos flottilles, elles sont toutes réunies; et quand vous avez voulu vous opposer à leur marche, elles vous ont battus; vous vous vantiez d'attaquer notre ligne d'embossage, et c'est elle qui plusieurs fois a attaqué vos croisières, loin des batteries, jusqu'à mi-canal et de manière que vos vaisseaux, vos frégates, vos corvettes, ont cherché leur sûreté dans la supériorité de leur marche. Mais il y a deux ans qu'on prépare la descente, et la descente n'arrive pas? Elle arrivera si vous ne faites pas la paix. Elle arrivera peut-être dans un an, peut-être dans deux, peut-être dans trois; mais avant que les cinq années soient expirées, quelque événement qui puisse survenir, nous aurons raison de votre orgueil et de cette supériorité que des trahisons vous ont donnée. Quant au continent, ne croyez pas que vous y ayez des alliés. Vous êtes l'ennemi de tous les peuples, et tous les peuples se réjouissent de votre humiliation. Mais parvinssiez-vous à corrompre quelques ministres, les résultats ne seraient pas pour vous: nous aurions sûrement acquis de nouvelles côtes et de nouveaux ports, de nouvelles contrées, et nous réduirions vos alliés à un tel point que nous pourrions ensuite nous livrer tout entiers à la guerre maritime. C'est un singulier orgueil qui vous fait penser que nous prétendions en un jour, en un mois, en un an, venir à bout de votre puissance colossale. Le temps est un des moyens, un des éléments de nos calculs. Ayez recours, dans une telle position, à des complots, à des assassinats, à la bonne heure. Cette sorte de guerre ne vous est point étrangère. On dit déjà que Drake songe à revenir à Munich, Spencer-Smith à Stuttgard et Taylord à Cassel. La France ne souffrira pas qu'ils mettent le pied, non seulement sur le continent, mais dans les lieux où, en cinq à six marches, peuvent se porter ses armées. Les diplomates assassins sont hors du droit des gens.

Nous nous étions attendus à des malheurs quand vous avez déclaré la guerre. Nous pouvions perdre la Martinique, la Guadeloupe, les Îles de France et de la Réunion ; qu'avez-vous fait ? Vous êtes réduits à un triste système de blocus qui n'empêche pas nos escadres de parcourir les mers ; persistez à bloquer nos ports, mais ayez les yeux fixés sur les signaux de vos côtes, et vivez dans de perpétuelles alarmes.

Si votre nation indignée, continuant à être dupe de quelques hommes qui se sont partagé le gouvernement de l'Angleterre, ne parvient pas à obliger vos oligarques à faire la paix et à leur persuader enfin que nous ne sommes plus ces Français si longtemps vendus et trahis par des ministres faibles, des rois fainéants ou des maîtresses avides, vous marcherez vers une inévitable et funeste destinée.

Nous désirons la paix du continent, parce qu'il se trouve placé comme nous voulions qu'il le fût. Nous aurions pu augmenter notre puissance et affaiblir celle de nos rivaux, si nous l'avions trouvé convenable. S'il est quelque État qui veuille encore troubler le continent, il sera la première victime, et sa défaite, retombant sur vous-mêmes, rendra vos périls plus imminents et votre chute plus assurée.

Nous le répétons, une paix juste et raisonnable peut seule vous sauver. Un de nos adages est déjà prouvé, et puisque vous n'espérez de salut que dans le concours d'une puissance du continent, seuls vous ne pouvez donc rien contre la France, et la France ne souffrira pas que seuls vous ayez des vaisseaux sur les mers : les mers sont le domaine de tous les peuples.

V

Note rectificative[1].

Extrait du *Moniteur* du 15 décembre 1808.

Plusieurs de nos journaux ont imprimé que S. M. l'impératrice, dans sa réponse à la députation du corps législatif, avait dit qu'elle était bien aise de voir que le premier sentiment de l'empereur avait été pour le corps législatif qui représente la nation[2].

S. M. l'impératrice n'a point dit cela; elle connaît trop bien nos constitutions; elle sait trop bien que le premier représentant de la nation, c'est l'empereur ; car tout pouvoir vient de Dieu et de la nation.

1. Reproduite par A. Pujol (1843.)
2. L'impératrice Joséphine s'était, en effet, servie de cette expression.

Dans l'ordre de nos constitutions, après l'empereur, est le sénat; après le sénat, est le conseil d'état; après le conseil d'état, est le corps législatif; après le corps législatif, viennent chaque tribunal et fonctionnaire public dans l'ordre de ses attributions; car, s'il y avait dans nos constitutions un corps représentant la nation, ce corps serait souverain; les autres corps ne seraient rien, et ses volontés seraient tout.

La convention, même le corps législatif, ont été représentants. Telles étaient nos constitutions alors. Aussi le président disputa-t-il le fauteuil au roi, se fondant sur le principe que le président de l'assemblée de la nation était avant les autorités de la nation. Nos malheurs sont venus en partie de cette exagération d'idées. Ce serait une prétention chimérique, et même criminelle, que de vouloir représenter la nation avant l'empereur.

Le corps législatif, improprement appelé de ce nom, devrait être appelé conseil législatif, puisqu'il n'a pas la faculté de faire des lois, n'en ayant pas la proposition. Le conseil législatif est donc la réunion des mandataires des collèges électoraux. On les appelle députés des départements, parce qu'ils sont nommés par les départements.

Dans l'ordre de notre hiérarchie constitutionnelle, le premier représentant de la nation, c'est l'empereur, et ses ministres, organes de ses décisions; la seconde autorité représentante est le sénat; la troisième, le conseil d'état qui a de véritables attributions législatives; le conseil législatif a le quatrième rang.

Tout rentrerait dans le désordre, si d'autres idées constitutionnelles venaient pervertir les idées de nos constitutions monarchiques [1].

---

[1]. Ces différents articles montrent toute la vigueur de la plume impériale et consulaire. Avant d'écrire au *Moniteur*, Napoléon avait fondé, en 1797, le *Courrier de l'armée d'Italie*, qu'on rédigeait sous ses yeux. Consul, il inspirait aussi le *Bulletin de Paris*, feuille dirigée contre l'Angleterre. Un autre journal, l'*Argus*, passe pour avoir reçu de la copie de Bonaparte, cette terrible copie qui faisait dire à Garat: « L'Annibal moderne écrit comme il combat; l'Italie n'a point pour lui de Capoue. »

Sur Napoléon journaliste, voyez les *Mémoires* de Thibaudeau et un article de M. Thiers, dans le *National* du 24 juin 1830. Voyez aussi notre *Appendice*, à la fin du tome 3e.

CINQUIÈME PARTIE

LETTRES CHOISIES

1. *Lettres de famille.*
2. *Lettres à Joséphine.*
3. *Lettres particulières.*

I

LETTRES DE FAMILLE

I

A SON PÈRE[1].

Brienne, 5 avril 1781.

Mon père,

Si vous ou mes protecteurs ne me donnent pas les moyens de me soutenir plus honorablement dans la maison où je suis, rappelez-moi près de vous,

---

[1]. Charles-Marie de Buonaparte, né à Ajaccio le 29 mars 1746, fils de Joseph de Buonaparte (élu ancien d'Ajaccio en 1760) étudia à Rome et à Pise. Marié en 1764 à Maria-Lætitia Ramolino et reconnu noble le 19 août 1771, il fut nommé en 1774 conseiller du roi et assesseur (juge) de la ville et province d'Ajaccio. Ami particulier du comte de Marbeuf, gouverneur de l'île ; député de la noblesse de Corse en 1779 ; élu en 1781 membre du conseil des douze nobles de Corse. Mort à Montpellier le 24 février 1785. « C'était, dit Stendhal, un homme doux et aimable. » On a de lui de jolis sonnets italiens. Charles Bonaparte est inhumé à Saint-Leu-Taverny. (Seine-et-Oise.)

et sur-le-champ. Je suis las d'afficher l'indigence, et d'y voir sourire d'insolents écoliers, qui n'ont que leur fortune au-dessus de moi, car il n'en est pas un qui ne soit à cent piques [1] au-dessous des sentiments qui m'animent. Eh quoi ! monsieur, votre fils serait continuellement le plastron de quelques paltoquets qui, fiers des douceurs qu'ils se donnent, insultent en souriant aux privations que j'éprouve ! Non, mon père, non. Si la fortune se refuse absolument à l'amélioration de mon sort, arrachez-moi de Brienne, donnez-moi, s'il le faut, un état mécanique. A ces offres, jugez de mon désespoir. Cette lettre, veuillez le croire, n'est point dictée par le désir de me livrer à des amusements dispendieux ; je n'en suis pas du tout épris. J'éprouve seulement le besoin de montrer que j'ai les moyens de me les procurer comme mes compagnons d'étude [2].

Votre respectueux et affectionné fils,

BUONAPARTE.

1. Bonaparte se sert ici d'une des expressions les plus familières à madame de Sévigné.
2. L'auteur de cette lettre, où l'on trouve déjà la fermeté et la force morales d'un homme, avait *onze ans et demi*. On croit rêver.

II

A SON ONCLE L'ABBÉ FESCH[1].

Brienne, 15 juillet 1784.

Mon cher oncle, je vous écris pour vous informer du passage de mon cher père à Brienne, pour aller conduire Marianne[2] à Saint-Cyr et tâcher de rétablir sa santé. Il est arrivé ici le 21 avec Lucien[3] et les deux demoiselles que vous avez vues.

Il a laissé ici ce dernier qui est âgé de neuf ans et grand de trois pieds onze pouces et six lignes.

---

1. Joseph Fesch, comte de l'Empire, né à Ajaccio le 3 janvier 1763, élevé au séminaire d'Aix, ordonné prêtre, vicaire-général, puis archidiacre de la cathédrale d'Ajaccio en 1791, fut commissaire des guerres en 1793. Rentré dans les ordres en 1799, il est appelé en 1802 à l'archevêché de Lyon. Cardinal en 1803, Grand-aumônier de l'empereur, sénateur en 1805, Grand-Aigle de la Légion d'Honneur, pair de France en 1815. Mort à Rome le 13 mai 1839.

Son père, François Fesch, avait épousé la mère de Lætitia Ramolino. Le cardinal Fesch était donc le frère utérin de cette dernière et l'oncle de Napoléon.

2. Sa sœur, Marie-Anne Bonaparte, dite Elisa.

3. Lucien Bonaparte, second frère de Napoléon, né à Ajaccio le 21 mars 1775, venu en France en 1791, jacobin ardent, commissaire des guerres, élu membre du conseil des Cinq-Cents. Il présidait cette assemblée le 18 brumaire. (9 novembre 1799.) Successivement ministre de l'intérieur jusqu'en novembre 1800,

Il est en sixième pour le latin, et va apprendre toutes les différentes parties de l'enseignement.

Il sait très bien le français, et a oublié l'italien tout à fait. J'espère qu'actuellement il vous écrira plus souvent que lorsqu'il était à Autun. Je suis persuadé que mon frère Joseph ne vous a pas écrit. Comment voudriez-vous qu'il le fît? Il n'écrit à mon cher père que deux lignes, quand il le fait. En vérité, ce n'est plus le même. Cependant il m'écrit très souvent. Il est en rhétorique... Quant à l'état qu'il veut embrasser, l'ecclésiastique a été comme vous savez, le premier qu'il a choisi. Il a persisté dans cette résolution jusqu'à cette heure, où il veut servir le roi, en quoi il a bien tort, pour plusieurs raisons.

1° Comme le remarque mon cher père, il n'a pas assez de hardiesse pour affronter les périls d'une action; sa santé faible ne lui permet pas de soutenir les fatigues d'une campagne, et mon frère n'envisage l'état militaire que du côté des garnisons. Oui, mon cher frère sera un bon officier de garnison, fort bien fait, ayant l'esprit léger, conséquemment

---

ambassadeur en Espagne, membre du Tribunat puis du Sénat conservateur. Son mariage avec madame Jouberthon, en 1802, gâta ses affaires auprès du Premier Consul. Lucien Bonaparte, prince romain de Canino, est mort à Viterbe le 25 juin 1840. Il est enterré dans l'église de Canino.

Écrivain à ses heures, auteur d'un poème de *Charlemagne*, il fut membre de l'Académie française.

propre à de frivoles compliments, et avec ses talents il se tirera toujours bien d'une société, mais d'un combat ? C'est ce dont mon cher père doute.

> Qu'importe à des guerriers ce frivole avantage ?
> Que sont tous ces trésors sans celui du courage ?
> A ce prix fussiez-vous aussi beau qu'Adonis,
> Du dieu même du Pinde eussiez-vous l'éloquence,
> Que sont tous ces dons sans celui de la vaillance ?

2° Il a reçu une éducation pour l'état ecclésiastique : il est bien tard pour se démentir. Monseigneur l'évêque d'Autun lui aurait donné un gros bénéfice, et il était sûr d'être évêque. Quels avantages pour la famille ! Monseigneur d'Autun a fait tout son possible pour l'engager à persister, lui promettant qu'il ne s'en repentirait point. Bien ; il persiste. Je le loue, si c'est du goût décidé qu'il a pour cet état, le plus beau de tous les corps, et si le grand moteur des choses humaines, en le formant, lui a donné, comme à moi, une inclination décidée pour le militaire. Il veut qu'on le place dans le militaire, c'est fort bien, mais dans quel corps ? Est-ce dans la marine ?

1° Il ne sait point de mathématiques ; il lui faudra deux ans pour les apprendre ; 2° sa santé est incompatible avec la mer. Est-ce dans le génie ? Il lui faudra quatre ou cinq ans pour apprendre ce qu'il lui faut ; et au bout de ce terme il ne sera encore qu'élève du génie. D'ailleurs, je pense que toute la journée être occupé à travailler n'est pas compatible avec la légèreté de son caractère. La même raison qui existe pour le génie existe pour l'artillerie, à l'exception qu'il faudra qu'il ne travaille que dix-huit mois pour être élève, et autant pour être officier. Oh! cela n'est pas encore de son goût. Voyons donc: il veut être sans doute dans l'infanterie. Bon, je l'entends, il veut être toute la journée sans rien faire, il veut battre le pavé toute la journée, d'autant plus, qu'est-ce qu'un mince officier d'infanterie! Un mauvais sujet les trois quarts du temps. Et c'est ce que mon cher père, ni vous, ni ma mère, ni mon oncle l'archidiacre ne veulent, car il a déjà montré de petits tours de légèreté et de prodigalité. En conséquence, on fera un dernier effort pour l'engager à l'état ecclésiastique, faute de quoi mon cher père l'emmènera avec lui en Corse, où il l'aura sous les yeux; on tâchera de le faire entrer au barreau.

Je finis en vous priant de me continuer vos bonnes grâces; m'en rendre digne sera le devoir pour moi le plus essentiel et le plus recherché. Je suis avec le respect le plus profond, mon cher oncle,

Votre très humble et très obéissant serviteur et neveu.

NAPOLEONE DI BUONAPARTE.

P. S. Déchirez cette lettre.

Il faut espérer que Joseph, avec les talents qu'il a et les sentiments que son éducation doit lui avoir inspirés, prendra le bon parti et sera le soutien de notre famille.

Représentez-lui un peu tous ces avantages[1].

III

A SON PÈRE.

Brienne, le 12 septembre 1784 [2].

Mon cher père,

Votre lettre, comme vous pensez bien, ne m'a pas fait beaucoup de plaisir[3]; mais la raison et les intérêts de votre santé et de la famille, qui me sont fort chers, m'ont fait louer votre prompt retour en Corse et m'ont consolé tout à fait. D'ailleurs étant assuré de la continuation de vos bontés et de votre attachement et empressement à me faire sortir et seconder en ce qui peut me faire plaisir, comment ne serais-je pas bien aise et content? Au reste je m'em-

1. Archives de la guerre.
2. Archives de la guerre. Reproduite par M. Iung.
3. Voyez la lettre du 5 avril 1781, où Napoléon, en proie aux plaisanteries des écoliers de Brienne, supplie son père de le reprendre.

presse de vous demander des nouvelles des effets que les eaux ont faits sur votre santé et de vous assurer de mon respectueux attachement et de mon éternelle reconnaissance.

Je suis charmé que Joseph soit venu en Corse avec nous, pourvu qu'il soit ici le 1ᵉʳ novembre... Joseph peut venir ici parce que le père Patrault, mon maître de mathématiques que vous connaissez, ne partira point. En conséquence, monsieur le principal m'a chargé de vous assurer qu'il sera très bien reçu ici et qu'en toute sûreté, il peut venir. Le père Patrault est un excellent maître de mathématiques et il m'a assuré particulièrement qu'il s'en chargerait avec plaisir; et si mon frère veut travailler, nous pourrons aller ensemble à l'examen d'artillerie. Vous n'aurez aucune démarche à faire pour moi, puisque je suis élève simplement. Il faudrait en faire pour Joseph, mais puisque vous avez une lettre pour lui, tout est dit. Ainsi, mon cher père, j'espère que vous préférerez le placer à Brienne, plutôt qu'à Metz, pour plusieurs raisons:

1° Parce que cela sera une consolation pour Joseph, Lucien et moi;

2° Parce que vous serez obligé d'écrire au principal de Metz ce qui retardera encore, puisqu'il vous faudra attendre sa réponse;

3° Il n'est pas ordinaire à Metz d'apprendre ce qu'il faut que Joseph sache pour l'examen, en six mois; en conséquence, comme mon frère ne sait rien en mathématiques, on le mettrait avec des enfants, ce qui le dégoûterait. Ces raisons et beaucoup d'autres doivent vous engager à l'envoyer ici; d'autant plus qu'il sera mieux. Ainsi, j'espère qu'avant la fin d'octobre j'embrasserai Joseph. Du reste, il peut fort bien ne partir de Corse que le 26 ou le 27 octobre, pour être ici le 12 ou 13 novembre prochain.

Je vous prie de me faire passer Boswel (Histoire de Corse) avec d'autres histoires ou mémoires touchant ce mémoire. Vous n'avez rien à craindre; j'en aurai soin et les rapporterai en Corse avec moi, quand j'y viendrai, fût-ce dans six ans.

Adieu, mon cher père : Chevalier vous embrasse de tout son cœur. Il travaille fort bien; il a fort bien su à l'exercice public. Monsieur l'inspecteur[1] sera ici le 15 ou le 16 au plus tard de ce mois, c'est-à-dire dans trois jours. Aussitôt qu'il sera parti, je vous manderai ce qu'il m'a dit. Présentez mes respects à minana Saveria, zia Geltrude, zio Nicolino, zia Torita, etc. Mes compliments à minana Francesca, Santo, Giovanna, Orezio; je vous prie d'avoir soin d'eux. Donnez-moi de leurs nouvelles et dites-moi s'ils sont à leur aise. Je finis en vous souhaitant une aussi bonne santé que la mienne.

---

1. M. Regnauld de Mons, brigadier de dragons, sous-inspecteur des écoles royales, qui avait succédé en 1783 à M. le chevalier de Kéralio. L'inspecteur était le marquis de Timbrune.

Votre très humble et très obéissant, T. C. et fils,

De Buonaparte, l'arrière-cadet.

IV

A SON GRAND-ONCLE L'ABBÉ L. DE BUONAPARTE [1].

A Monsieur de Buonaparte, archidiacre de la cathédrale d'Ajaccio, en Corse, à Ajaccio, par Antibes.

Paris, le 28 mars 1785.

Mon cher oncle,

Il serait inutile de vous exprimer combien j'ai été sensible au malheur qui vient de nous arriver. Nous avons perdu en lui un père, et Dieu sait quel était ce père ! sa tendresse, son attachement ; hélas ! tout nous désignait en lui le soutien de notre jeunesse. Vous avez perdu en lui un neveu obéissant, reconnaissant... Ah ! mieux que moi vous sentez combien il vous aimait. La patrie même, j'ose le dire,

---

[1]. Il fut le premier à deviner le génie de Napoléon.
Lucien de Buonaparte, écuyer, né à Ajaccio, ordonné prêtre, nommé archidiacre de la cathédrale, tuteur des enfants de Charles de Buonaparte le 16 août 1785, mort le 15 octobre 1791. Il était fils de Sebastiano de Buonaparte, bisaïeul de Napoléon.

a perdu par sa mort un citoyen zélé, éclairé, et désintéressé. Cette dignité dont il a été plusieurs fois honoré marque assez la confiance qu'avaient en lui ses concitoyens. Et cependant le ciel l'a fait mourir, en quel endroit? *à cent lieues de son pays, dans une contrée étrangère, indifférente à son existence, éloigné de ce qu'il avait de plus précieux.* Un fils, il est vrai, l'a assisté, dans ce moment terrible; ce dut être pour lui une consolation bien grande, mais certainement pas comparable à la triste joie qu'il aurait éprouvée s'il avait terminé sa carrière dans sa maison, près de son épouse et au sein de sa famille. Mais l'être suprême ne l'a pas ainsi permis : sa volonté est immuable, lui seul peut nous consoler. Hélas! du moins s'il nous a privés de ce que nous avions de plus cher, il nous a encore laissé les personnes qui seules peuvent le remplacer.

Daignez donc nous tenir lieu du père que nous avons perdu. Notre attachement, notre reconnaissance seront proportionnés à un service si grand. Je finis en vous souhaitant une santé semblable à la mienne.

Votre très humble et très obéissant serviteur et neveu,

NAPOLEONE DE BUONAPARTE[1].

1. L'acte de sortie de Brienne (17 octobre 1784) désigne le futur empereur de la façon suivante : « M. Napoléon de Buonaparte, écuyer. »

V

A SA MÈRE[1].

Paris, le 29 mars 1785.

Ma chère mère,

C'est aujourd'hui que le temps a un peu calmé les premiers transports de ma douleur, que je m'empresse de vous témoigner la reconaissance que m'inspirent les bontés que vous avez toujours eues pour nous. Consolez-vous, ma chère mère, les circonstances l'exigent. Nous redoublerons nos soins et notre reconnaissance, et heureux si nous pouvons, par notre obéissance, vous dédommager un peu de l'inestimable perte d'un époux chéri. Je termine, ma chère mère; ma douleur me l'ordonne, en vous priant de calmer la vôtre. Ma santé est parfaite, et je prie tous les jours que le ciel vous en gratifie d'une semblable. Présentez mes respects à Zia Geltrude, Minana Saveria, Minana Fesch, etc.

[1]. Marie-Lætitia Ramolino, fille unique de Jean-Jérôme Ramolino, propriétaire, et de Marie-Anne Bianelli (remariée avec François Fesch.) Née à Ajaccio le 24 août 1749, mariée le 2 juin 1764 à Charles Bonaparte, elle eut de lui onze enfants dont trois moururent en bas âge. Morte à Rome le 2 février 1836. Inhumée en 1848 à Ajaccio.

Gérard l'a peinte deux fois, et Canova a fait sa statue.

P. S. La reine de France est accouchée d'un prince nommé le duc de Normandie, le 27 de mars à 7 heures du soir¹.

Votre très humble et affectionné fils,

NAPOLEONE DE BUONAPARTE.

VI

A SON ONCLE L'ABBÉ FESCH.

Lyon, le 11 septembre 1786².

Je quitte Lyon avec plus de peine encore que Valence. Je me trouvais si bien dans cette ville qu'il me semble que j'aurais voulu y passer ma vie; mais il faut suivre sa destinée et surtout se plier aux exigences de son état. Un soldat ne doit pas s'attacher à autre chose qu'à son drapeau.

---

1. C'était le troisième enfant de Louis XVI et de Marie Antoinette. *L'Almanach Royal* le nomme : « Louis-Charles de France, duc de Normandie. »
2. Bonaparte était lieutenant en second au régiment de la Fère-artillerie depuis le 1ᵉʳ septembre 1785. Le bataillon dont il faisait partie fut envoyé à Lyon, du 15 août au 20 septembre 1786, pour y réprimer l'émeute dite des *Deux-Sous*.

VII

AU MÊME.

Auxonne, le 22 août 1788.

Vous saurez que je viens de recevoir réponse de M. Vautier; il me dit qu'il reconnaît que Joseph [1] a des titres particuliers pour obtenir une place dans les tribunaux et qu'il saisira la circonstance avec plaisir; que pour le moment des personnes proposées depuis plusieurs années empêcheront qu'il ne soit placé, mais qu'il fera son possible pour hâter son retour.

Je suis indisposé; les grands travaux que j'ai dirigés ces jours derniers en sont cause. Vous saurez, mon cher oncle, que le général d'ici m'a pris en grande considération, au point de me charger de construire au polygone plusieurs ouvrages qui exigeaient de grands calculs, et pendant dix jours, matin et soir, à la tête de deux cents hommes, j'ai été occupé. Cette marque inouïe de faveur a un peu irrité contre moi les capitaines qui prétendent que c'est leur faire tort que de charger un lieu-

---

1. Son frère, Joseph Bonaparte, le futur roi d'Espagne.

tenant d'une besogne si essentielle et que lorsqu'il y a plus de trente travailleurs, il doit y avoir un d'eux. Mes camarades aussi montrent un peu de jalousie; mais tout cela se dissipe. Ce qui m'inquiète le plus, c'est ma santé qui ne me paraît pas trop bonne.

J'étais sur le point de faire passer au libraire l'ouvrage dont je vous entretins [1]; mais le fâcheux contre-temps de la disgrâce de M. l'archevêque de Sens [2] arrivée avant-hier m'oblige à des changements considérables; il est possible même que j'attende les Etats généraux [3].

Ecrivez à votre ami qui est à Pise; demandez-lui l'adresse, c'est-à-dire la rue où reste [4] Paoli à Londres, ne manquez pas cette commission [5].

Le triste état de ma famille m'a affligé d'autant plus que je n'y vois pas de remède. Vous vous êtes abusé en espérant que je pourrais trouver ici de l'argent à emprunter. Auxonne est une très petite ville et j'y suis d'ailleurs depuis trop peu de temps pour pouvoir y avoir des connaissances sérieuses. Ainsi du moment que vous n'espérez pas dans notre vigne, je n'y pense plus et il faut abandonner cette idée du voyage à Paris. Si nous avions été à Paris,

---

1. L'Histoire de la Corse.
2. Frère du comte de Marbeuf, gouverneur de la Corse. Ancien évêque d'Autun; il avait la feuille des bénéfices.
3. Les Etats généraux s'ouvrirent à Versailles le 5 mai 1789.
4. Provincialisme (fréquent en Provence et dans le Dauphiné.)
5. Bonaparte songeait à lui dédier son *Histoire*.

vous auriez mal fait de mener avec vous Isoard, il n'aurait pu que nous embarrasser... Je vous accuse d'exagération en me disant que la *Sposata*[1] ne produira que douze mezzins... Adieu, bien des choses à Isoard et donnez-moi communication des nouvelles que vous recevrez de ma famille sur votre projet.

VIII

A SA MÈRE.

Auxonne, juillet 1789.

Je n'ai d'autre ressource ici que de travailler. Je ne m'habille que tous les huit jours ; je ne dors que très peu depuis ma maladie : cela est incroyable[2]. Je me couche à dix heures et je me lève à quatre heures du matin. Je ne fais qu'un repas par jour, à trois heures : cela me fait très bien à la santé.

---

1. Vigne appartenant à la famille Bonaparte et située dans la *pièce* de Talavo, près du bourg de Bocognano.
2. Napoléon conserva cette précieuse faculté pendant le reste de sa vie. Voyez le *Mémorial de Sainte-Hélène* et les *Souvenirs historiques* de l'aimable baron Méneval, son ancien secrétaire. (Delahays, éditeur.)

IX

A SON GRAND-ONCLE L'ABBÉ DE BUONAPARTE [1].

Sans date (1791.)

Envoyez-moi trois cents francs, cette somme me suffira pour aller à Paris. Là, du moins, on peut se produire, surmonter les obstacles. Tout me dit que j'y réussirai. Voulez-vous m'en empêcher faute de cent écus?

X

A SON ONCLE L'ABBÉ FESCH [2].

Serve, près Saint-Vallier en Dauphiné,
le 8 février 1791.

J'ai trouvé partout les paysans très fermes sur leurs étriers, surtout en Dauphiné. Ils sont tous disposés à périr pour le maintien de la Constitution.

1. Publiée par M. de Coston. Citée par M. Iung.
2. Publiée par M. de Coston.

J'ai vu à Valence *un peuple résolu*, des *soldats patriotes* et des *officiers aristocrates*. Il y a des exceptions cependant, puisque le président du club est un capitaine nommé *du Corbeau*. C'est un capitaine du régiment de Forez en garnison à Valence.

Tous les curés du Dauphiné ont prêté le serment civique; l'on se moque du cri des évêques.

Ce qu'on appelle la bonne société est aux trois quarts aristocrate, c'est-à-dire, qu'ils se couvrent du masque des partisans de la Constitution anglaise.

Les femmes sont presque partout royalistes. Ce n'est pas étonnant; la liberté est une femme plus jolie qu'elles, qui les éclipse.

Je suis dans la cabane d'un pauvre d'où je me plais à t'écrire, après m'être longtemps entretenu avec ces bonnes gens... Il est quatre heures du soir, le temps est frais, quoique doux; je me suis amusé à marcher. La neige ne tombe pas, mais elle n'est pas loin.

Il est vrai que Peretti a menacé Mirabeau d'un coup de couteau. Cela n'a pas fait honneur à la nation. Il faudrait que la société patriotique fît présent d'un habillement complet corse à Mirabeau, c'est-à-dire, d'une barrette, veste, culotte et caleçon, cartouchière, stylet, pistolet et fusil; cela ferait un bon effet.

Dimanche prochain, le département de la Drôme nommera son évêque; il est probable que ce sera un curé de Valence.

Je n'entends rien de nouveau, ainsi il faut que tout soit tranquille.

La Société patriotique de Valence a envoyé une députation pour tâcher de concilier Avignon avec Carpentras. Cette députation se joindra aux députations des sociétés de l'Escot, d'Orange, de Montélimar, etc [1].

XI

A SON FRÈRE JOSEPH [2].

Paris, 3 juillet 1792.

Ceux qui sont à la tête sont de pauvres hom-

---

1. Lettre curieuse à plus d'un titre. On voit que le jeune Bonaparte professait un républicanisme ardent.
2. Joseph Bonaparte, colonel du 4° de ligne puis général de brigade, frère aîné de Napoléon, né à Corté (Corse) le 7 janvier 1768, élevé au séminaire d'Autun à partir de 1779, refusa d'entrer dans les ordres en 1784. Inscrit au barreau de Bastia en 1788, il quitte la Corse avec sa mère et ses sœurs, et arrive à Toulon en juin 1793. Commissaire des guerres en 1793, attaché au commissariat de la marine en avril 1794, résident de France à Parme en 1797, élu député au Conseil des Cinq-Cents en 1797, ambassadeur de France à Rome le 15 mai 1797, Grand-Electeur de l'empire en 1804, il refusa la couronne d'Italie en 1805. Roi de Naples et des Deux-Siciles en 1806, roi d'Espagne et des Indes en 1808, il abdiqua en 1813. Régent de l'empire en 1814, comte de Survilliers en 1815, Joseph Bonaparte est mort à Florence le 28 juillet 1844. Il est inhumé aux Invalides depuis 1862.

mes. Il faut avouer, lorsque l'on voit tout cela de près, que les peuples valent peu la peine que l'on se donne tant de soins, pour mériter leur faveur. Tu connais l'histoire d'Ajaccio; celle de Paris est exactement la même; peut-être les hommes y sont-ils plus petits, plus méchants, plus calomniateurs et plus censeurs. Il faut voir les choses de près pour sentir que l'enthousiasme est de l'enthousiasme et que le peuple français est un peuple vieux, sans préjugés, sans liens.

Chacun cherche son intérêt et veut parvenir, à force d'horreur, de calomnie; l'on intrigue aujourd'hui aussi bassement que jamais. Tout cela détruit l'ambition. L'on plaint ceux qui ont le malheur de jouer un rôle, surtout lorsqu'ils peuvent s'en passer. Vivre tranquille, jouir des affections de la famille et de soi-même, voilà, mon cher, lorsque l'on jouit de quatre à cinq mille francs de rente, le parti que l'on doit prendre et que l'on a vingt-cinq à quarante ans, c'est-à-dire lorsque l'imagination calmée ne vous tourmente plus.

Je vous embrasse et je vous recommande de vous modérer en tout; en tout, entendez-vous, si vous voulez vivre heureux.

XII

A SON FRÈRE JOSEPH [1].

Paris, le 23 juin 1795.

Je suis employé comme général de brigade dans l'armée de l'Ouest, mais non pas dans l'artillerie. Je suis malade, ce qui m'oblige à prendre un congé de deux ou trois mois ; quand ma santé sera rétablie, je verrai ce que je ferai [2].

XIII

A JOSEPH BONAPARTE, A GÊNES [3].

Paris, 24 juin 1795.

Dans quelques événements que la fortune te place,

---

1. Citée par M. Th. Iung.
2. Effectivement le 29 mars 1795, Bonaparte avait été nommé au commandement d'une brigade d'infanterie à l'armée de l'Ouest. Il refusa ce commandement. Voyez à ce sujet Stendhal (*Vie de Napoléon*) et les *Mémoires* de la duchesse d'Abrantès. « Il refusait, dit une autre contemporaine, d'aller être gé-
» néral dans la Vendée et de quitter l'artillerie. *C'est mon arme,*
» répétait-il souvent ; ce qui nous faisait beaucoup rire. Nous
» ne comprenions pas, nous autres jeunes filles, comment l'ar-
» tillerie, des canons, pouvaient servir d'épée à quelqu'un. »
3. Joseph Bonaparte préparait alors une expédition française à Gênes, dans le but d'arracher la Corse aux Anglais.

tu sais bien, mon ami, que tu ne peux pas avoir de meilleur ami à qui tu sois plus cher et qui désire plus sincèrement ton bonheur. Si tu pars, et que tu penses que ce puisse être pour quelque temps, envoie-moi ton portrait. Nous avons vécu tant d'années ensemble, si étroitement unis, que nos cœurs se sont confondus, et tu sais mieux que personne combien le mien est entièrement à toi. Je sens, en traçant ces lignes, une émotion dont j'ai peu d'exemples dans ma vie. Je sens bien que nous tarderons à nous voir, et je ne puis continuer ma lettre. Adieu, mon ami.

XIV

A SON FRÈRE JOSEPH.

Paris, le 18 juillet 1795 [1].

Le luxe, le plaisir et les arts reprennent ici d'une manière étonnante ; hier on a donné *Phèdre* à l'Opéra, au profit d'une ancienne actrice ; la foule était immense depuis deux heures après-midi, quoique les prix fussent triplés. Les voitures, les élégants reparaissent, ou plutôt ils ne se souviennent plus que

---

1. Reproduite par M. Imbert de Saint-Amand.

comme d'un long songe qu'ils aient jamais cessé de briller [1]. Les bibliothèques, les cours d'histoire, de botanique, d'astronomie, se succèdent. Tout est entassé dans ce pays pour rendre la vie agréable ; l'on s'arrache à ses réflexions, et quel moyen de voir en noir dans cette application de l'esprit et ce tourbillon actif? Les femmes sont partout, aux spectacles, aux promenades, aux bibliothèques.

Dans le cabinet du savant, vous voyez de très jolies personnes. Ici seulement, de tous les endroits de la terre, elles méritent de tenir le gouvernail; aussi les hommes en sont-ils fous, ne pensent-ils qu'à elles et ne vivent-ils que pour elles. Une femme a besoin de six mois de Paris pour connaître ce qui lui est dû.

XV

AU MÊME.

Paris, le 19 juillet 1795.

Salut à ta femme [2] que je désire beaucoup em-

---

[1]. Cette lettre, l'une des plus jolies de la jeunesse de Bonaparte, montre jusqu'à quel point il était bien doué pour l'observation directe de la vie. Beaucoup de nos soi-disant chroniqueurs d'aujourd'hui n'ont point ce ton aimable et plein d'aisance.

[2]. Joseph Bonaparte s'était marié le 1er août 1794, à Cuges (Bouches-du-Rhône) avec Marie-Julie Clary, née à Marseille le 25 décembre 1771, fille de François Clary, négociant en savons, et de Françoise-Rose Somis.

brasser à Paris où l'on vit beaucoup plus heureusement qu'à Gênes. C'est ici que l'homme droit et prudent[1], qui ne se mêle que de ses amis, vit avec toute l'extension et la liberté imaginable, comme il veut, et est absolument libre.

XVI

AU MÊME.

Paris, 25 juillet 1795.

Tout va bien. L'on fait passer des forces à l'armée d'Italie. Désirerais-tu que j'y allasse ?

Adieu, mon ami, santé, gaieté, bonheur et plaisir. Je t'ai envoyé des lettres de Mariette, Fréron[2], Barras[3], qui te recommandent au chargé d'affaires de la République. Permon[4] est ici. Il te salue, ainsi que Muiron et Casabianca.

1. Certaines éditions portent à tort : « adroit et prudent. »
2. Le beau Stanislas Fréron, représentant du peuple. Il s'était amouraché de Pauline Bonaparte à Marseille, où elle se trouvait avec sa mère et ses sœurs.
3. Bonaparte avait fait sa connaissance probablement par Doulcet de Pontécoulant.
4. C'est M. Permon, le père de la future madame Junot, plus tard duchesse d'Abrantès.

XVII

AU MÊME.

Paris, 30 juillet 1795.

Les moissons sont aussi belles qu'il est possible de se l'imaginer; tout va bien. Ce grand peuple se donne au plaisir: les danses, les spectacles, les femmes, qui sont ici les plus belles du monde [1], deviennent la grande affaire. L'aisance, le luxe, le bon ton, tout a repris; l'on ne se souvient plus de la Terreur que comme d'un rêve.

XVIII

AU MÊME.

Paris, 1er août 1795.

Demain, l'on renouvelle quatre membres du Co-

---

[1]. Bonaparte, étant capitaine, en 1792, avait connu madame de Saint-Huberty. Trois ans plus tard, il allait chez madame Permon, admirait la belle Thérésa Cabarrus (madame Tallien), madame Récamier, et avait dû apercevoir déjà Joséphine. De là son lyrisme.

mité de Salut public ; je t'apprendrai leurs noms[1].

La paix est faite avec l'Espagne, Naples et Parme. Quarante mille hommes sont en marche de l'armée des Pyrénées pour se rendre à Nice. L'on adopte mes plans offensifs [2]. L'on est généralement très satisfait de la nouvelle Constitution, qui promet bonheur, tranquillité et long avenir à la France. Nul doute que peu à peu tout se rétablisse. Il faut à ce pays-ci bien peu d'années pour cela.

Ton ami James est à Paris. Que fais-tu à Gênes? Qu'y dit-on? Comment s'amuse-t-on? Je crois qu'il y a une grande différence avec ce pays-ci, le centre des sciences, des plaisirs, des arts et de la liberté civile... Je voudrais faire venir Jérôme à Paris. Il n'en coûterait que douze cents francs par an [3].

XIX

AU MÊME.

Paris, 9 août 1795.

L'on est ici assez bien et fort porté à la gaieté;

---

1. Les quatre sortants étaient Treilhard, Cambacérès, Aubry et Tallien. Ils furent remplacés par Letourneur (de la Manche), Merlin de Douai, Rewbell et Sieyès. Aubry était l'ennemi personnel du général Bonaparte.

2. Le jeune général avait remis au Comité un mémoire sur la prochaine campagne de l'armée des Alpes.

3. Jérôme Bonaparte était alors âgé de onze ans.

l'on dirait que chacun a à s'indemniser du temps qu'il a souffert, et l'incertitude de l'avenir porte à ne rien épargner pour les plaisirs du présent... Adieu, mon bon ami ; sois très insouciant sur l'avenir, très content du présent, gai et apprends un peu à t'amuser.

XX

AU MÊME.

Paris, 12 août 1795.

Cette ville est toujours la même, tout pour le plaisir, tout aux femmes, aux spectacles, aux bals, aux promenades, aux ateliers des artistes. Fesch paraît vouloir retourner en Corse à la paix ; il est toujours le même, existant dans l'avenir, m'écrivant six pages sur la pointe d'une aiguille ; le présent n'est plus pour lui que le passé, mais l'avenir est tout [1]. Moi, très peu attaché à la vie, la voyant sans grande sollicitude, me trouvant constamment dans la situation d'âme où l'on est à la veille d'une bataille, convaincu par sentiment que lorsque la mort se trouve au milieu pour tout

---

[1]. La plupart des Bonaparte et leurs alliés ont toujours eu le pressentiment qu'ils joueraient un rôle important sur la scène du monde. L'abbé Joseph Fesch, qui était à ce moment simple commissaire des guerres, mourut cardinal après avoir occupé un archevêché.

terminer, s'inquiéter est folie ; tout me fait braver le sort et le destin ; et si cela continue, mon ami, je finirai par ne pas me détourner lorsque passe une voiture. Ma raison en est quelquefois étonnée, mais c'est la pente que le spectacle moral de ce pays et l'habitude des hasards ont produite sur moi.

XXI

AU MÊME.

Paris, le 20 août 1795.

Je suis attaché, dans ce moment-ci, au bureau topographique du Comité de Salut public pour la direction des armées, à la place de Carnot. Si je demande, j'obtiendrai d'aller en Turquie, comme général d'artillerie du grand seigneur, avec un bon traitement et un titre d'envoyé très flatteur. Je te ferai nommer consul et ferai nommer Villeneuve ingénieur pour y aller avec moi. Tu m'as dit que M. Danthoine y était déjà. Ainsi, avant un mois, je viendrai à Gênes, nous irions à Livourne, d'où nous partirions. Dans ce cas veux-tu acheter une terre ?

L'on est tranquille, mais les orages se préparent peut-être ; les assemblées primaires vont se réunir ;

dans quelques jours, je mènerai avec moi cinq à six officiers...

L'arrêté du Comité de Salut public qui m'emploie pour être *chargé de la direction des armées et plans de campagne* étant très flatteur pour moi, je crains qu'ils ne veuillent plus me laisser aller en Turquie. Nous verrons. Je dois voir aujourd'hui une campagne. Je t'embrasse; écris toujours dans l'hypothèse que j'allasse en Turquie.

XXII

AU MÊME.

Paris, 5 septembre 1795.

Si je reste, il ne serait pas impossible que la folie de me marier ne me prît. Je voudrais à cet effet un petit mot de ta part là-dessus; il serait peut-être bon d'en parler au frère d'Eugénie [1]. Fais-moi savoir le résultat et tout est dit.

1. Il s'agit de mademoiselle Bernardine-Eugénie-Désirée Clary, née à Marseille le 8 novembre 1781 et sœur de madame Joseph Bonaparte. Eugénie Clary était promise au brave général Duphot, qui fut tué à Rome, dans une émeute, en 1797. (Voyez le *Napoléon* de M. de Norvins.) La première personne qui ait donné à Bonaparte des idées de mariage fut mademoiselle Caroline Grégoire du Colombier, qu'il connut dans sa

XXIII

AU MÊME.

Paris, 6 septembre 1795.

Je continuerai à rester à Paris, spécialement pour ton affaire.

Tu ne dois avoir, quelque chose qu'il arrive, rien à craindre pour moi. J'ai pour amis tous les gens de bien de quelque parti et opinion qu'ils soient[1]. Mariette est entrêmement zélé pour moi ; tu connais son opinion. Doulcet ! je suis très lié avec lui. Tu connais mes autres amis d'une opinion opposée. Tu le sais, mon ami, je ne vis que par le plaisir que je fais aux miens. Si mes espérances sont secondées par ce bonheur qui ne m'abandonne jamais dans mes

---

garnison de Valence en 1785, et qui épousa, en mars 1792, M. Garampel de Bressieux, ancien capitaine au régiment de Lorraine. Bonaparte songea un instant à madame Permon, future belle-mère de Junot ; puis enfin il rencontra Joséphine. Quant à mademoiselle Clary, elle devint madame Bernadotte en 1798.

1. VARIANTE : « ... j'ai pour amis tous les gros, tous les gens de bien, de quelque parti et quels qu'ils soient. » (Imbert de Saint-Amand, *La Jeunesse de l'Impératrice Joséphine*, édition Dentu, page 181.)

entreprises, je pourrai vous rendre heureux, et remplir vos désirs [1].

Adieu, mon ami. Amuse-toi bien ; tout va bien. Sois gai ; pense à *mon affaire* [2] car j'ai la folie d'avoir une maison. Puisque tu n'y es pas et que tu veux rester à l'étranger, il faut bien que l'affaire d'Eugénie se finisse ou se rompe. J'attends la réponse avec impatience. Tu peux rester à Gênes tant que tu voudras. Ton motif est simple ; c'est de tirer de Corse le peu d'épingles qui nous restent.

XXIV

AU MÊME.

Paris, 8 septembre 1795.

Quelques sections de Paris sont agitées par l'esprit insurrectionnel ; ce sont quelques aristocrates qui voudraient profiter de l'état d'affaissement où l'on a tenu les patriotes pour les expulser et arborer la révolution ; mais les vrais patriotes, la Convention en masse, les armées sont là pour défendre la patrie

---

1. On voit que, dès ce moment, le jeune général avait à cœur de faire parvenir tous les siens à des positions brillantes.
2. *L'affaire*, c'est la candidature de Bonaparte à la main de mademoiselle Clary (Eugénie-Désirée.)

et la liberté. Cela n'aura aucune suite. Je ne vois dans l'avenir que des sujets agréables[1]; et en serait-il autrement, qu'il faudrait encore vivre du présent, l'avenir est à mépriser pour l'homme qui a du courage.

XXV

AU MÊME.

Paris, 26 septembre 1795.

Il y a beaucoup de chaleur dans les têtes; le moment paraît critique, mais le génie de la liberté n'abandonne jamais ses défenseurs. Toutes nos armées triomphent.

Il est question plus que jamais de mon voyage[2]. Cela serait même décidé, s'il n'y avait pas tant de fermentation ici; mais il y a dans ce moment quelques bouillonnements et des germes très incendiaires. Cela finira sous peu de jours[3]. J'ai reçu les pièces de Villeneuve. Il ne peut espérer davantage que d'être

1. On ne peut s'empêcher de rapprocher cette phrase des événements qui allaient éclater le 5 octobre (13 vendémiaire.)
2. A Constantinople, pour réorganiser l'artillerie du Grand-Turc, ami de la République française.
3. Au moment où il écrivait cette lettre, Bonaparte avait eu plusieurs entrevues avec Barras, dans la petite maison du directeur, rue de Chaillot. Il dut obtenir de Barras, dès ce moment, la promesse formelle d'être employé à la répression de l'émeute royaliste.

capitaine. Ce ne sera qu'avec beaucoup de faveur que je le ferai comprendre pour cette mission en cette qualité, mais le principal est de servir et d'être utile... Lucien est en route pour venir ici ; si j'y suis encore, je verrai à lui être utile.

XXVI

AU CITOYEN ROSSI[1].

Paris, 24 brumaire an V,
15 novembre 1795.

Vous ne me voudrez pas de mal, mon cher parent, de ne pas vous avoir répondu plus tôt. Je suis excessivement occupé. Vous pouvez m'adresser à Paris vos deux protégés. Je les placerai convenablement dans la légion de police. Mais il est impossible de leur obtenir un congé.

Croyez que je n'oublierai jamais rien de ce qui peut vous faire plaisir.

BUONAPARTE.
général en chef de l'armée de l'intérieur.
Au quartier général, rue des Capucines,
ci-devant la mairie.

1. L'original de ce billet existe aux archives de la guerre. Le lieutenant-colonel Th. Iung (aujourd'hui général) l'a reproduit au tome troisième de son intéressant ouvrage : *Bonaparte et son temps.*

XXVII

A SON FRÈRE JOSEPH, A AJACCIO.

10 décembre 1796.

La paix avec Parme est faite ; j'attends à chaque instant la nouvelle que tu es promu à la place de Parme[1]. Reviens le plus tôt possible ; ne te mêle point ou peu des affaires de Corse ; mets en ordre nos affaires domestiques, surtout notre maison d'habitation, que je désire à tout événement voir dans une situation propre et digne d'être habitée ; il faut la remettre comme elle était, en y joignant l'appartement d'Ignazzio ; fais les petits arrangements pour que la rue soit plus habitable.

J'attends Fesch et Paulette à Milan dans quinze jours.

1. Joseph Bonaparte s'occupait de faire remettre en état la maison des Bonaparte à Ajaccio. Son tout-puissant frère obtint pour lui, le 27 mars suivant, la résidence de France à Parme.

XXVIII

AU MÊME, A PARIS[1].

Le Caire, 25 juillet 1798.

Tu verras dans les papiers publics, le résultat des batailles et la conquête de l'Egypte qui a été assez disputée pour ajouter une feuille à la gloire militaire de cette armée. L'Égypte est le pays le plus riche en blé, lin, légumes, viandes, qui existe sur la terre ; la barbarie y est à son comble. Il n'y a point d'argent, pas même pour solder les troupes. Je puis être en France dans deux mois. *Je te recommande mes intérêts. J'ai beaucoup de chagrin domestique, car le voile est entièrement levé*[2].

Toi seul me reste sur la terre, ton amitié m'est bien chère, il ne me reste plus pour devenir misanthrope qu'à la perdre et te voir me trahir... C'est une triste position que d'avoir à la fois tous les sentiments

---

1. Cette lettre faisait partie d'un courrier de l'armée d'Egypte qui tomba entre les mains des Anglais le 9 août 1798. Elle a été publiée à Londres.

2. Bonaparte, on ne sait à la suite de quel espionnage, soupçonnait Joséphine de le tromper pendant son séjour en Egypte. Voyez à ce propos, dans les *Mémoires* dits *de Bourrienne*, le récit d'une scène de colère et de soupçons que fit Bonaparte, au sujet de sa femme, près des fontaines de Messoudiah, devant El-Arisch.

pour une même personne dans un seul cœur... Tu m'entends.

Fais en sorte que j'aie une campagne à mon arrivée, soit près de Paris ou en Bourgogne; je compte y passer l'hiver et m'y enfermer, je suis ennuyé de la nature humaine! J'ai besoin de solitude et d'isolement, les grandeurs m'ennuient, le sentiment est desséché. La gloire est fade à vingt-neuf ans, j'ai tout épuisé, il ne me reste plus qu'à devenir bien vraiment égoïste! Je compte garder ma maison, jamais je ne la donnerai à qui que ce soit. Je n'ai plus que de quoi vivre! Adieu, mon unique ami; je n'ai jamais été injuste envers toi! Tu me dois cette justice malgré le désir de mon cœur de l'être... Tu m'entends! Embrasse ta femme et Jérôme.

XXIX

A SON FRÈRE JÉRÔME [1].

Alexandrie, 6 mai 1805.

Mon frère, votre lettre de ce matin m'apprend

---

[1]. Jérôme Bonaparte, quatrième frère de Napoléon et le plus jeune, né à Ajaccio le 15 novembre 1784, élevé au collège de Juilly, entré dans la marine, enseigne de vaisseau en 1800. Son mariage avec mademoiselle Elisabeth Paterson, fille d'un négociant de Baltimore (Etats-Unis) le brouilla avec Napoléon

votre arrivée à Alexandrie. Il n'y a pas de faute qu'un véritable repentir n'efface à mes yeux. Votre union avec mademoiselle Paterson est nulle aux yeux de la religion, comme aux yeux de la loi [1]. Ecrivez à mademoiselle Paterson de retourner en Amérique. Je lui accorderai une pension de soixante mille francs sa vie durant, à la condition que, dans aucun cas, elle ne portera mon nom, droit qu'elle n'a pas, dans la non-existence de son union. Vous-même, faites-lui connaître que vous n'avez pu ni ne pouvez changer la nature des choses. Votre mariage ainsi annulé dans votre propre volonté, je vous rendrai mon amitié, et je reprendrai les sentiments que j'eus pour vous depuis votre enfance, espérant que vous vous en rendrez digne par les soins que vous porterez à acquérir ma reconnaissance et à vous distinguer dans mes armées.

jusqu'en mai 1805. A cette époque le mariage fut annulé comme illégal (Jérôme était mineur), et il épousa la princesse Catherine de Wurtemberg. Grand-Aigle de la Légion d'Honneur, proclamé roi de Westphalie le 1er décembre 1807. Commandant un des corps de la Grande Armée en 1812 détrôné en 1813, Jérôme reprit du service en 1815 comme général. Il commandait à Waterloo une division d'infanterie, et y fut blessé. Gouverneur des Invalides pendant le second Empire, le roi Jérôme est mort au château de Villegenis (Seine-et-Oise) le 24 juin 1860. Inhumé aux Invalides. Père du prince Jérôme Napoléon et de la princesse Mathilde.

1. Ce mariage datait du 24 décembre 1803.

XXX

AU PRINCE EUGÈNE, VICE-ROI D'ITALIE [1].

4 janvier 1806.

Mon cousin, douze heures au plus tard après la réception de la présente lettre, vous partirez en toute diligence pour Munich. Tâchez d'être arrivé le plus tôt possible, afin d'être certain de m'y trouver. Vous laisserez votre commandement entre les mains du général de division que vous croirez le plus capable et le plus probe. Il est inutile que vous ameniez

---

[1]. La figure la plus chevaleresque de l'Empire, modèle d'honneur, de bravoure, d'élégance et d'amabilité.

Eugène-Rose de Beauharnais, né à Paris le 3 septembre 1780, fils du vicomte de Beauharnais, capitaine au régiment de la Sarre, et de Joséphine de Tascher de la Pagerie, plus tard impératrice des Français. Grand-Aigle de la Légion d'Honneur. Archichancelier d'État en 1804, vice-roi d'Italie en 1805, prince héréditaire français, prince de Venise, Lieutenant de l'empereur Napoléon, commandant en chef de l'armée d'Italie, il se distingua partout et surtout en 1812 et 1813. Ce fut lui qui ramena la Grande-Armée de Russie, après le départ de Murat. Il avait commencé sa carrière militaire en 1796, sous les yeux du général Bonaparte, comme sous-lieutenant aux guides, armée d'Italie, et aide-de-camp du général en chef.

Retiré après 1815 à la cour du roi de Bavière, son beau-père, fait duc de Leuchtemberg et prince d'Eichstadt, le prince Eugène est mort à Munich le 21 février 1824. Sa fille épousa le roi de Suède Oscar Ier, fils de Bernadotte.

beaucoup de suite. Partez promptement et incognito, tant pour courir moins de dangers que pour éprouver moins de retard. Envoyez-moi un courrier qui m'annonce votre arrivée vingt-quatre heures à l'avance [1].

XXXI

A LA VICE-REINE D'ITALIE [2].

17 janvier 1806.

Ma fille, la lettre que vous m'avez écrite est aussi aimable que vous. Les sentiments que je vous ai voués ne feront que s'augmenter tous les jours ; je le sens au plaisir que j'ai de me ressouvenir de toutes vos belles qualités, et au besoin que j'éprouve d'être assuré fréquemment par vous-même que vous êtes contente de tout le monde, et heureuse pour votre mari. Au milieu de toutes mes affaires, il n'y en aura jamais pour moi de plus chères que celles qui pourront assurer le bonheur de mes enfants. Croyez, Auguste, que je vous aime comme un père, et que

1. Le prince Eugène arriva à l'heure dite, le 10 janvier. Il eut le bonheur de plaire ; car il s'agissait de son mariage.
2. Auguste-Amélie de Bavière, née le 21 juin 1788, fille de Maximilien-Joseph, roi de Bavière. Mariée le 13 janvier 1806 au prince Eugène, vice-roi d'Italie.

je compte que vous aurez pour moi toute la tendresse d'une fille. Ménagez-vous dans votre voyage, ainsi que dans le climat où vous arrivez, en prenant tout le repos convenable.

XXXII

A SON FRÈRE, LE ROI DE HOLLANDE [1].

4 avril 1807.

Vos querelles avec la reine percent dans le public. Ayez donc, dans votre intérieur, ce caractère paternel et efféminé que vous montrez dans le gouvernement, et ayez dans les affaires ce rigorisme que vous montrez dans votre ménage. Vous traitez une jeune femme comme on mènerait un régiment... Vous avez la meilleure femme, et la plus vertueuse, et

1. Louis Bonaparte, troisième frère de Napoléon, né à Ajaccio le 2 septembre 1778, élevé par son frère Napoléon à Auxonne et à Valence, entré à l'école d'artillerie de Châlons en 1795, lieutenant, aide de camp du général Bonaparte, capitaine d'artillerie le 21 août 1796, passé au 5e régiment de hussards (armée d'Egypte), chef d'escadron au 5e régiment de dragons en 1799, Grand-dignitaire, Connétable de l'empire en 1804, Grand-Aigle de la Légion d'Honneur en 1805, roi de Hollande le 5 juin 1806, abdiqua en 1810. Gendre de Joséphine, père de Napoléon III, le roi Louis est mort à Livourne le 25 juillet 1846. Inhumé à Saint-Leu-Taverny (Seine-et-Oise.)

vous la rendez malheureuse. Laissez-la danser tant qu'elle veut, c'est de son âge. J'ai une femme qui a quarante ans [1] ; du champ de bataille je lui écris d'aller au bal. Et vous voulez qu'une femme de vingt ans qui voit passer sa vie, qui en a toutes les illusions, vive dans un cloître, soit comme une nourrice toujours à laver son enfant. Vous êtes trop *vous* dans votre intérieur, et pas assez dans votre administration. Je ne vous dirais pas tout cela sans l'intérêt que je vous porte. Rendez heureuse la mère de vos enfants ; vous n'avez qu'un moyen c'est de lui témoigner beaucoup d'estime et de confiance. Malheureusement, vous avez une femme trop vertueuse ; si vous aviez une femme trop coquette, elle vous mènerait par le bout du nez. Mais vous avez une femme fière, que la seule idée que vous puissiez avoir mauvaise opinion d'elle révolte et afflige. Il vous aurait fallu une femme comme j'en connais à Paris. Elle vous aurait joué sous jambe, et vous aurait tenu à ses genoux. Ce n'est pas ma faute, je l'ai souvent dit à votre femme.

1. Pure galanterie de Napoléon pour sa créole. Joséphine avait alors quarante-quatre ans. Mais, par ordre, l'*Almanach Impérial* la faisait toujours naître le 24 juin 1768. Or, Eugène était né en 1780.

XXXIII

A SA BELLE-FILLE, LA REINE HORTENSE[1].

Château de Finkestein[2], le 20 mai 1807.

Ma fille, tout ce qui me revient de la Haye m'apprend que vous n'êtes pas raisonnable. Quelque légitime que soit votre douleur, elle doit avoir des bornes. N'altérez point votre santé ; prenez des distractions, et sachez que la vie est semée de tant d'écueils, et peut être la source de tant de maux, que la mort n'est pas le plus grand de tous[3]. Votre affectionné père.

---

1. Hortense-Eugénie de Beauharnais, née à Paris le 10 avril 1783, fille du vicomte de Beauharnais et de Marie-Rose-Josèphe (Joséphine) de Tascher de la Pagerie ; mariée le 3 janvier 1802 à Louis Bonaparte. Protectrice des maisons de la Légion d'Honneur en 1804, reine de Hollande en 1806. Pendant les Cent-Jours, en 1815, elle demeura auprès de Napoléon. Duchesse de Saint-Leu après la chute de l'empire, elle est morte, en exil, au château d'Arenemberg (Suisse) le 5 octobre 1837. La reine Hortense est inhumée dans l'église de Rueil.

2. En Pologne, où l'empereur se reposait de sa dernière campagne, en compagnie, dit-on, de la belle madame W...

3. Hortense venait de perdre, le 5 mai 1807, son fils aîné Napoléon-Charles, né à Paris le 10 octobre 1802.

XXXIV

A SON FRÈRE, LE ROI DE HOLLANDE.

27 mars 1808.

Le climat de la Hollande ne vous convient pas. D'ailleurs la Hollande ne saurait sortir de ses ruines. Dans le tourbillon du monde, que la paix ait lieu ou non, il n'y a pas de moyen pour elle qu'elle se soutienne. Dans cette situation, je pense à vous pour le trône d'Espagne... Répondez-moi catégoriquement. Si je vous nomme roi d'Espagne, l'agréez-vous? Puis-je compter sur vous?

XXXV

A SA SŒUR, LA PRINCESSE PAULINE BORGHÈSE, DUCHESSE DE GUASTALLA[1].

Paris, 1er mars 1809.

Ma sœur, étant dans l'intention de porter le duché

---

1. Marie-Pauline Bonaparte, seconde sœur de Napoléon, née à Ajaccio le 20 octobre 1780, mariée au général de division Leclerc en 1801 (mort à Saint-Domingue le 2 novembre 1802);

de Guastalla à plus d'un million cent cinquante mille francs de revenu, j'ai ordonné qu'il y fût joint :

1° des terres du revenu de 300,000 francs prises dans le grand-duché de Berg ;

2° des terres du revenu de 150,000 francs prises dans l'État de l'Ost-Frise ;

3° des terrres du revenu de 200,000 francs prises dans le comté de Hanau ;

4° des terres du revenu de 150,000 francs prises en Westphalie.

Ce qui fera une augmentation de 800,000 francs de revenu au duché de Guastalla. Ces 800,000 francs joints aux 200,000 fr. de rente que vous avez sur le grand livre, et aux 180,000 francs provenant soit des biens allodiaux du duché de Guastalla, soit du produit des salines, porteront les revenus du duché à 1,180,000 francs.

---

remariée le 6 novembre 1803 au prince Camille Borghèse; duchesse et princesse de Guastalla en 1805, elle accompagna Napoléon à l'île d'Elbe en 1814. Stendhal l'a appelée la plus belle femme de son temps; et Canova, qui lui doit une *Léda* célèbre, était du même avis. Théodore de Banville, dans un des plus beaux sonnets de son recueil des *Princesses*, la nomme « le précieux joyau de la famille corse. » Elle fut successivement demandée en mariage par le vice-amiral Truguet et par le brave Junot, alors simple lieutenant, avant d'épouser Leclerc. Le député Fréron l'a courtisée, et l'on a d'elle quelques lettres passionnées qu'elle lui adressa en 1796. (Voyez *Bonaparte et son temps*, par Th. Iung, tome 3e.) Morte à Florence le 9 juin 1825. Inhumée dans l'église Sainte-Marie-Majeure à Rome.

Vous jouirez de cette augmentation de revenu à dater du 1er janvier 1809, ce qui vous mettra à même de maintenir votre rang, et de laisser au prince Borghèse ses autres revenus. Mais j'ai en même temps ordonné que les 480,000 francs dont vous jouissez sur ma cassette fussent réduits à 150,000 fr. Je désire qu'au moyen de cette disposition, la maison de Neuilly entre dans la dotation du duché de Guastalla. — J'ai chargé M. Estève[1] de vous payer le revenu du grand-duché de Berg à compter du 1er janvier 1808, ce qui vous fera disponible une somme de 150,000 fr. Ainsi cela vous assurera pour l'année 1809 un revenu de treize cent mille francs pour vous seule.

Le prince Borghèse jouira alors d'un revenu

de	150,000 fr.	de Lucedio,
de	75,000	sur les salines,
de	300,000	sur le gr.-livre,
et de	300,000	de sa place.
TOTAL	825,000 fr.	
Indépendamment de	275,000	qu'il peut retirer de Rome,
il aura.	1,100,000 fr.	de revenu.

Je désire que vous voyiez dans ces dispositions une preuve de l'affection que je vous porte. Vous pouvez

---

1. Le comte Estève, trésorier général de la Couronne.

faire venir M. Daru [1] qui vous donnera tous les renseignements dont vous aurez besoin. Votre affectionné frère,

NAPOLÉON.

XXXVI

A LA REINE HORTENSE.

Ebersdorf, 28 mai 1809.

Ma fille, je suis mécontent que vous soyez sortie de France sans ma permission, et surtout que vous ayez fait sortir mes neveux [2]. Puisque vous êtes aux eaux de Bade, restez-y ; mais une heure après avoir reçu la présente lettre, renvoyez mes deux neveux à Strasbourg, auprès de l'impératrice ; ils ne

---

1. Pierre Daru, comte de l'Empire, né à Montpellier en 1767, lieutenant d'artillerie en 1784, commissaire des guerres, secrétaire du comte de Périgord (gouverneur du Languedoc), commissaire-ordonnateur en 1792, chef de division au ministère de la guerre en 1796, ordonnateur en chef en 1799, il devint en 1801 secrétaire général du ministère de la guerre. Napoléon le fit intendant général de sa maison et de la Grande Armée en 1804, conseiller d'État, ministre d'État en 1811 et ministre directeur de l'administration de la guerre en 1813. Mort membre de l'Académie française en 1829. Traducteur et historien.
2. Ces deux neveux de l'empereur étaient les jeunes Charles-Napoléon-Louis, né en 1804, et Charles-Louis-Napoléon, né en 1808, le futur Napoléon III.

doivent jamais sortir de France. C'est la première fois que j'ai lieu d'être mécontent de vous ; mais vous ne deviez pas disposer de mes neveux sans ma permission ; vous devez sentir le mauvais effet que cela produit. Puisque les eaux de Bade vous font du bien, vous pouvez y rester quelques jours ; mais, je vous le répète, ne perdez pas un moment pour renvoyer mes neveux à Strasbourg. Si l'impératrice va aux eaux de Plombières, ils l'y accompagneront ; mais ils ne doivent jamais passer le pont de Strasbourg. Votre affectionné père,

NAPOLÉON [1].

XXXVII

AU PRINCE EUGÈNE DE BEAUHARNAIS, VICE-ROI D'ITALIE.

Compiègne, le 26 avril 1810.

Mon fils, je reçois votre lettre du 25 à minuit, avec une lettre de l'impératrice. Vous trouverez ci-

---

1. Cette lettre sévère donne une idée de la rigidité avec laquelle Napoléon comprenait son rôle de chef de la famille impériale. N'ayant pas d'enfant, il se réservait encore à ce moment-là la faculté d'adopter l'un des deux fils de Louis et d'Hortense. Aussi a-t-il eu la précaution de charger l'impératrice Joséphine de faire parvenir à la reine de Hollande la terrible épître. Le soin jaloux avec lequel Napoléon veillait sur les enfants d'Hortense ne dut pas peu contribuer à rassu-

joint ma réponse. Voyez Cambacérès pour le mariage de Tascher, je désire qu'il se fasse le plus tôt possible, je tiendrai tout ce que j'avais promis. Je suis bien aise que l'impératrice soit contente de Navarre. Je donne ordre qu'on lui avance 300,000 francs que je lui dois pour 1810, et 300,000 francs que je lui dois pour 1811; elle n'aura qu'à attendre les deux millions du Trésor public; je ne m'oppose pas à ce que, si les 100,000 francs que j'ai donnés pour continuer les travaux de Malmaison ne sont pas employés, on suspende ces travaux, et on les emploie à Navarre. Elle est maîtresse d'aller aux eaux. Comme je pars demain pour Anvers, je vois moins d'inconvénients à ce qu'elle aille aux eaux d'Aix-la-Chapelle ; le seul peut-être que j'y trouverais, c'est qu'elle retournât dans les lieux où j'ai été avec elle ; je préférerais qu'elle allât prendre d'autres eaux où elle a été sans moi, comme celles de Plombières, de Vichy, de Bourbonne, etc. ; mais si celles d'Aix-la-Chapelle sont cependant les eaux

---

rer Joséphine sur son avenir, en un mot à faire évanouir les bruits de divorce qui couraient déjà. Nous avons la lettre d'envoi de l'impératrice à sa fille. La voici, datée du 1ᵉʳ juin :
« Je t'envoie ma chère Hortense, une lettre de l'empereur pour
» toi. J'étais si inquiète de n'en pas recevoir de lui que je l'ai
» ouverte ; j'ai vu avec peine qu'il était mécontent de ton sé-
» jour aux eaux de Bade. Je t'engage à lui écrire tout de suite
» que tu avais prévenu ses intentions, et que tes enfants sont
» auprès de moi ; que tu ne les as eus que quelques jours pour
» les voir et leur faire changer d'air. Le page qui m'est an-
» noncé par la lettre de Méneval n'est pas encore arrivé, j'es-
» père qu'il m'apportera une lettre de l'empereur... »

qui lui conviennent le mieux, je n'y mets aucune opposition ; ce que je désire par dessus tout c'est qu'elle se tranquillise, et qu'elle ne se laisse pas monter la tête par des bavardages de Paris[1].

1. Le divorce de Napoléon et de Joséphine avait reçu sa sanction officielle depuis le samedi 16 décembre 1809. Voyez à ce propos la dramatique scène du divorce, très bien racontée et décrite par M. Imbert de Saint-Amand dans son beau livre : *Les Dernières années de l'impératrice Joséphine*, pages 137-156. (Dentu, édit.)

II

LETTRES A JOSÉPHINE[1].

I

Paris, 28 octobre 1795.

Je ne conçois pas ce qui a pu donner lieu à

---

[1]. Marie-Josèphe-Rose de Tascher de la Pagerie, dite Joséphine, née aux Trois-Ilets, île de la Martinique, le 23 juin 1763, fille de Joseph-Gaspard de Tascher de la Pagerie, écuyer, chevalier de Saint-Louis, capitaine de dragons, et de Rose-Claire des Vergers de Sanois. Mariée le 13 décembre 1779 au vicomte Alexandre de Beauharnais, baron de Banville, capitaine au régiment de la Sarre, plus tard général et député républicain. Veuve de Beauharnais, exécuté le 24 juillet 1794 (5 thermidor an II), elle avait été emprisonnée elle-même du 20 avril au 1er août 1794 (14 thermidor). Dès lors, elle devint l'une des femmes les plus en vue de la société parisienne. Mariée au général de division Bonaparte, commandant en chef de l'armée d'Italie puis premier Consul de la République, le 9 mars 1796, elle fut impératrice des Français en 1804 et reine d'Italie en 1805. Divorcée en 1809, elle mourut au château de la Malmaison le 29 mai 1814. Joséphine est inhumée dans l'église de Ruell (Seine-et-Oise).

votre lettre. Je vous prie de me faire le plaisir de croire que personne ne désire autant votre amitié que moi et n'est plus prêt que moi à faire quelque chose qui puisse le prouver. Si mes occupations me l'avaient permis, je serais venu moi-même porter ma lettre.

Buonaparte[1].

II

Paris, décembre 1795.

Je me réveille plein de toi. Ton portrait et l'enivrante soirée d'hier n'ont point laissé de repos à mes sens. Douce et incomparable Joséphine, quel effet bizarre faites-vous sur mon cœur ; vous fâchez-vous ; vous vois-je triste, êtes-vous inquiète ; ... mon âme est brisée de douleur et il n'est point de repos pour votre ami, mais en est-il donc davantage pour moi, lorsque me livrant au sentiment profond qui me maîtrise, je puise sur vos lèvres, sur votre cœur, une flamme qui me brûle ? Ah ! c'est cette nuit que je me suis bien aperçu que votre portrait n'est pas vous. Tu pars à midi, je te verrai dans trois heures. En at-

---

1. *Les Lettres à Joséphine* (1795-1812) ont été publiées par la reine Hortense en 1823 (2 vol. Didot, éditeur.)

tendant, *mio dolce amor*, un millier de baisers, mais ne m'en donne pas, car ils brûlent mon sang.

III

Chanceaux, 14 mars 1796.

Je t'ai écrit de Châtillon, et je t'ai envoyé une procuration pour que tu touches différentes sommes qui me reviennent. Chaque instant m'éloigne de toi, adorable amie, et, à chaque instant, je trouve moins de force pour supporter d'être éloigné de toi. Tu es l'objet perpétuel de ma pensée; mon imagination s'épuise à chercher ce que tu fais. Si je te vois triste, mon cœur se déchire, et ma douleur s'accroît. Si tu es gaie, folâtre avec tes amis, je te reproche d'avoir bientôt oublié la douloureuse séparation de trois jours; tu es alors légère, et, dès lors, tu n'es affectée par aucun sentiment profond. Comme tu vois, je ne suis pas facile à contenter; mais, ma bonne amie, c'est bien autre chose, si je crains que ta santé ne soit altérée, ou que tu aies des raisons d'être chagrine; alors, je regrette la vitesse avec laquelle on m'éloigne de mon cœur. Je sens vraiment que ta bonté naturelle n'existe plus pour moi, et que ce n'est que tout assuré qu'il ne t'arrive rien de fâcheux que je puis être content. Si l'on me fait la question si j'ai bien dormi, je sens qu'avant de répondre, j'aurais besoin de recevoir un courrier qui m'annonçât que tu as bien reposé. Les maladies, les fureurs des hommes ne m'affectent que par l'idée qu'elles peuvent te frapper, ma bonne amie. Que mon génie, qui m'a toujours garanti au milieu des grands dangers, t'environne, te couvre, et je me livre au découvert. Ah! ne sois pas gaie, mais un peu mélancolique, et surtout que ton âme soit exempte de chagrin, comme ton corps de maladie; tu sais ce que dit là-dessus notre bon Ossian. Ecris-moi, ma tendre amie, et bien longuement, et reçois les mille et un baisers de l'ami le plus tendre et le plus vrai.

IV

Port-Maurice, le 14 germinal (3 avril 1796).

J'ai reçu toutes tes lettres, mais aucune n'a fait sur moi l'impression de ta dernière. Y penses-tu, mon adorable amie, de m'écrire en ces termes? Crois-tu donc que ma position n'est pas déjà assez cruelle, sans encore accroître mes regrets, et bouleverser mon âme? Quel style! quels sentiments que ceux que tu peins! Ils sont de feu, ils brûlent mon pauvre cœur. Mon unique Joséphine, loin de toi il n'est pas de gaieté; loin de toi, le monde est un désert où je reste isolé, et sans éprouver la douceur de m'épancher. Tu m'as ôté plus que mon âme ; tu es l'unique pensée de ma vie. Si je suis ennuyé du tracas des affaires, si j'en crains l'issue, si les hommes me dégoûtent, si je suis prêt à maudire la vie, je mets la main sur mon cœur; ton portrait y bat, je le regarde, et l'amour est pour moi le bonheur absolu, et tout est riant hors le temps que je me vois absent de mon amie.

Par quel art as-tu su captiver toutes mes facultés, concentrer en toi mon existence morale? Vivre pour Joséphine ! voilà l'histoire de ma vie. J'agis pour arriver près de toi ; je me meurs pour t'approcher. Insensé ! je ne m'aperçois pas que je m'en éloigne. Que de pays, que de contrées nous séparent ! que de temps avant que tu lises ces caractères, faibles expressions d'une âme émue où tu règnes! Ah ! mon adorable femme ! je ne sais quel sort m'attend ; mais s'il m'éloigne plus longtemps de toi il me sera insupportable: mon courage ne va pas jusque-là. Il fut un temps où je m'enorgueillissais de mon courage, et quelquefois, en jetant les yeux sur le mal que pourraient me faire les hommes, sur le sort que pourrait me réserver le destin, je fixais les malheurs les plus inouïs sans froncer le sourcil, sans me sentir étonné. Mais aujourd'hui, l'idée que ma Joséphine peut être mal, l'idée qu'elle pourrait être malade, et surtout la cruelle, la funeste pensée qu'elle pourrait m'aimer moins, flétrit mon âme, arrête mon sang, me rend triste, abattu, ne me laisse pas même le courage de la fureur et du désespoir. Je me disais souvent jadis : les hommes ne peuvent rien à celui qui meurt sans regret ; mais aujourd'hui, mourir sans être aimé de toi, mourir sans cette certitude, c'est le tourment de l'enfer, c'est l'image vive et frappante de l'anéantissement absolu. Il me semble que je me sens étouffer. Mon unique compagne, toi que le sort a destinée pour faire avec moi le voyage pénible de la vie, le jour où je n'aurai plus ton cœur sera celui où la nature sera pour moi sans chaleur et sans végétation... Je m'arrête, ma douce amie ; mon âme est triste, mon corps est fatigué, mon esprit est alourdi, les hommes m'ennuient. Je devrais bien les détester, ils m'éloignent de mon cœur.

Je suis à Port-Maurice, près Oneille ; demain je suis à Albenga. Les deux armées se remuent ; nous cherchons à nous tromper. Au plus habile la victoire. Je suis assez content de Beaulieu ; il manœuvre bien ; il est plus fort que son prédécesseur. Je le battrai, j'espère, de la belle manière. Sois sans inquiétude ; aime-moi comme tes yeux ; mais ce n'est pas assez, comme toi ; plus que toi, que ta pensée, ton esprit, ta vie, ton tout. Donc, amie, pardonne-moi, je délire ; la nature est faible pour qui sent vivement, pour celui que tu aimes. A Barras, Sucy, madame Tallien, amitié sincère ; à madame Château-Renard, civilités d'usage ; à Eugène, à Hortense, amour vrai.

V

Albenga, le 18 germinal (7 avril 1796).

Je reçois une lettre que tu interromps pour aller, dis-tu, à la campagne ; et, après cela, tu te donnes le ton d'être jalouse de moi, qui suis ici accablé d'affaires et de fatigues. Ah! ma bonne amie!... Il est vrai que j'ai tort. Dans les premiers temps, la campagne est belle ; et puis, l'amant de dix-neuf ans s'y trouvait sans doute. Le moyen de perdre un instant de plus à écrire à celui qui, éloigné de trois cents lieues de toi, ne vit, ne jouit, n'existe que pour ton souvenir, qui lit tes lettres comme on dévore, après six heures de chasse, les mets que l'on aime. Je ne suis pas content. Ta dernière lettre est froide comme l'amitié. Je n'y ai pas trouvé ce feu qui allume tes regards, ce que j'ai cru quelquefois y voir. Mais quelle est ma bizarrerie ! J'ai trouvé que tes lettres précédentes oppressaient trop mon âme ; la révolution qu'elles y produisaient attaquait mon repos, et asservissait mes sens. Je désirais des lettres plus froides, mais elles me donnent le glacé de la mort. La crainte de ne pas être aimé de Joséphine, l'idée de la voir inconstante, de la... Mais je me forge des peines. Il en est tant de réelles! Faut-il encore s'en fabriquer? Tu ne peux m'avoir inspiré un amour sans bornes sans le partager, et avec ton âme, ta pensée et ta raison, l'on ne peut pas, en retour de l'abandon, du dévouement, donner en échange le coup de mort... Un souvenir de mon unique femme et une victoire du destin, voilà mes souhaits : un souvenir unique, entier, digne de celui qui pense à toi à tous les instants.

VI

Cherasco, 3 floréal (24 avril 1796).

Mon frère[1] te remettra cette lettre ; j'ai pour lui la plus vive amitié. Il obtiendra, j'espère, la tienne ; il la mérite. La nature l'a doué d'un caractère doux et inaltérablement bon ; il est tout plein de bonnes qualités. J'écris à Barras pour qu'on le nomme consul dans quelque port d'Italie. Il désire vivre éloigné avec sa petite femme du grand tourbillon et des grandes affaires ; je te le recommande. J'ai reçu tes lettres du 16 et du 21. Tu as été bien des jours sans m'écrire. Que fais-tu donc ? Oui, ma bonne amie, je suis non pas jaloux, mais quelquefois inquiet. Viens vite ; je te préviens, si tu tardes, tu me trouveras malade. Les

1. Joseph Bonaparte.

fatigues et ton absence, c'est trop à la fois. Tes lettres font le plaisir de mes journées, et mes journées heureuses ne sont pas fréquentes. Junot[1] porte à Paris vingt-deux drapeaux.

Tu dois revenir avec lui, entends-tu ?... Malheur sans remède, douleur sans consolation, peines continues si j'avais le malheur de le voir revenir seul, mon adorable amie. Il te verra, il respirera dans ton temple ; peut-être même lui accorderas-tu la faveur unique et inappréciable de baiser ta joue, et moi je serai seul et bien, bien loin. Mais tu vas revenir, n'est-ce pas ? Tu vas être ici à côté de moi, sur mon cœur, dans mes bras ? Prends des ailes, viens, viens ! Mais voyage doucement. La route est longue, mauvaise, fatigante. Si tu allais verser ou prendre mal ; si la fatigue... Viens vivement, mon adorable amie, mais lentement.

---

1. Andoche Junot, duc d'Abrantès, né en 1771 à Bussy-le-Grand, près Semur ; étudiant en droit en 1789 ; engagé volontaire au 1er bataillon de la Côte-d'Or en 1791 ; sergent au siège de Toulon en 1793 ; passé dans l'artillerie, lieutenant, aide-de-camp du général Bonaparte, général de division en 1800, Gouverneur de Paris, Commandant du corps de réserve des grenadiers ; Colonel-général des hussards, Grand-Aigle de la Légion d'Honneur en 1805, ambassadeur à Lisbonne en 1806, puis Gouverneur des provinces Illyriennes. Mort fou le 29 juillet 1813.

Sa veuve, la duchesse Laure d'Abrantès, fut l'amie de Victor Hugo, de Delacroix, de Théophile Gautier, et nous a laissé de curieux *Mémoires* sur cette éblouissante époque.

VII

Cherasco, 29 avril 1796.

Je ne sais pourquoi depuis ce matin, je suis plus content. J'ai un pressentiment que tu es partie pour ici. Cette idée me comble de joie.

Ne vas pas surtout être malade. Non, ma bonne amie, tu viendras ici; tu te porteras très bien; tu feras un petit enfant, joli comme sa mère, qui t'aimera comme son père, et quand tu seras bien vieille, bien vieille, que tu auras cent ans, il fera ta consolation et ton bonheur.

VIII

Tortone, midi, le 27 prairial an IV de la République.
(15 juin 1796.)

Ma vie est un cauchemar perpétuel. Un pressentiment funeste m'empêche de respirer. Je ne vis plus, j'ai perdu plus que la vie, plus que le bonheur, plus que le repos; je suis presque sans espoir. Je t'expédie un courrier. Il ne restera que quatre heures à Paris et puis m'apportera ta réponse.

Écris-moi dix pages ; cela seul peut me consoler un peu. Tu es malade, tu m'aimes, je t'ai affligée, tu es grosse et je ne te vois pas. Cette idée me confond. J'ai tant de torts envers toi, que je ne sais comment les expier. Je t'accuse de rester à Paris, et tu y étais malade. Pardonne-moi, ma bonne amie ; l'amour que tu m'as inspiré m'a ôté la raison ; je ne la retrouverai jamais. L'on ne guérit pas de ce mal-là. Mes pressentiments sont si funestes que je me bornerais à te voir, à te presser deux heures sur mon cœur et mourir ensemble. Qui est-ce qui a soin de toi ? J'imagine que tu as fait appeler Hortense ; j'aime mille fois plus cette aimable enfant depuis que je pense qu'elle peut te consoler un peu. Quant à moi, point de consolation, point de repos, point d'espoir, jusqu'à ce que j'aie reçu le courrier que je t'expédie, et que par une longue lettre tu m'expliques ce que c'est que ta maladie, et jusqu'à quel point elle doit être sérieuse. Si elle est dangereuse, je t'en préviens, je pars de suite pour Paris... J'ai été toujours heureux ; jamais mon sort n'a résisté à ma volonté, et aujourd'hui je suis frappé dans ce qui me touche uniquement... Sans appétit, sans sommeil, sans intérêt pour l'amitié, pour la gloire, pour la patrie, toi, toi, et le reste du monde n'existe pas plus pour moi que s'il était anéanti. Je tiens à l'honneur puisque tu y tiens, à la victoire puisque cela te fait plaisir, sans quoi j'aurais tout quitté pour me rendre à tes pieds.

Ma bonne amie, aie soin de me dire que tu es convaincue que je t'aime au delà de tout ce qu'il est possible d'imaginer ; que tu es persuadée que tous mes instants te sont consacrés, que jamais il ne se passe une heure sans penser à toi ; que jamais il ne m'est venu dans l'idée de penser à une autre femme ; qu'elles sont toutes à mes yeux sans grâce, sans beauté et sans esprit ; que toi, toi tout entière, telle que je te vois, que tu es, pouvais me plaire et absorber toutes les facultés de mon âme ; que tu en as touché toute l'étendue, que mon cœur n'a point de replis que tu ne voies, point de pensées qui ne te soient subordonnées ; que mes forces, mes bras, mon esprit sont tout à toi ; que mon âme est dans ton corps, et que le jour où tu aurais changé, ou le jour où tu cesseras de vivre, serait celui de ma mort ; que la nature, la terre n'est belle que parce que tu l'habites. Si tu ne crois pas cela, si ton âme n'en est pas convaincue, pénétrée, tu m'affliges, tu ne m'aimes pas. Il est un fluide magnétique entre les personnes qui s'aiment. Tu sais que je ne pourrais te voir un amant, encore moins t'en souffrir un : lui déchirer le cœur et le voir serait pour moi la même chose, et puis si je pouvais porter la main sur ta personne sacrée… Non, je ne l'oserais jamais, mais je sortirais d'une vie où ce qui existe de plus vertueux m'aurait trompé. Je suis sûr et fier de ton amour. Les malheurs sont des épreuves qui nous décèlent mutuellement la force de notre passion. Un enfant adorable comme sa maman va voir le jour dans tes bras [1]. Infortuné, je me contenterais d'une journée. Mille baisers sur tes yeux, sur tes lèvres... Adorable femme, quel est ton ascendant! Je suis bien malade de ta maladie. J'ai encore une fièvre brûlante! Ne garde pas plus de six heures le courrier, et qu'il retourne de suite me porter la lettre chérie de ma souveraine.

IX

Roverbella, 6 juillet 1796[2].

J'ai battu l'ennemi. Kilmaine[3] t'enverra la copie

---

[1]. Les apparences de grossesse, dont parle Bonaparte dans cette lettre, n'eurent, on le sait, aucune suite, malheureusement pour Joséphine.

Arnault, qui a connu les deux époux, prétend dans ses *Mémoires* que madame Bonaparte ne se décida qu'avec une extrême répugnance à rejoindre son mari en Italie. « Pensant » plus, dit Arnault, à ce qu'elle allait quitter qu'à ce qu'elle » allait trouver, elle aurait donné le palais préparé à Milan » pour la recevoir, elle aurait donné tous les palais du monde » pour sa petite maison de la rue Chantereine... »

Le passeport délivré par les Directeurs à madame Bonaparte était daté du 24 juin 1796.

[2]. A cette date, Joséphine était à Milan; et son mari se disposait à emporter Mantoue avant l'arrivée de l'armée de Wurmser.

[3]. Kilmaine, né en 1754, d'origine irlandaise, général de brigade, employé à l'armée d'Italie en 1795, général de division en 1796, commandant de la Lombardie, général en chef par *intérim* en 1799. Mort en 1799. Stratège de premier ordre.

de la relation. Je suis mort de fatigue. Je te prie de partir tout de suite pour te rendre à Vérone ; j'ai besoin de toi, car je crois que je vais être bien malade. Je te donne mille baisers. Je suis au lit.

X

Vérone, 11 juillet 1796.

A peine parti de Roverbella, j'ai su que l'ennemi se présentait à Vérone. Masséna [1] faisait des dispositions qui ont été très heureuses. Nous avons fait six cents prisonniers, et nous avons pris trois pièces de canon. Le général Brune [2] a eu sept balles dans ses habits, sans avoir été touché par aucune ; c'est jouer de bonheur. Je te donne mille baisers. Je me porte très bien. Nous n'avons eu que dix hommes tués et cent blessés.

1. André Masséna, duc de Rivoli, prince d'Essling, né à Levens, près Nice, en 1758, fils d'un aubergiste. D'abord mousse, puis engagé volontaire au régiment Royal-Italien, sous-officier en 1789, il devint adjudant-major au 3e bataillon du Var, général de brigade en 1792 et général de division en 1793. Maréchal de l'Empire en 1804, Grand-Aigle de la Légion d'Honneur, Commandeur de Saint-Louis en 1814, participa aux Cent-Jours. Mort à Paris le 4 avril 1817. Inhumé au Père-Lachaise.
2. Brune, né en 1763, général de division, vainqueur des Anglo-Russes à Bergen en 1799, général en chef, Maréchal de l'Empire, Grand-Aigle de la Légion d'Honneur en 1804. Assassiné à Avignon par la réaction blanche en 1815. Le seul des maréchaux de Napoléon qui n'ait point porté de titre nobiliaire.

XI

Marmirolo, 17 juillet 1796, neuf heures du soir.

Je reçois ta lettre, mon adorable amie; elle a rempli mon cœur de joie. Je te suis obligé de la peine que tu as prise de me donner de tes nouvelles, ta santé doit être meilleure aujourd'hui; je suis sûr que tu es guérie. Je t'engage fort à monter à cheval, cela ne peut manquer de te faire du bien. Depuis que je t'ai quittée j'ai toujours été triste. Mon bonheur est d'être près de toi. Sans cesse je repasse dans ma mémoire tes baisers, tes larmes, ton aimable jalousie, et les charmes de l'incomparable Joséphine allument sans cesse une flamme vive et brûlante dans mon cœur et dans mes sens. Quand, libre de toute inquiétude, de toute affaire, pourrais-je passer tous mes instants près de toi, n'avoir qu'à t'aimer, et ne penser qu'au bonheur de te le dire et de te le prouver? Je t'enverrai ton cheval, mais j'espère que tu pourras bientôt me rejoindre.

Je croyais t'aimer, il y a quelques jours; mais, depuis que t'ai vue, je sens que je t'aime mille fois plus encore. Depuis que je te connais, je t'adore tous les jours davantage: cela prouve combien la maxime de La Bruyère, que *l'amour vient tout d'un coup,* es fausse. Tout, dans la nature, a un cours et différents degrés d'accroissement. Ah ! je t'en prie, laisse-moi voir quelques-uns de tes défauts ! Sois moins belle, moins gracieuse, moins tendre, moins bonne surtout ; ne sois jamais jalouse, ne pleure jamais ; tes larmes m'ôtent la raison, brûlent mon sang. Crois bien qu'il n'est plus en mon pouvoir d'avoir une pensée qui ne soit pas à toi et une idée qui ne te soit pas soumise. Repose-toi bien : rétablis vite ta santé. Viens me rejoindre, et au moins, qu'avant de mourir, nous puissions dire : « Nous fûmes tant de jours heureux [1] ! »

Million de baisers, et même à Fortuné [2], en dépit de sa méchanceté.

---

1. L'admirable chaleur amoureuse, les grands sentiments, l'emportement fougueux et passionné, qui règnent dans cette lettre d'un jeune mari de vingt-sept ans, en font une des plus curieuses du recueil. Walter Scott a dit avec raison : « On y » trouve le caractère d'un homme aussi ardent en amour qu'à » la guerre. Le langage du vainqueur qui disposait des États se- » lon son bon plaisir, et battait les plus célèbres généraux du » temps, est aussi enthousiaste que celui d'un berger arcadien. »

2. Fortuné était le chien de madame Bonaparte. Napoléon semble avoir détesté cordialement ce carlin. Voyez à ce sujet les *Mémoires* d'Arnault. Un jour, au château de Montebello, Fortuné était sur le même canapé que sa maîtresse.

« Vous voyez bien ce monsieur-là, » dit Bonaparte interpellant Arnault et lui montrant du doigt le chien, « vous voyez » bien ce monsieur-là ; c'est mon rival. Il était en possession » du lit de madame, quand je l'épousai. Je voulus l'en faire » sortir ; prétention inutile ; on me déclara qu'il fallait me ré- » soudre à coucher ailleurs, ou consentir au partage. Cela me

XII

Marmirolo, le 18 juillet 1796.

J'ai passé toute la nuit sous les armes. J'aurais eu Mantoue par un coup hardi et heureux ; mais les eaux du lac ont promptement baissé, de sorte que ma colonne, qui était embarquée, n'a pas pu arriver. Ce soir, je recommence d'une autre manière... Je reçois une lettre d'Eugène [1] que je t'envoie. Je te prie d'écrire de ma part à ces aimables enfants et de leur envoyer quelques bijoux. Assure-les bien que je les aime comme mes enfants. Ce qui est à toi ou à moi se confond tellement dans mon cœur, qu'il n'y a aucune différence. Je suis fort inquiet de savoir comment tu te portes, ce que tu fais. J'ai été dans le village de Virgile, sur les bords du lac, au clair argentin de la lune, et pas un instant sans songer à Joséphine [2].

» contrariait assez, mais c'était à prendre ou à laisser. Je me
» résignai. Le favori fut moins accommodant que moi ; j'en
» porte la preuve à cette jambe. »

Fortuné, personnage hargneux, fut étranglé, la même année, par le chien du cuisinier de Bonaparte.

1. Eugène de Beauharnais allait être nommé sous-lieutenant aux guides. Il passa lieutenant en 1797 et capitaine en Égypte.

2. Michelet confirme ce curieux détail.

XIII

Marmirolo, le 19 juillet 1796.

Il y a deux jours que je suis sans lettre de toi. Voilà trente fois aujourd'hui que je me suis fait cette observation ; tu sens que cela est bien triste ; tu ne peux pas douter cependant de la tendre et unique sollicitude que tu m'inspires. Nous avons attaqué hier Mantoue. Nous l'avons chauffée avec deux batteries à boulets rouges et des mortiers. Toute la nuit, cette misérable ville a brûlé. Ce spectacle était horrible et imposant. Nous nous sommes emparés de plusieurs ouvrages extérieurs, nous ouvrons la tranchée cette nuit. Je vais partir pour Castiglione demain avec le quartier général, et je compte y coucher. J'ai reçu un courrier de Paris. Il y avait deux lettres pour toi ; je les ai lues. Cependant, bien que cette action me paraisse toute simple et que tu m'en aies donné la permission l'autre jour, je crains que cela ne te fâche, et cela m'afflige bien. J'aurais voulu les recacheter. Fi ! ce serait une horreur. Si je suis coupable, je te demande grâce ; je te jure que ce n'est pas par jalousie ; non, certes, j'ai de mon adorable amie une trop grande opinion pour cela. Je voudrais que tu me donnasses permission entière de lire tes lettres ; avec cela il n'y aurait plus de remords ni de crainte. Achille arrive en courrier de Milan ; pas de lettres de mon adorable amie ! Adieu, mon unique bien ! Quand pourras-tu venir me rejoindre ? Je viendrai te prendre moi-même à Milan. Mille baisers aussi brûlants que mon cœur, aussi purs que toi. Je fais appeler le courrier ; il me dit qu'il est passé chez toi, et que tu lui as dit que tu n'avais rien à lui ordonner. Fi ! méchante, laide, cruelle, tyranne, petit joli monstre ! Tu te ris de mes menaces, de mes sottises ; ah ! si je pouvais, tu sais bien, t'enfermer dans mon cœur je t'y mettrais en prison. Apprends-moi que tu es gaie, bien portante et bien tendre.

XIV

Castiglione, 21 juillet 1796.

J'espère qu'en arrivant ce soir, je recevrai une de tes lettres. Tu sais, ma chère Joséphine, le plaisir qu'elles me font, et je suis sûr que tu te plais à les écrire. Je partirai cette nuit pour Peschiera, pour Vérone, et de là j'irai à Mantoue, et peut-être à Milan, recevoir un baiser, puisque tu m'assures qu'ils ne sont pas glacés ; j'espère que tu seras parfaitement rétablie alors, et que tu pourras m'accompagner à mon quartier général pour ne plus me quitter. N'es-tu pas l'âme de ma vie et le sentiment de mon cœur ?... Adieu, belle et bonne, toute non pareille, toute divine ; mille baisers amoureux !

XV

Castiglione, 22 juillet 1796.

Les besoins de l'armée exigent ma présence dans ces environs ; il est impossible que je puisse m'éloigner jusqu'à venir à Milan ; il me faudrait cinq ou six jours et il peut arriver pendant ce temps-là des mouvements où ma présence pourrait être urgente ici. Tu m'assures que ta santé est bonne; je te prie, en conséquence, de venir à Brescia. J'envoie, à l'heure même, Murat[1] pour t'y préparer un logement dans la

---

1. Joachim Murat, fils d'un aubergiste, né dans le Lot en 1771. Engagé volontaire, sous-officier de cavalerie en 1789, capitaine, chef d'escadron au 21ᵉ régiment de chasseurs, prit part au 13 vendémiaire. Aide de camp du général Bonaparte en 1796, colonel de cavalerie, général de brigade en 1797, général de division avant le 18 brumaire, il épousa Caroline Bonaparte en 1800. Maréchal de l'Empire en 1804, Grand-Aigle de la Légion d'Honneur, roi de Naples et des Deux-Siciles en 1808, Lieutenant de l'Empereur, Grand-Amiral de l'Empire, il était grand-duc de Berg avant de régner. Commandant en chef de la cavalerie française. Rentré à Naples en 1813, chassé de son trône en 1815, il fut pris en tentant de pénétrer dans ses États et fusillé.

ville, comme tu le désires. Je crois que tu feras bien d'aller coucher le 6 (*thermidor*), en partant fort tard de Milan, et de venir le 7 à Brescia, où le plus tendre des amants t'attend. Je suis désespéré que tu puisses croire, ma bonne amie, que mon cœur puisse s'ouvrir à d'autres qu'à toi ; il t'appartient par droit de conquête, et cette conquête sera solide et éternelle. Je ne sais pourquoi tu parles de madame T..., dont je me soucie fort peu, ainsi que des femmes de Brescia. Quant à tes lettres, qu'il te fâche que j'ouvre, celle-ci sera la dernière ; ta lettre n'était pas arrivée. Adieu, ma tendre amie, donne-moi souvent de tes nouvelles. Viens promptement me joindre, et sois heureuse et sans inquiétude ; tout va bien, et mon cœur est à toi pour la vie. Aie soin de rendre à l'adjudant-général Miollis la boîte de médailles qu'il m'écrit t'avoir remise. Les hommes sont si mauvaises langues et si méchants, qu'il faut se mettre en règle sur tout. Santé, amour et prompte arrivée à Brescia. J'ai à Milan une voiture à la fois de ville et de campagne, tu te serviras de celle-là pour venir. Porte avec toi ton argenterie et une partie des objets qui te sont nécessaires. Voyage à petites journées et pendant le frais, afin de ne pas te fatiguer. La troupe ne met que trois jours pour se rendre à Brescia. Il y a en poste pour quatorze heures de chemin. Je t'invite à coucher le 6 (thermidor) à Cassano ; je viendrai à ta rencontre le 7, le plus loin possible. Adieu, ma Joséphine, mille tendres baisers.

XVI

Brescia, le 10 août 1796.

J'arrive, mon adorable amie, ma première pensée est de t'écrire. Ta santé et ton image ne sont pas sortis un instant de ma mémoire pendant toute la route. Je ne serai tranquille que lorsque j'aurai reçu des lettres de toi. J'en attends avec impatience. Il n'est pas possible que tu te peignes mon inquiétude. Je t'ai laissée triste, chagrine et demi-malade. Si l'amour le plus profond et le plus tendre pouvait te rendre heureuse, tu devrais l'être... Je suis accablé d'affaires. Adieu, ma douce Joséphine; aime-moi bien, porte-toi bien, et pense souvent à moi.

XVII

Brescia, le 31 août 1796.

Je pars à l'instant pour Vérone. J'avais espéré recevoir une lettre de toi; cela me met dans une inquiétude affreuse. Tu étais un peu malade lors de mon départ, je t'en prie, ne me laisse pas dans une pareille inquiétude. Tu m'avais promis plus d'exactitude ; ta langue était cependant bien d'accord alors avec ton cœur... Toi, à qui la nature a donné douceur, aménité et tout ce qui plaît, comment peux-tu oublier celui qui t'aime avec tant de chaleur? Trois jours sans lettre de toi ; je t'ai cependant écrit plusieurs fois. L'absence est horrible, les nuits sont longues, ennuyeuses et fades; la journée est monotone. Aujourd'hui, seul avec les pensées, les travaux, les écritures, les hommes et les fastueux projets, je n'ai pas même un billet de toi que je puisse presser contre mon cœur. Le quartier général est parti ; je pars dans une heure. J'ai reçu cette nuit un exprès de Paris; il n'y avait pour toi que la lettre ci-jointe, qui te fera plaisir. Pense à moi, vis pour moi, sois souvent avec ton bien-aimé, et crois qu'il n'est pour lui qu'un seul malheur qui l'effraie, ce serait de n'être plus aimé de Joséphine. Mille baisers bien doux, bien tendres et bien exclusifs.

XVIII

Ala, 3 septembre 1796.

Nous sommes en pleine campagne, mon adorable amie ; nous avons culbuté les postes ennemis ; nous leur avons pris huit ou dix chevaux avec un pareil nombre de cavaliers. J'espère que nous ferons de bonnes affaires, et que nous entrerons dans Trente le 19 (fructidor). Point de lettres de toi, cela m'inquiète vraiment; l'on m'assure cependant que tu te portes bien, et que même tu as été te promener au lac de Côme. J'attends tous les jours, et avec impatience, le courrier où tu m'apprendras de tes nouvelles; tu sais combien elles me sont chères. Je ne vis pas, loin de toi; le bonheur de la vie est près de ma douce Joséphine. Pense à moi! écris-moi souvent, bien souvent; c'est le seul remède à l'absence; elle est cruelle, mais sera j'espère momentanée.

XIX

Montebello, 10 septembre 1796.

L'ennemi a perdu, ma chère amie, dix-huit mille hommes prisonniers; le reste est tué ou blessé. Wurmser avec une colonne de cinq cents chevaux et cinq mille hommes d'infanterie, n'a plus d'autre ressource qu'à se jeter dans Mantoue. Jamais nous n'avons eu de succès aussi constants et aussi grands. L'Italie, le Frioul, le Tyrol, sont assurés à la République. Il faut que l'empereur crée une seconde armée: artillerie, équipages de pont, bagages, tout est pris.

Sous peu de jours, nous nous verrons ; c'est la plus douce récompense de mes fatigues et de mes peines.

Mille baisers ardents et bien amoureux.

XX

Vérone, 17 septembre 1796.

Je t'écris, ma bonne amie, bien souvent et toi peu. Tu es une méchante et une laide, bien laide autant que tu es légère. Cela est perfidie, tromper un pauvre mari, un tendre amant [1] ! Doit-il perdre ses droits parce qu'il est loin, chargé de besogne, de fatigue et de peine ? Qu'y ferait-il ? Nous avons eu hier une affaire très sanglante ; l'ennemi a perdu beaucoup de monde et a été complètement battu. Nous lui avons pris le faubourg de Mantoue. Adieu, adorable Joséphine. Une de ces nuits, les portes s'ouvriront avec fracas, comme un jaloux et me voilà dans tes bras. Mille baisers amoureux.

---

1. Les soupçons reparaissent, aussi peu fondés que par le passé, d'ailleurs ; — et malgré Murat.

XXI

Modène, le 17 octobre 1796, neuf heures du soir.

J'ai été avant-hier toute la journée en campagne. J'ai gardé hier le lit. La fièvre et un violent mal de tête, tout cela m'a empêché d'écrire à mon adorable amie; mais j'ai reçu ses lettres, je les ai pressées contre mon cœur et mes lèvres, et la douleur de l'absence, cent milles d'éloignement, ont disparu. Dans ce moment, je t'ai vue près de moi, non capricieuse et fâchée, mais douce, tendre, avec cette onction de bonté, qui est exclusivement le partage de ma Joséphine. C'était un rêve; juge si cela m'a guéri de la fièvre. Tes lettres sont froides comme cinquante ans; elles ressemblent à quinze ans de mariage. On y voit l'amitié et les sentiments de cet hiver de la vie. Fi! Joséphine!... C'est bien méchant, bien mauvais, bien traître à vous. Que vous reste-t-il pour me rendre bien à plaindre? Ne plus m'aimer? Eh! c'est déjà fait. Me haïr? Eh bien, je le souhaite; tout avilit, hors la haine; mais l'indifférence au pouls de marbre[1], à

---

1. Les naturalistes en penseront ce qu'ils voudront, mais l'expression est belle et singulièrement éloquente.

l'œil fripon, à la démarche monotone !...[1] Mille baisers bien tendres, comme mon cœur.

XXII

Vérone, le 9 novembre 1796.

Je suis arrivé depuis avant-hier à Vérone, ma bonne amie. Quoique fatigué, je suis bien portant, bien affairé, et je t'aime toujours à la passion. Je monte à cheval. Je t'embrasse mille fois.

XXIII

Caldiéro, le 13 novembre 1796.

Je ne t'aime plus du tout; au contraire je te déteste[2]. Tu es une vilaine, bien gauche, bien bête,

---

1. On a pu remarquer que Bonaparte n'est étranger, dans ses lettres d'amour, à aucun des artifices de la ponctuation française.
2. La veille, le général en chef Bonaparte avait échoué dans sa tentative contre les troupes d'Alvinzy, à Caldiéro. Les Autrichiens se flattaient de reprendre Vérone. La situation de l'armée d'Italie était critique. C'est ce moment, périlleux entre tous, que Bonaparte choisit pour faire des reproches à Joséphine. Singulière nature que celle des hommes qui peuvent ainsi se dédoubler dans les moindres actes de leur vie!

bien cendrillon. Tu ne m'écris pas du tout, tu n'aimes pas ton mari ; tu sais le plaisir que tes lettres lui font, et tu ne lui écris pas six lignes jetées au hasard ! Que faites-vous donc toute la journée, madame ? Quelle affaire si importante vous ôte le temps d'écrire à votre bien bon amant ? Quelle affection étouffe et met de côté l'amour, le tendre et constant amour que vous lui avez promis ? Quel peut être ce merveilleux, ce nouvel amant qui absorbe tous vos instants, tyrannise vos journées et vous empêche de vous occuper de votre mari ? Joséphine, prenez-y garde, une belle nuit les portes enfoncées, et me voilà. En vérité, je suis inquiet, ma bonne amie, de ne pas recevoir de tes nouvelles ; écris-moi vite quatre pages, et de ces aimables choses qui remplissent mon cœur de sentiment et de plaisir. J'espère qu'avant peu je te serrerai dans mes bras, et je te couvrirai d'un million de baisers brûlants comme sous l'Équateur.

XXIV

Vérone, le 19 novembre 1796.

Enfin, mon adorable Joséphine, je renais ; la mort n'est plus devant mes yeux, et la gloire et l'honneur sont encore dans mon cœur, l'ennemi est battu à

Arcole. Demain nous réparons la sottise de Vaubois qui a abandonné Rivoli. Mantoue dans huit jours sera à nous, et je pourrai bientôt dans tes bras te donner mille preuves de l'ardent amour de ton mari. Dès l'instant que je le pourrai, je me rendrai à Milan ; je suis un peu fatigué.

J'ai reçu une lettre d'Eugène et d'Hortense ; ces enfants sont charmants.

Comme toute ma maison est un peu dispersée, du moment que tout m'aura rejoint, je te les enverrai.

Nous avons fait cinq mille prisonniers et tué au moins six mille hommes aux ennemis ; adieu, mon adorable Joséphine ; pense à moi souvent. Si tu cessais d'aimer ton Achille, ou si ton cœur se refroidissait pour lui, tu serais bien affreuse, bien injuste ; mais je suis sûr que tu seras toujours mon amante comme je serai toujours ton tendre ami

La mort, elle seule, pourra rompre l'union que la sympathie, l'amour et le sentiment ont formée.

Donne-moi des nouvelles du petit ventre [1]. Mille et mille baisers tendres et amoureux.

---

1. « Mot charmant, » dit le plus acharné des détracteurs de Napoléon, « qui montre bien le bouillonnement des idées « dont son âme est pleine... » (Iung, *Bonaparte et son temps*, tome III.)

XXV

Vérone, 24 novembre 1796.

J'espère bientôt, ma douce amie, être dans tes bras. Je t'aime à la fureur. J'écris à Paris par ce courrier. Tout va bien. Wurmser a été battu hier sous Mantoue. Il ne manque à ton mari que l'amour de Joséphine pour être heureux.

XXVI

Milan, novembre 1796.

J'arrive à Milan; je me précipite dans ton appartement; j'ai tout quitté pour te voir, te presser dans mes bras... tu n'y étais pas; tu cours les villes avec les fêtes; tu t'éloignes de moi, lorsque j'arrive et ne te soucies plus de ton cher Napoléon. Un caprice t'a fait l'aimer, l'inconstance te le rend indifférent. Accoutumé aux dangers, je sais le remède aux ennuis et aux maux de la vie. Le malheur que j'éprouve est incalculable; j'avais le droit de n'y pas compter. Je serai ici jusqu'au 9 (*frimaire*) dans la journée. Ne te dérange pas, cours les plaisirs [1], le bonheur est fait pour toi. Le monde entier est trop heureux s'il peut te plaire, et ton mari seul est bien, bien malheureux.

XXVII

Milan, le 28 novembre 1796.

Je reçois le courrier que Berthier [2] avait expédié à Gênes. Tu n'as pas eu le temps de m'écrire, je le sens facilement. Environnée de plaisirs et de jeux, tu aurais tort de me faire le moindre sacrifice. Berthier a bien voulu me montrer la lettre que tu lui as écrite. Mon intention n'est pas que tu déranges rien à tes calculs, ni aux parties de plaisir qui te sont offertes; je n'en vaux pas la peine, et le bon-

---

1. Pendant que Bonaparte se lamentait ainsi, sa femme se trouvait à Gênes, où l'avait invitée la ville. Le vendredi, on donna un bal en son honneur, au grand scandale du parti catholique et royaliste.

2. Alexandre Berthier, prince de Neufchâtel, prince de Wagram, duc de Valengin, né en 1753, colonel, major-général de la garde nationale de Versailles en 1789, chef d'état-major sous le général Lückner, général de division en 1792, chef d'état-major de l'armée d'Italie en 1796, puis ministre. Major-général de l'armée, Maréchal de France en 1804, Colonel-général des Suisses, Grand-veneur, Grand-Aigle de la Légion d'Honneur, Vice-Connétable de l'Empire, il fut, en 1814, l'un des premiers à reconnaître Louis XVIII. Assassiné en juin 1815 à Bamberg.

heur ou le malheur d'un homme que tu n'aimes pas, n'a pas le droit d'intéresser. Pour moi, t'aimer seule, te rendre heureuse, ne rien faire qui puisse te contrarier, voilà le destin et le but de ma vie. Sois heureuse, ne me reproche rien, ne t'intéresse pas à la félicité d'un homme qui ne vit que de ta vie, ne jouit que de tes plaisirs et de ton bonheur. Quand j'exige de toi un amour pareil au mien, j'ai tort. Pourquoi vouloir que la dentelle pèse autant que l'or? Quand je te sacrifie tous mes désirs, toutes mes pensées, tous les instants de ma vie, j'obéis à l'ascendant que tes charmes, ton caractère et toute ta personne ont su prendre sur mon malheureux cœur. J'ai tort, si la nature ne m'a pas donné les attraits pour te captiver; mais ce que je mérite de la part de Joséphine, ce sont des égards, de l'estime, car je l'aime à la fureur et uniquement.

Adieu, femme adorable, adieu, ma Joséphine. Puisse le sort concentrer dans mon cœur tous les chagrins et toutes les peines; mais qu'il donne à ma Joséphine des jours prospères et heureux. Qui le mérite plus qu'elle? Quand il sera constaté qu'elle ne peut plus aimer, je renfermerai ma douleur profonde, et je me contenterai de pouvoir lui être utile et bon à quelque chose. Je rouvre ma lettre pour te donner un baiser... Ah! Joséphine! Joséphine!

XXVIII

Ancône, le 10 février 1797.

Nous sommes à Ancône depuis deux jours. Nous avons pris la citadelle après une petite fusillade, et par un coup de main. Nous avons fait douze cents prisonniers; j'ai renvoyé les cinquante officiers chez eux. Je suis toujours à Ancône. Je ne te fais pas venir, parce que tout n'est pas encore terminé; mais sous peu de jours j'espère que cela sera terminé. D'ailleurs, ce pays-ci est très maussade, et tout le monde a peur. Je pars demain pour les montagnes. Tu ne m'écris point; tu devais cependant me donner de tes nouvelles tous les jours. Je te prie d'aller te promener tous les jours; cela te fera du bien. Je te donne un million de baisers. Je ne me suis jamais autant ennuyé qu'à cette vilaine guerre-ci. Adieu, ma douce amie, pense à moi.

XXIX

Ancône, le 13 février 1797.

Je ne reçois pas de tes nouvelles, et je ne doute

pas que tu ne m'aimes plus. Je t'ai envoyé des journaux et différentes lettres. Je pars à l'instant pour passer les montagnes. Du moment que je saurai à quoi m'en tenir, je te ferai venir avec moi; c'est le vœu le plus cher de mon cœur. Mille et mille baisers.

XXX

Bologne, le 16 février 1797.

Tu es triste, tu es malade, tu ne m'écris plus, tu veux t'en aller à Paris. N'aimerais-tu plus ton ami? Cette idée me rend malheureux. Ma douce amie, la vie est pour moi insupportable, depuis que je suis instruit de ta tristesse. Je m'empresse de t'envoyer Mascati, afin qu'il puisse te soigner. Ma santé est un peu faible, mon rhume dure toujours. Je te prie de te ménager, de m'aimer autant que je t'aime, et de m'écrire tous les jours. Mon inquiétude est sans égale. J'ai dit à Mascati de t'accompagner à Ancône, si tu veux y venir. Je t'écrirai là pour te faire savoir où je suis. Peut-être ferai-je la paix avec le Pape[1], et serai-je bientôt près de toi : c'est le vœu le plus ardent de mon âme. Je te donne cent baisers. Crois que rien n'égale mon amour, si ce n'est mon inquié-

1. La paix avec le Saint-Siège fut conclue trois jours après, à Tolentino, le 19 février.

tude. Ecris-moi tous les jours toi-même. Adieu, très chère amie.

XXXI

Tolentino, le 19 février 1797.

La paix avec Rome vient d'être signée. Bologne, Ferrare, la Romagne sont cédées à la République. Le pape nous donne trente millions dans peu de temps, et des objets d'art. Je pars demain matin pour Ancône, et de là pour Rimini, Ravenne et Bologne. Si ta santé te le permet, viens à Rimini ou Ravenne, mais ménage-toi, je t'en conjure.

Pas un mot de ta main, bon Dieu ! qu'ai-je donc fait ? Ne penser qu'à toi, n'aimer que Joséphine, ne vivre que pour ma femme, ne jouir que du bonheur de mon amie, cela doit-il me mériter de sa part un traitement si rigoureux ? Mon amie, je t'en conjure, pense souvent à moi, et écris-moi tous les jours ; tu es malade ou tu ne m'aimes pas ! Crois-tu donc que mon cœur soit de marbre ? Et mes peines t'intéressent-elles si peu ? Tu me connaîtrais bien mal ! Je ne puis le croire.

Toi, à qui la nature a donné l'esprit, la douceur et la beauté, toi qui seule pouvais régner dans mon cœur, toi qui sais trop, sans doute, l'empire absolu que tu as sur moi. Ecris-moi, pense à moi, et aime-moi. Pour la vie à toi.

XXXII

La Malmaison, 1ᵉʳ juillet 1803.

J'ai reçu ta lettre du 10 messidor [1]. Tu ne me parles pas de ta santé ni de l'effet des bains. Je vois que tu comptes être de retour dans huit jours ; cela fait grand plaisir à ton ami, qui s'ennuie d'être seul. Tu dois avoir vu le général Ney [2], qui part pour Plombières ; il se mariera à son retour. Hortense a joué hier Rosine dans *le Barbier de Séville* avec son intelligence ordinaire [3].

1. La femme du Premier Consul se trouvait alors aux eaux de Plombières, le Vichy du temps.
2. Michel Ney, duc d'Elchingen, prince de la Moskowa, né à Sarrelouis en 1769, fils d'un tonnelier. Engagé volontaire, sous-officier en 1789, lieutenant au 5ᵉ hussards, capitaine au 4ᵉ hussards, puis adjudant-chef de bataillon, général de brigade en 1796. Général de division en 1799, Maréchal de l'Empire en 1804, Grand-Aigle de la Légion d'Honneur, il se distingua partout et gagna le surnom de *Brave des braves*. Sa conduite en Russie en 1812 fut héroïque. Pair de France sous Louis XVIII en 1814, il se rendit auprès de l'empereur pendant les Cent-Jours, combattit à Waterloo, fut condamné à mort par la Chambre des Pairs et fusillé le 7 décembre 1815.
3. Voyez sur la comédie à la Malmaison les *Mémoires* de la générale Durand et le livre de M. Alfred Copin ; *Talma et l'empire* (1887).

XXXIII

Calais, le 6 août 1804 [1].

Mon amie, je suis à Calais, depuis minuit; je pense en partir ce soir pour Dunkerque. Je suis content de ce que je vois et assez bien de santé. Je désire que les eaux [2] te fassent autant de bien que m'en font le mouvement, la vue des camps et la mer. Eugène est parti pour Blois. Hortense se porte bien. Louis est à Plombières. Je désire beaucoup te voir. Tu es toujours nécessaire à mon bonheur. Mille choses aimables chez toi.

XXXIV

Ostende, le 14 août 1804.

Mon amie, je n'ai pas reçu de tes nouvelles depuis

---

1. L'empire est fait, et huit ans de mariage ont calmé les ardeurs épistolaires de Napoléon. Il n'écrit plus à Joséphine que des lettres courtes, précises, où règne, il est vrai, un grand ton d'amabilité, mais qui forment un contraste saisissant avec celles du jeune général en chef de 1796. Joséphine, comme l'a dit excellemment M. Imbert de Saint-Amand, avait trop de tact et de prudence pour s'en plaindre.

2. Les eaux d'Aix-la-Chapelle, où se trouvait l'impératrice.

plusieurs jours ; cependant j'aurais été fort aise d'être instruit du bon effet des eaux et de la manière dont tu passes ton temps. Je suis depuis huit jours à Ostende. Je serai après-demain à Boulogne pour une fête assez brillante. Instruis-moi, par le courrier, de ce que tu comptes faire, et de l'époque où tu dois terminer tes bains. Je suis très satisfait de l'armée et des flottilles. Eugène est toujours à Blois. Je n'entends pas plus parler d'Hortense que si elle était au Congo. Je lui écris pour la gronder. Mille choses aimables pour tous.

XXXV

Manheim, le 2 octobre 1805.

Je suis encore ici en bonne santé. Je pars pour Stuttgard, où je serai ce soir. Les grandes manœuvres commencent. L'armée de Wurtemberg et de Bade se réunit à la mienne. Je suis en bonne position et je t'aime [1].

---

1. Napoléon avait pris, la veille même, 1er octobre, le commandement de la Grande Armée pour accomplir l'admirable campagne de 1805.

XXXVI

Louisbourg, le 4 octobre 1805.

Je suis à Louisbourg. Je pars cette nuit. Il n'y a encore rien de nouveau. Ma réunion avec les Bavarois est faite. Je me porte bien. J'espère avoir, dans peu de jours, quelque chose d'intéressant à te mander. Porte-toi bien, et crois à tous mes sentiments. Il y a ici une très belle cour, une nouvelle mariée fort belle et en tout des gens fort aimables ; même notre électrice, qui paraît fort bonne, quoique fille du roi d'Angleterre.

XXXVII

Louisbourg, le 5 octobre 1805.

Je pars à l'instant pour continuer ma marche. Tu seras, mon amie, cinq ou six jours sans avoir de mes nouvelles; ne t'inquiète pas, cela tient aux opérations qui vont avoir lieu. Tout va bien, et comme je le pouvais espérer. J'ai assisté ici à une noce du fils de l'électeur de Wurtemberg avec une nièce du roi de Prusse. Je désire donner une corbeille de 36 à 40,000 francs à la jeune princesse. Fais-la faire et envoie-la par un de mes chambellans à la nouvelle mariée, lorsque ces chambellans viendront me rejoindre. Il faut que ce soit fait sur-le-champ. Adieu, mon amie, je t'aime et je t'embrasse.

XXXVIII

Augsbourg, le 10 octobre 1805.

J'ai couché aujourd'hui chez l'ancien électeur de Trèves, qui est fort bien logé. Depuis huit jours je cours. Des succès assez notables ont commencé la campagne. Je me porte fort bien, quoiqu'il pleuve presque tous les jours. Les événements se suivent avec rapidité. J'ai envoyé en France 4,000 prisonniers, 8 drapeaux, et j'ai 14 pièces de canon à l'ennemi. Adieu, mon amie, je t'embrasse.

XXXIX

Le 12 octobre 1805.

Mon armée est entrée à Munich. L'ennemi est au delà de l'Inn d'un côté; l'autre armée de 60,000 hommes, je la tiens bloquée sur l'Iller, entre Ulm et Memmingen. L'ennemi est perdu, a perdu la tête, et tout m'annonce la plus heureuse campagne, la plus courte et la plus brillante qui ait été faite[1]. Je pars dans une heure pour Burgon-sur-l'Iller. Je me porte bien; le temps est cependant affreux. Je change d'habit deux fois par jour, tant il pleut. Je t'aime et t'embrasse.

XL

Elchingen, le 18 octobre 1805.

J'ai été, ma bonne Joséphine, plus fatigué qu'il ne le fallait; une semaine entière et toutes les journées l'eau sur le corps et les pieds froids, m'ont fait un peu de mal; mais, la journée d'aujourd'hui, où

---

1. Quand on étudie la vie et les œuvres de ce prodigieux mortel qui se nomme Napoléon, on est surpris et confondu par la place énorme qu'y tiennent l'instinct, le fatalisme, la confiance en la Fortune. Dès le début de la campagne de Moravie, il devine du premier coup l'état moral de l'armée autrichienne. Les combinaisons incohérentes des généraux de l'empereur François lui répondent de l'avenir. En effet, le 14 octobre, Ney force le pont d'Elchingen, le 17 Ulm capitule, et le 13 novembre, — un mois après la lettre de Napoléon à Joséphine, — Murat entre à Vienne. L'empereur a été prophète. En ce temps-là, il fallait entendre madame de Rémusat. « ... Quelle belle victoire! (écrit-elle le 14 octobre à son mari). « Qu'on est fier d'être « Français! Je n'en ai pas dormi de joie... »

je ne suis pas sorti, m'a reposé. J'ai rempli mon dessein ; j'ai détruit l'armée autrichienne par de simples marches ; j'ai fait 60,000 prisonniers, pris 120 pièces de canon, plus de 90 drapeaux et plus de 30 généraux. Je vais me porter sur les Russes ; ils sont perdus. Je suis content de mon armée. Je n'ai perdu que, 1500 hommes dont les deux tiers faiblement blessés. Adieu, ma Joséphine ; mille choses aimables partout. Le prince Charles vient couvrir Vienne. Je pense que Masséna doit être à cette heure à Vienne. Dès l'instant que je serai tranquille pour l'Italie, je ferai battre Eugène. Mille choses aimables à Hortense.

XLI

Ulm, le 21 octobre 1805.

Je me porte assez bien, ma bonne amie. Je pars à l'instant pour Augsbourg. J'ai fait mettre bas les armes à 33,000 hommes. J'ai de 60 à 70,000 prisonniers, plus de 90 drapeaux et de 200 pièces de canon. Jamais catastrophe pareille dans les annales militaires ! Porte-toi bien. Je suis un peu harassé. Le temps est beau depuis trois jours. La première colonne de prisonniers file aujourd'hui sur la France. Chaque colonne est de 6,000 hommes.

XLII

Augsbourg, le 23 octobre 1805.

Les deux dernières nuits m'ont bien reposé, et je vais partir demain pour Munich. Je mande M. de Talleyrand [1] et M. Maret [2] près de moi ; je les verrai peu et je vais me rendre sur l'Inn, pour attaquer l'Autriche au sein de ses États héréditaires. J'aurais bien désiré te voir : mais ne compte pas que je t'appelle, à moins qu'il n'y ait un armistice ou des quartiers d'hiver. Adieu, mon amie ; mille baisers. Mille compliments à ces dames [3].

1. Charles-Maurice de Talleyrand-Périgord, né en 1754 ; ordonné prêtre ; évêque d'Autun en 1788 ; célébra le 14 juillet 1790 la messe de la Fédération ; décrété d'accusation en 1792, émigré ; autorisé à rentrer en France en 1795. Nommé ministre des relations extérieures en juillet 1797, grâce à la protection de madame de Staël, il démissionna le 4 septembre 1799 et revint aux affaires après le 18 brumaire. Le 10 septembre 1802, il se maria au 10ᵉ arrondissement de Paris avec mademoiselle Worlée. Grand-dignitaire, Vice-grand-électeur de l'empire, créé prince de Bénévent en 1806, il trahit Napoléon à partir d'Erfurt, et quitta le ministère pour n'y rentrer qu'à la Restauration. Mort à Paris en 1838. Sa cervelle fut jetée à l'égout.

2. Hugues Maret, duc de Bassano, né à Dijon en 1763. Secrétaire d'État en 1804, ministre en 1811, exilé en 1815, ministre après 1830. Mort en 1839. Publiciste de talent.

3. Les dames d'honneur et les dames du palais avec lesquelles l'empereur aimait à plaisanter. Voyez les *Mémoires* de la générale Durand. (Calmann Lévy, édit.)

XLIII

Munich, le 27 octobre 1805.

J'ai reçu par Lemarrois [1] ta lettre. J'ai vu avec peine que tu t'étais trop inquiétée. L'on m'a donné des détails qui m'ont prouvé toute la tendresse que tu me portes ; mais il faut plus de force et de confiance. J'avais d'ailleurs prévenu que je serais six jours sans t'écrire. J'attends demain l'électeur. A midi, je pars pour confirmer mon mouvement sur l'Inn. Ma santé est assez bonne. Il ne faut pas penser passer le Rhin avant quinze ou vingt jours. Il faut être gaie, t'amuser, et espérer qu'avant la fin du mois (brumaire) nous nous verrons. Je m'avance contre l'armée russe. Dans quelques jours j'aurai passé l'Inn. Adieu, ma bonne amie ; mille choses aimables à Hortense, à Eugène, et aux deux Napoléon. Garde la corbeille quelque temps encore. J'ai donné hier aux dames de cette cour un concert. Le maître de chapelle est un homme de mérite. J'ai chassé à une faisanderie de l'électeur ; tu

---

1. Jean Lemarrois, comte de l'Empire, né en 1776; élève à l'école de Mars, sorti lieutenant, passé dans l'artillerie, capitaine en 1796, aide-de-camp du général Bonaparte, à qui il servit de témoin au moment de son mariage. Grand-officier de la Légion d'Honneur, général de division, aide de-camp de l'empereur, gouverneur de Magdebourg en 1813. Mort en 1836.

vois que je ne suis pas si fatigué. M. de Talleyrand est arrivé.

XLIV

Haag, le 3 novembre 1805.

Je suis en grande marche ; le temps est très froid, la terre couverte d'un pied de neige. Cela est un peu rude. Il ne manque heureusement pas de bois ; nous sommes ici toujours dans les forêts. Je me porte assez bien. Mes affaires vont d'une manière satisfaisante ; mes ennemis doivent avoir plus de soucis que moi. Je désire avoir de tes nouvelles et apprendre que tu es sans inquiétude. Adieu, mon amie, je vais me coucher.

XLV

Lintz, le 5 novembre 1805.

Je suis à Lintz. Le temps est beau. Nous sommes à vingt-huit lieues de Vienne. Les Russes ne tiennent pas ; ils sont en grande retraite. La maison d'Autriche est fort embarrassée ; à Vienne, on évacue tous les bagages de la cour. Il est probable que d'ici à cinq ou six jours, il y aura du nouveau. Je désire bien te revoir. Ma santé est bonne, je t'embrasse.

XLVI

Vienne, le 15 novembre 1805.

Je suis à Vienne depuis deux jours, ma bonne amie, un peu fatigué. Je n'ai pas encore vu la ville de jour; je l'ai parcourue la nuit. Demain, je reçois les notables. Presque toutes mes troupes sont au delà du Danube, à la poursuite des Russes. Adieu, ma Joséphine; du moment que cela sera possible, je te ferai venir. Mille choses aimables pour toi.

XLVII

Vienne, le 16 novembre 1805.

J'écris à M. d'Harville pour que tu partes et que tu te rendes à Bade, de là à Stuttgard et de là à Munich. Tu donneras, à Stuttgard, la corbeille à la princesse Paul [1]. Il suffit qu'il y ait pour quinze à vingt mille francs; le reste sera pour faire des pré-

---

[1]. C'est la corbeille dont il a déjà parlé dans la lettre du 5 octobre, la XXXVIIe de notre édition.

sents, à Munich, aux filles de l'électeur de Bavière. Tout ce que tu as su par madame de Sérent est définitivement arrangé. Porte de quoi faire des présents aux dames et aux officiers qui seront de service près de toi. Sois honnête, mais reçois tous les hommages : l'on te doit tout, et tu ne dois rien que par honnêteté. L'électrice de Wurtemberg est fille du roi d'Angleterre ; c'est une bonne femme, tu dois la bien traiter, mais cependant sans affectation. Je serai bien aise de te voir, du moment que mes affaires me le permettront. Je pars pour mon avant-garde. Il fait un temps affreux, il neige beaucoup ; du reste, toutes mes affaires vont bien ; adieu, ma bonne amie.

XLVIII

Austerlitz, le 3 décembre 1805.

Je t'ai expédié Lebrun [1] du champ de bataille. J'ai battu l'armée russe et autrichienne commandées par les deux empereurs. Je me suis un peu fatigué : j'ai bivouaqué huit jours en plein air, par des nuits assez fraîches. Je couche ce soir dans le château du prince de Kaunitz, où je vais dormir deux ou trois heures. L'armée russe est non seulement battue mais détruite. Je t'embrasse.

1. Charles Lebrun, duc de Plaisance, aide-de-camp de l'empereur, général de brigade en 1810, général de division en 1813.

XLIX

Austerlitz, le 4 décembre 1805.

J'ai conclu une trêve. Les Russes s'en vont. La bataille d'Austerlitz est la plus belle de toutes celles que j'ai données : 45 drapeaux, plus de 150 pièces de canon, les étendards de la garde de Russie, 20 généraux, plus de 20,000 tués ; spectacle horrible ! L'empereur Alexandre est au désespoir, et s'en va en Russie. J'ai vu hier à mon bivouac l'empereur d'Allemagne ; nous causâmes deux heures ; nous sommes convenus de faire vite la paix. Le temps n'est pas encore très mauvais. Voilà enfin le repos rendu au continent ; il faut espérer qu'il va l'être au monde, les Anglais ne sauraient nous faire front. Je verrai avec bien du plaisir le moment qui me rapprochera de toi. Il court un petit mal d'yeux qui dure deux jours ; je n'ai pas encore été atteint. Adieu, ma bonne amie, je me porte assez bien et suis fort désireux de t'embrasser.

L

Austerlitz, le 7 décembre 1805.

J'ai conclu un armistice ; avant huit jours la paix

sera faite. Je désire apprendre que tu es arrivée à Munich en bonne santé. Les Russes s'en vont, ils ont fait une perte immense. Plus de 20,000 morts, et 30,000 pris ; leur armée est réduite des trois quarts. Buxhowden, leur général en chef, est tué. J'ai 3,000 blessés et 7 à 800 morts. J'ai un peu mal aux yeux ; c'est une maladie courante et très peu de chose. Adieu, mon amie ; je désire bien te revoir. Je vais coucher ce soir à Vienne.

LI

Brunn, le 10 décembre 1805.

Il y a fort longtemps que je n'ai reçu de tes nouvelles. Les belles fêtes de Bade, de Stuttgard et de Munich, font-elles oublier les pauvres soldats qui vivent couverts de boue, de pluie et de sang ? Je vais partir sous peu pour Vienne. On travaille à conclure la paix. Les Russes sont partis, et fuient loin d'ici ; ils s'en retournent en Russie bien battus et fort humiliés. Je désire bien me retrouver près de toi. Adieu, mon amie ; mon mal d'yeux est guéri.

LII

Brunn, le 19 décembre 1805.

Grande impératrice, pas une lettre de vous depuis

votre départ de Strasbourg. Vous avez passé à Bade, à Stuttgard, à Munich, sans nous écrire un mot. Ce n'est pas bien aimable, ni bien tendre! Je suis toujours à Brunn. Les Russes sont partis, j'ai une trêve. Dans peu de jours, je verrai ce que je deviendrai. Daignez, du haut de vos grandeurs, vous occuper un peu de vos esclaves [1].

LIII

Schœnbrunn, le 29 frimaire an XIV (20 décembre 1805.)

Je reçois ta lettre du 25 (frimaire). J'apprends avec peine que tu es souffrante; ce n'est pas là une bonne disposition pour faire cent lieues dans cette saison. Je ne sais ce que je ferai : je dépends des événements; je n'ai pas de volonté; j'attends tout de leur issue. Reste à Munich, amuse-toi; cela n'est pas difficile lorsqu'on a tant de personnes aimables, et dans un si beau pays. Je suis, moi, assez occupé. Dans quelques jours, je serai décidé. Adieu, mon amie, mille choses aimables et tendres [2].

1. Ce billet, qui est un petit chef-d'œuvre d'ironie aimable, est la preuve que non seulement l'empereur était un homme d'esprit, mais encore que le badinage ne lui déplaisait pas. Voyez la lettre d'Ostende (14 août 1804) où il fait allusion à Hortense et au Congo.
2. A peu près à la même date, madame la comtesse de Ré-

LIV

5 octobre 1806.

Il n'y a pas d'inconvénient que la princesse de Bade se rende à Mayence. Je ne sais pas pourquoi tu pleures ; tu as tort de te faire du mal. Hortense est un peu pédante ; elle aime à donner des conseils. Elle m'a écrit, je lui réponds. Il faut qu'elle soit heureuse et gaie. Le courage et la gaieté, voilà la recette[1].

musat, première dame du palais, écrivait à son mari, chambellan de Napoléon, la très curieuse épître que voici :

« Vous ne pouvez vous figurer à quel point les têtes sont
» montées. Tout retentit des louanges de l'empereur ; les per-
» sonnes que nous avons vues les plus opposées sont obligées
» de lui rendre les armes, et disent avec l'empereur de Russie :
« C'est un prédestiné ! » Avant-hier, aux spectacles, j'ai accom-
» pagné la princesse Louis pour assister aux différentes lec-
» tures des bulletins qui s'y sont faites. Les salles étaient
» pleines, parce que le canon avait annoncé, le matin, quelque
» chose de nouveau, et tout a été écouté et senti, et applaudi
» avec des cris dont je n'avais point d'idée. Je pleurais de
» toutes mes forces pendant ce temps. Je me sentais si émue
» que je crois que si l'empereur s'était présenté dans ce mo-
» ment, je me serais jetée à son cou, quitte à lui en demander
» après pardon à ses pieds. »

(Lettre du 18 décembre 1805.)

1. Allusion aux différends conjugaux du roi Louis et de la reine Hortense.

LV

Bamberg, 7 octobre 1806.

Je pars ce soir, mon amie, pour Cronach. Toute mon armée est en mouvement. Tout marche bien, ma santé est parfaite. Je n'ai encore reçu qu'une lettre de toi. J'en ai reçu d'Eugène et d'Hortense. Stéphanie doit être chez toi. Son mari [1] veut faire la guerre ; il est avec moi. Adieu, mille baisers et bonne santé.

LVI

Géra, le 13 octobre 1806, deux heures du matin.

Je suis aujourd'hui à Géra, ma bonne amie ; mes affaires vont fort bien, et tout comme je pouvais l'espérer. Avec l'aide de Dieu, en peu de jours cela aura un caractère bien terrible, je crois, pour le pauvre roi de Prusse, que je plains personnellement, parce qu'il est bon. La reine [2] est à Erfurt avec le roi. Si elle

---

1. Le prince de Bade. Sa femme était une Beauharnais.
2. Louise-Auguste-Willelmine-Amélie de Mecklembourg-Strélitz, femme de Frédéric-Guillaume III, née le 10 mars 1776, morte le 19 juillet 1810. Mère de l'empereur actuel d'Allemagne. C'était une des plus belles femmes de son temps et des plus spirituelles. Elle suivait l'armée sur les champs de bataille, et faillit tomber à Iéna entre les mains des hussards français.

veut voir une bataille, elle aura ce cruel plaisir. Je me porte à merveille; j'ai déjà engraissé depuis mon départ; cependant, je fais de ma personne vingt et vingt-cinq lieues par jour, à cheval, en voiture, de toutes les manières. Je me couche à huit heures, et suis levé à minuit: je songe quelquefois que tu n'es pas encore couchée. Tout à toi.

LVII

Iéna, le 15 octobre 1806, trois heures du matin.

Mon amie, j'ai fait de belles manœuvres contre les Prussiens. J'ai remporté hier une grande victoire. Ils étaient 150,000 hommes; j'ai fait 20,000 prisonniers, pris 100 pièces de canon et des drapeaux. J'étais en présence et près du roi de Prusse; j'ai manqué de le prendre, ainsi que la reine. Je bivouaque depuis deux jours. Je me porte à merveille. Adieu, mon amie, porte-toi bien, et aime-moi. Si Hortense est à Mayence, donne-lui un baiser, ainsi qu'à Napoléon et au petit.

LVIII

Weimar, le 16 octobre 1806.

M. Talleyrand t'aura montré le bulletin, ma bonne

amie ; tu y auras vu mes succès. Tout a été comme je l'avais calculé, et jamais une armée n'a été plus battue, et plus entièrement perdue. Il me reste à te dire que je me porte bien, et que la fatigue, le bivouac, les veilles m'ont engraissé. Adieu, ma bonne amie, mille choses aimables à Hortense et au grand M. Napoléon[1].

LIX

Vittemberg, 23 octobre 1806.

J'ai reçu plusieurs lettres de toi. Je ne t'écris qu'un mot : mes affaires vont bien. Je serai demain à Postdam, et le 25 à Berlin. Je me porte à merveille ; la fatigue me réussit. Je suis bien aise de te savoir avec Hortense et Stéphanie en grande compagnie. Le temps a été beau jusqu'à présent. Mille amitiés à Stéphanie et à tout le monde, sans oublier M. Napoléon. Adieu, mon amie. Tout à toi.

LX

Postdam, 24 octobre 1806.

Je suis à Postdam, ma bonne amie, depuis hier ; j'y

---

1. Napoléon, fils aîné de la reine Hortense, et probablement celui de ses deux neveux que l'empereur comptait adopter.

resterai aujourd'hui. Je continue à être satisfait des affaires. Ma santé est bonne ; le temps très beau. Je trouve *Sans-Souci* très agréable. Adieu, mon amie. Bien des choses à Hortense et à M. Napoléon.

LXI

Berlin, le 1er novembre 1806 [1].

Talleyrand arrive, et me dit, mon amie, que tu ne fais que pleurer. Que veux-tu donc ? Tu as ta fille, tes petits-enfants et de bonnes nouvelles ; voilà bien des moyens d'être contente et heureuse. Le temps est ici superbe ; il n'a pas encore tombé de toute la campagne une seule goutte d'eau. Je me porte fort bien, et tout va au mieux. Adieu, mon amie, j'ai reçu une lettre de M. Napoléon ; je ne crois pas qu'elle soit de lui, mais d'Hortense. Mille choses à tout le monde.

LXII

Berlin, le 6 novembre 1806, neuf heures du soir.

J'ai reçu la lettre où tu me parais fâchée du mal

1. L'empereur avait fait son entrée solennelle à Berlin quatre jours avant, le 27 octobre.

que je dis des femmes [1]; il est vrai que je hais les femmes intrigantes, au delà de tout. Je suis accoutumé à des femmes bonnes, douces et conciliantes ; ce sont celles que j'aime. Si elles m'ont gâté, ce n'est pas ma faute, mais la tienne. Au reste, tu verras que j'ai été fort bon pour une qui s'est montrée sensible et bonne, madame d'Hatzfeld [2]. Lorsque je lui montrai la lettre de son mari, elle me dit en sanglotant, avec une profonde sensibilité et naïvement : « Ah ! c'est bien là son écriture ! » Lorsqu'elle lisait, son accent allait à l'âme ; elle me fit peine. Je lui dis : « Eh bien ! madame, jetez cette lettre au feu, je ne serai pas assez puissant pour faire punir votre mari. » Elle brûla la lettre, et me parut bien heureuse. Son mari est depuis fort tranquille ; deux heures plus tard, il était perdu. Tu vois donc que j'aime les femmes bonnes, naïves et douces ; mais c'est que celles-là seules te ressemblent. Adieu, mon amie, je me porte bien.

1. Joséphine se plaignait des railleries que Napoléon avait prodiguées à la reine de Prusse dans le bulletin d'Iéna.
2. M. de Hatzfeld (prince prussien) avait été conservé par Napoléon comme gouverneur civil de Berlin. Une lettre adressée par lui au général Hohenlohe, et interceptée aux avant-postes, prouva qu'il instruisait l'ennemi des mouvements de nos troupes. Sa femme était fille du ministre Schulembourg. Au reste, ce n'est pas là le seul exemple de la générosité native de l'empereur Napoléon.

LXIII

Berlin, le 16 novembre 1806.

Je vois avec satisfaction que mes sentiments te font plaisir. Tu as tort de penser qu'ils puissent être flattés, je t'ai parlé de toi comme je te vois. Je suis affligé de penser que tu t'ennuies à Mayence. Si le voyage n'était pas si long, tu pourrais venir jusqu'ici car il n'y a plus d'ennemi, ou il est au delà de la Vistule, c'est-à-dire à plus de cent vingt lieues d'ici. J'attendrai ce que tu en penses. Je serai bien aise aussi de voir M. Napoléon. Adieu, ma bonne amie. Tout à toi.

LXIV

Berlin, le 22 novembre 1806.

Sois contente, heureuse de mon amitié, de tout ce que tu m'inspires. Je me déciderai dans quelques jours à t'appeler ici, ou à t'envoyer à Paris. Adieu, mon amie ; tu peux actuellement aller, si tu veux, à Darmstadt, à Francfort ; cela te dissipera. Mille choses à Hortense.

LXV

Custrin, 26 novembre 1806.

Je suis à Custrin pour faire quelques reconnaissances, je verrai dans deux jours si tu dois venir. Tu peux te tenir prête. Je serai fort aise que la reine de Hollande soit du voyage. Il faut que la grande-duchesse de Bade en écrive à son mari. Il est deux heures du matin; je viens de me lever; c'est l'usage de la guerre. Mille choses aimables à toi et à tout le monde.

LXVI

Meseritz, le 27 novembre 1806.

Je vais faire un tour en Pologne; c'est ici la première ville. Je serai ce soir à Posen, après quoi je t'appellerai à Berlin, afin que tu y arrives le même jour que moi[1]. Ma santé est bonne, le temps un peu mauvais; il pleut depuis trois jours. Mes affaires vont bien. Les Russes fuient.

---

1. Ce voyage à Berlin ne s'accomplit jamais, par suite des dispositions toutes particulières dans lesquelles se trouvait l'empereur.

LXVII

Posen, le 28 novembre 1806.

Je suis à Posen, capitale de la grande Pologne. Le froid commence; je me porte bien. Je vais faire une tournée en Pologne. Mes troupes sont aux portes de Varsovie. Adieu, mon amie, mille choses aimables. Je t'embrasse de cœur.

LXVIII

Posen, le 2 décembre 1806.

C'est aujourd'hui l'anniversaire d'Austerlitz. J'ai été à un bal de la ville. Il pleut. Je me porte bien. Je t'aime et te désire. Mes troupes sont à Varsovie. Il n'a pas encore fait froid. Toutes ces Polonaises sont Françaises, mais il n'y a qu'une femme pour moi. La connaîtrais-tu? Je te ferais bien son portrait; mais il faudrait trop le flatter pour que tu te reconnusses; cependant, à dire vrai, mon cœur n'aurait que de bonnes choses à en dire. Ces nuits-ci sont longues, tout seul. Tout à toi.

LXIX

Posen, le 3 décembre 1806, midi.

Je reçois ta lettre du 26 novembre; j'y vois deux choses: tu me dis que je ne lis pas tes lettres; cela est mal pensé. Je te sais mauvais gré d'une si mauvaise opinion. Tu me dis que ce pourrait être par quelque rêve de la nuit, et tu ajoutes que tu n'es pas jalouse. Je me suis aperçu depuis longtemps que les gens colères soutiennent toujours qu'ils ne sont pas colères; que ceux qui ont peur disent souvent qu'ils n'ont pas peur; tu es donc convaincue de jalousie; j'en suis enchanté! Du reste, tu as tort; je ne pense à rien moins, et dans les déserts de la belle Pologne l'on songe peu aux belles. J'ai eu hier un bal de la noblesse de la province; d'assez belles femmes, assez riches, assez mal mises, quoique à la mode de Paris.

LXX

Posen, le 3 décembre 1806, six heures du soir.

Je reçois ta lettre du 27 novembre, où je vois que

ta petite tête s'est montée. Je me suis souvenu de ce vers :

> Désir de femme est un feu qui dévore [1].

Il faut cependant te calmer. Je t'ai écrit que j'étais en Pologne, que, lorsque les quartiers d'hiver seraient assis, tu pourrais venir ; il faut donc rester quelques jours. Plus on est grand, et moins on doit avoir de volonté ; l'on dépend des événements et des circonstances. Tu peux aller à Francfort et à Darmstadt. J'espère, sous peu de jours, t'appeler ; mais il faut que les événements le veuillent. La chaleur de ta lettre me fait voir que vous autres jolies femmes, vous ne connaissez pas de barrières ; ce que vous voulez doit être ; mais moi je me déclare le plus esclave des hommes : mon maître n'a pas d'entrailles, et ce maître c'est la nature des choses.

LXXI

Posen, le 10 décembre 1806.

Un officier m'apporte un tapis de ta part ; il est un peu court et étroit ; je ne t'en remercie pas moins. Je me porte assez bien. Le temps est fort variable. Mes affaires vont assez bien. Je t'aime et te désire beaucoup. Adieu, mon amie ; je t'écrirai de venir avec au moins autant de plaisir que tu viendras.

1. La Fontaine.

LXXII

Posen, le 12 décembre 1806.

Ma santé est bonne, le temps très doux; la mauvaise saison n'est pas commencée, mais les chemins sont mauvais dans un pays où il n'y a pas de chaussées. Hortense viendra donc avec Napoléon; j'en suis enchanté. Il me tarde bien de voir les choses pouvoir me mettre à même de te faire venir. J'ai fait ma paix avec la Saxe. L'électeur est roi, et de la Confédération. Adieu, ma bien-aimée Joséphine. Tout à toi. Un baiser à Hortense, Napoléon et à Stéphanie. Paër, le fameux musicien, sa femme, virtuose que tu as vue à Milan, il y a douze ans, et Brizzi sont ici; ils me donnent un peu de musique tous les soirs.

LXXIII

Posen, le 16 décembre 1806.

Mon amie, je pars pour Varsovie. Dans une quinzaine de jours je serai de retour. J'espère alors que je pourrai t'appeler. Toutefois, si cela était long, je verrais avec plaisir que tu retournasses à Paris, où tu es désirée. Tu sais bien que je dépends des événements.

LXXIV

Golimin, le 29 décembre 1806, cinq heures du matin.

Je ne t'écris qu'un mot, mon amie, je suis dans une mauvaise grange. J'ai battu les Russes [1], je leur ai pris trente pièces de canon, leurs bagages, et fait six mille prisonniers; mais le temps est affreux; il pleut, nous avons de la boue jusqu'aux genoux.

LXXV

Pultusk, le 31 décembre 1806.

J'ai bien ri en recevant tes dernières lettres. Tu te fais des belles de la grande Pologne une idée qu'elles ne méritent pas. J'ai eu deux ou trois jours le plaisir d'entendre Paër et deux chanteuses qui m'ont fait de la très bonne musique. J'ai reçu ta lettre dans une mauvaise grange, ayant de la boue, du vent et de la paille pour tout lit.

1. A Biezun, le 23 décembre; à Naslelsk et à Cursomb, le 24; à Pultusk, le 25.

LXXVI

Varsovie, le 3 janvier 1807.

J'ai reçu ta lettre, mon amie. Ta douleur me touche ; mais il faut bien se soumettre aux événements. Il y a trop de pays à traverser depuis Mayence jusqu'à Varsovie ; il faut donc que les événements me permettent de me rendre à Berlin, pour que je t'écrive d'y venir. Cependant l'ennemi, battu, s'éloigne ; mais j'ai bien des choses à régler ici. Je serais assez d'opinion que tu retournasses à Paris où tu es nécessaire. Renvoie ces dames qui ont leurs affaires ; tu gagneras d'être débarrassée de gens qui ont dû bien te fatiguer. Je me porte bien ; il fait mauvais. Je t'aime de cœur.

LXXVII

Varsovie, le 7 janvier 1807.

Mon amie, je suis touché de tout ce que tu me dis; mais la saison est froide, les chemins très mauvais, peu sûrs, je ne puis donc consentir à t'exposer à tant de fatigues. Rentre à Paris pour y passer l'hiver. Va aux Tuileries; reçois, et fais la même vie que tu as l'habitude de mener quand j'y suis ; c'est là ma volonté. Peut-être ne tarderai-je pas à t'y rejoindre ; mais il est indispensable que tu renonces à faire trois cents lieues dans cette saison, à travers des pays ennemis, et sur les derrières de l'armée. Crois qu'il m'en coûte plus qu'à toi de retarder de quelques semaines le bonheur de te voir ; mais ainsi l'ordonnent les événements et le bien des affaires. Adieu, mon amie, sois gaie et montre du caractère.

LXXVIII

Varsovie, le 8 janvier 1807.

Ma bonne amie, je reçois ta lettre du 27 avec celles de M. Napoléon et d'Hortense, qui y étaient jointes. Je t'avais priée de rentrer à Paris : la saison est trop mauvaise, les chemins peu sûrs et détestables, les espaces trop considérables pour que je permette que tu viennes jusqu'ici, où mes affaires me retiennent. Il te faudrait au moins un mois pour arriver. Tu arriverais malade ; il faudrait peut-être repartir alors ; ce serait donc folie. Ton séjour à Mayence est trop triste, Paris te réclame ; vas-y, c'est mon désir. Je suis plus contrarié que toi ; j'eusse aimé à partager les longues nuits de cette saison avec toi [1]; mais il faut obéir aux circonstances.

LXXIX

Varsovie, le 16 janvier 1807.

Je me porte fort bien, un peu ennuyé quelquefois de la longueur des nuits. Je vois ici, jusqu'à cette heure, assez peu de monde.

LXXX

Varsovie, le 16 janvier 1807.

Ma bonne amie, j'ai reçu ta lettre du 5 janvier; tout ce que tu me dis de ta douleur me peine. Pourquoi des larmes, du chagrin ? N'as-tu donc plus de courage? Je te verrai bientôt: ne doute jamais de mes sentiments; et, si tu veux m'être plus chère encore, montre du caractère et de la force d'âme. Je suis humilié de penser que ma femme puisse se méfier de mes destinées. Adieu, mon amie; je t'aime, je désire te voir, et veux te savoir contente et heureuse.

[1]. Il n'allait pas tarder à les partager avec la belle madame W....ka, femme d'un grand seigneur polonais, qu'on lui avait présentée le 2 janvier, à Varsovie.

LXXXI

Varsovie, le 18 janvier 1807.

Je crains que tu n'aies bien du chagrin de notre séparation qui doit encore se prolonger de quelques semaines, et de ton retour à Paris. J'exige que tu aies plus de force. L'on me dit que tu pleures toujours : fi ! que cela est laid! Ta lettre du 7 janvier me fait de la peine. Sois digne de moi, et prends plus de caractère. Fais à Paris la représentation convenable, et surtout sois contente. Je me porte très bien, et je t'aime beaucoup ; mais si tu pleures toujours je te croirai sans courage et sans caractère. Je n'aime pas les lâches ; une impératrice doit avoir du cœur.

LXXXII

Varsovie, janvier 1807.

Je reçois ta lettre du 15 janvier. Il est impossible que je permette à des femmes un voyage comme celui-ci : mauvais chemins, chemins peu sûrs et fangeux. Retourne à Paris, sois-y gaie, contente ; peut-être y serai-je aussi bientôt. J'ai ri de ce que tu me dis, que tu as pris un mari pour être avec lui. Je pensais, dans mon ignorance, que la femme était faite pour le mari, le mari pour la patrie, la famille et la gloire. Pardon de mon ignorance. On apprend toujours avec nos belles dames. Adieu, mon amie; crois qu'il m'en coûte de ne pas te faire venir. Dis-toi: c'est une preuve combien je lui suis précieuse.

LXXXIII

Sans date (janvier 1807.)

Mon amie, ta lettre du 20 janvier m'a fait de la peine ; elle est trop triste. Voilà le mal de n'être pas un peu dévote ! Tu me dis que ton bonheur fait ta gloire. Cela n'est pas généreux ; il faut dire : le bonheur des autres fait ma gloire. Cela n'est pas conjugal; il faut dire : le bonheur de mon mari fait ma gloire. Cela n'est pas maternel ; il faudrait dire : le bonheur de mes enfants fait ma gloire. Or, comme les peuples, ton mari, tes enfants ne peuvent être heureux qu'avec un peu de gloire, il ne faut pas tant en faire fi. Joséphine, votre cœur est excellent, et votre raison faible; vous sentez à merveille, mais vous raisonnez moins bien. Voilà assez de querelle; je veux que tu sois gaie, contente de ton sort et que tu obéisses, non en grondant et en pleurant, mais de gaieté de cœur et avec un peu de bonheur. Adieu, mon amie, je pars cette nuit pour parcourir mes avant-postes.

LXXXIV

Eylau, trois heures du matin, 9 février 1807.

Mon amie, il y a eu hier une grande bataille ; la victoire m'est restée, mais j'ai perdu bien du monde ; la perte de l'ennemi, qui est plus considérable encore, ne me console pas. Enfin je t'écris ces deux lignes moi-même, quoique je sois bien fatigué, pour te dire que je suis bien portant et que je t'aime. Tout à toi.

LXXXV

Eylau, 9 février 1807, six heures du soir.

Je t'écris un mot, mon amie, afin que tu ne sois pas inquiète. L'ennemi a perdu la bataille, 40 pièces de canon, 10 drapeaux, 12,000 prisonniers ; il a horriblement souffert. J'ai perdu du monde, 1,600 tués, 3 à 4,000 blessés. Ton cousin Tascher[1] se porte

1. Tascher de la Pagerie, cousin de l'impératrice Joséphine ; sous-lieutenant au 4e de ligne, lieutenant en 1806, officier d'or-

bien ; je l'ai appelé près de moi avec le titre d'officier d'ordonnance. Corbineau[1] a été tué d'un obus ; je m'étais singulièrement attaché à cet officier, qui avait beaucoup de mérite ; cela me fait de la peine. Ma garde à cheval s'est couverte de gloire. D'Allemagne est blessé dangereusement[2]. Adieu, mon amie.

LXXXVI

Eylau, le 11 février 1807 ; trois heures du matin.

Je t'écris un mot, mon amie ; tu dois avoir été bien

---

donnance de l'empereur après Eylau, envoyé en 1808 à l'armée d'Espagne, où il se distingua, capitaine, puis chef de bataillon d'état-major en 1809, il fut ensuite aide de camp du prince Eugène. Mort général de division et grand-maître de la maison de l'impératrice Eugénie. On doit à sa fille, la spirituelle comtesse Stéphanie Tascher de la Pagerie, de curieux *Mémoires* (encore inédits) sur la cour de Napoléon III.

1. Corbineau l'aîné, baron de l'Empire, aide de camp de l'empereur, général de brigade.

2. C'est à Eylau, comme le dit fort bien Sainte-Beuve, dans ses *Causeries du Lundi*, que Napoléon reçut le premier avertissement du destin. Cette bataille fut terrible. On sait qu'en présence des morts et des blessés, l'empereur s'écria : « Ce spectacle est fait pour inspirer aux princes l'amour de la paix et l'horreur de la guerre. » 500 bouches à feu avaient tonné. Les pertes russes s'élevaient à 32,000 hommes. Un seul fait donnera une idée du carnage. Le capitaine Louis Hugo (oncle de Victor Hugo, — général de brigade en 1833) commandait, dans le cimetière d'Eylau, une compagnie du 55e de ligne qui perdit 81 hommes sur 85. Voyez la belle pièce de vers : *Le Cimetière d'Eylau*, de Victor Hugo, et l'*Histoire de Napoléon* par Abel Hugo. (Perrotin, édit. 1833.)

inquiète. J'ai battu l'ennemi dans une mémorable journée, mais qui m'a coûté bien des braves. Le mauvais temps qu'il fait me porte à prendre mes cantonnements. Ne te désole pas, je te prie ; tout cela finira bientôt, et le bonheur de te voir me fera promptement oublier mes fatigues. Du reste, je n'ai jamais été si bien portant. Le petit Tascher, du 4e de ligne, s'est bien comporté ; il a eu une rude épreuve. Je l'ai appelé près de moi, je l'ai fait officier d'ordonnance ; ainsi, voilà ses peines finies. Ce jeune homme m'intéresse. Adieu, mon amie, mille baisers.

LXXXVII

Landsberg, le 18 février 1807.

Je t'écris deux mots. Je me porte bien. Je suis en mouvement pour mettre mon armée en quartier d'hiver. Il pleut et dégèle comme au mois d'avril. Nous n'avons pas encore eu une journée froide. Adieu, mon amie, tout à toi.

LXXXVIII

Liebstadt, 20 février 1807.

Je t'écris deux mots, mon amie, pour que tu ne sois

pas inquiète. Ma santé est fort bonne et mes affaires vont bien. J'ai remis mon armée en cantonnements. La saison est bizarre : il gèle et dégèle ; elle est humide et inconstante. Adieu, mon amie.

LXXXIX

Liebstadt, le 21 février 1807.

Je reçois ta lettre du 4 février ; j'y vois avec plaisir que ta santé est bonne. Paris achèvera de te rendre la gaieté et le repos, le retour à tes habitudes, la santé. Je me porte à merveille. Le temps et le pays sont mauvais. Mes affaires vont assez bien ; il dégèle et gèle dans vingt-quatre heures ; l'on ne peut voir un hiver aussi bizarre. Adieu, mon amie ; je t'aime, je pense à toi et désire te savoir contente, gaie et heureuse. Tout à toi.

XC

Liebstadt, 22 février 1807.

Je reçois ta lettre du 8, mon amie ; je vois avec plaisir que tu as été à l'Opéra et que tu as le projet de recevoir toutes les semaines. Va quelquefois au spectacle, et toujours en grande loge. Je vois aussi avec plaisir les fêtes qu'on te donne. Je me porte très bien. Le temps est toujours incertain; il gèle et dégèle. J'ai remis mon armée en cantonnements pour la reposer. Ne sois jamais triste, aime-moi, et crois à tous mes sentiments.

XCI

Au quartier-général, à Osterode, mars 1807.

Je suis dans un mauvais village, où je passerai encore bien du temps; cela ne vaut pas la grande ville. Je te le répète, je ne me suis jamais si bien porté; tu me trouveras fort engraissé. J'ai ordonné ce que tu désires pour la Malmaison; sois gaie et heureuse, c'est ma volonté. — J'attends la belle saison, qui ne doit pas tarder à venir. Je t'aime, et te veux savoir contente et gaie. L'on dira beaucoup de bêtises sur la bataille d'Eylau; le bulletin dit tout; les pertes y sont plutôt exagérées qu'amoindries.

XCII

Osterode, le 25 mars 1807.

J'apprends, mon amie, que les mauvais propos que l'on tenait dans ton salon à Mayence se renouvellent; fais-les donc taire. Je te saurais fort mauvais gré si tu n'y portais pas remède. Tu te laisses affliger par les propos de gens qui devraient te consoler. Je te recommande un peu de caractère, et de savoir mettre tout le monde à sa place [1]. — Mon amie, il ne faut pas aller en petite loge aux petits spectacles; cela ne convient pas à votre rang; vous ne devez aller qu'aux quatre grands théâtres et toujours en grande loge. — Pour m'être agréable, il faut, absolument en tout, vivre comme tu vivais lorsque j'étais à Paris. Alors tu ne sortais pas pour aller à de petits spectacles, ou autres lieux. Tu dois toujours aller en grande loge. Pour la vie de chez toi, recevoir là, et avoir tes cercles réglés; voilà, mon amie, le seul moyen de mériter mon approbation. Les grandeurs ont leurs inconvénients; une impératrice ne peut pas aller où va une simple particulière.

XCIII

Osterode, le 27 mars 1807.

Mon amie, ta lettre me fait de la peine. Tu ne dois pas mourir; tu te portes bien, et tu ne peux avoir aucun sujet raisonnable de chagrin. Je pense que tu dois

---

[1]. Quelques racontars de cour avaient malheureusement appris à Joséphine les infidélités de Napoléon. Aussi l'empereur va-t-il au devant des plaintes de l'épouse trompée.

aller au mois de mai à Saint-Cloud ; mais il faut rester tout le mois d'avril à Paris... Tu ne dois pas penser à voyager cet été ; tout cela n'est pas possible ; tu ne dois pas courir les auberges et les camps. Je désire, autant que toi, te voir et vivre tranquille. Je sais faire autre chose que la guerre ; mais le devoir passe avant tout. Toute ma vie, j'ai tout sacrifié, tranquillité, intérêt, bonheur à ma destinée.

XCIV

Finkestein, le 2 avril 1807[1].

Mon amie, je t'écris un mot. Je viens de porter mon quartier-général dans un très beau château, dans le genre de celui de Bessières[2], où j'ai beaucoup de cheminées ; ce qui m'est fort agréable, me levant souvent la nuit ; j'aime à voir le feu. Ma santé est parfaite. Le temps est beau, mais encore froid. Le

1. Finkenstein, en Pologne, château appartenant à l'un des dignitaires de la cour de Prusse. Madame W... ne tarda pas à y rejoindre Napoléon. Voyez les *Mémoires* de Constant, valet de chambre de l'empereur, pour tout ce qui concerne ces mystérieuses amours du vainqueur d'Iéna. Voyez aussi les souvenirs de la *Générale Durand*. (1886.)

2. Bessières, duc d'Istrie. Né en 1768, dans le Lot, était perruquier en 1789. Engagé volontaire, officier du train d'artillerie, capitaine de chasseurs, chef d'escadron aux guides en 1796, Commandant de la garde consulaire, général de division en 1799, il fut fait maréchal de l'empire et Grand-Aigle en 1804. Tué à Poserna, le 1er mai 1813.

thermomètre est de quatre à cinq degrés. Adieu, mon amie. Tout à toi.

XCV

Finkestein, le 14 mai 1807.

Je conçois tout le chagrin que doit te causer la mort de ce pauvre Napoléon[1]. Tu peux comprendre la peine que j'éprouve. Je voudrais être près de toi, pour que tu fusses modérée et sage dans ta douleur. Tu as eu le bonheur de ne jamais perdre d'enfants ; mais c'est une des conditions et des peines attachées à notre misère humaine. Que j'apprenne que tu as été raisonnable, et que tu te portes bien ! Voudrais-tu accroître ma peine ? Adieu, mon amie.

XCVI

Finkestein, 24 mai 1807.

Hortense n'est pas raisonnable, et ne mérite pas qu'on l'aime, puisqu'elle n'aimait que ses enfants. Tâche de la calmer, et ne me fais point de peine. A

---

1. Le petit Napoléon était, comme on l'a vu plus haut, le fils aîné de la reine Hortense.

tout mal sans remède, il faut trouver des consolations.

XCVII

Finkestein, 26 mai 1807.

Je reçois ta lettre du 16. J'ai vu avec plaisir qu'Hortense était arrivée à Laeken[1]. Je suis fâché de ce que tu me mandes de l'espèce de stupeur où elle est encore. Il faut qu'elle ait plus de courage, et qu'elle prenne sur elle. Je ne conçois pas pourquoi on veut qu'elle aille aux eaux ; elle serait bien plus dissipée[2] à Paris. Prends sur toi, sois gaie, et porte-toi bien. Ma santé est fort bonne. Adieu, mon amie ; je souffre bien de toutes tes peines ; je suis contrarié de ne pas être auprès de toi.

XCVIII

Dantzick, le 2 juin 1807.

Mon amie, j'apprends ton arrivée à la Malmaison.

1. Ou *Läcken* (V. *Almanach Impérial*), palais impérial, près Bruxelles. Le général Suchet en était le gouverneur.
2. *Dissipée*, expression familière à Napoléon, et qui équivaut à distraite, amusée.

Je n'ai point de lettres de toi. Je suis fâché contre Hortense ; elle ne m'écrit pas un mot. Tout ce que tu me dis d'elle me peine. Comment n'as-tu pas pu un peu la distraire? tu pleures ! J'espère que tu prendras sur toi, afin que je ne te trouve pas triste. Je suis à Dantzick depuis deux jours : le temps est fort beau ; je me porte bien. Je pense plus à toi que tu ne penses à un absent. Adieu, mon amie, mille choses aimables. Fais passer cette lettre à Hortense.

Pour la reine Hortense :

2 juin. — Ma fille, vous ne m'avez pas écrit un mot dans votre juste et grande douleur. Vous avez tout oublié, comme si vous n'aviez pas encore de pertes à faire. L'on dit que vous n'aimez plus rien, que vous êtes indifférente à tout; je m'en aperçois à votre silence. Cela n'est pas bien, Hortense. Ce n'est pas ce que vous nous promettiez. Votre fils était tout pour vous. Votre mère et moi, nous ne sommes donc rien? Si j'avais été à la Malmaison, j'aurais partagé votre peine ; mais j'aurais aussi voulu que vous vous rendissiez à vos meilleurs amis. Adieu, ma fille ; soyez gaie ; il faut se résigner. Portez-vous bien pour remplir tous vos devoirs. Ma femme est toute triste de votre état ; ne lui faites plus de chagrin. Votre affectionné père.

XCIX

Le 14 juin 1807.

Mon amie, je ne t'écris qu'un mot, car je suis bien fatigué ; voilà bien des jours que je bivouaque. Mes enfants ont dignement célébré l'anniversaire de la bataille de Marengo. La bataille de Friedland sera aussi célèbre et est aussi glorieuse pour mon peuple. Toute l'armée russe mise en route, 80 pièces de canon, 30,000 hommes pris ou tués, 25 généraux russes tués, blessés ou pris, la garde russe écrasée ; c'est une digne sœur de Marengo, Austerlitz, Iéna. Le bulletin te dira le reste. Ma perte n'est pas considérable ; j'ai manœuvré l'ennemi avec succès. Sois sans inquiétude et contente. Adieu, mon amie, je monte à cheval.

C

Le 15 juin 1807.

Mon amie, je t'ai expédié hier Moustache[1] avec la

---

1. Ce nom invraisemblable est celui d'un des courriers du cabinet de l'empereur. Il avait été brigadier aux guides d'Italie et d'Égypte. Voyez d'amusants détails sur lui dans les *Mémoires* de madame Marco de Saint-Hilaire.

nouvelle de la bataille de Friedland. Depuis, j'ai continué à poursuivre l'ennemi. Kœnigsberg, qui est une ville de 80,000 âmes, est en mon pouvoir. J'y ai bien trouvé des canons, beaucoup de magasins et enfin plus de 60,000 fusils venant d'Angleterre. Adieu, mon amie, ma santé est parfaite, quoique je sois enrhumé par la pluie et le froid du bivouac. Sois contente et gaie. Tout à toi.

CI

Tilsitt, le 19 juin 1807.

J'ai expédié Tascher près de toi pour calmer toutes tes inquiétudes. Tout va ici au mieux. La bataille de Friedland a décidé de tout. L'ennemi est confondu, abattu, extrêmement affaibli. Ma santé est bonne, et mon armée est superbe. Adieu, mon amie, sois gaie et contente.

CII

Tilsitt, le 25 juin 1807.

Mon amie, je viens de voir l'empereur Alexandre ; j'ai été fort content de lui ; c'est un fort beau, bon et jeune empereur ; il a de l'esprit plus qu'on ne le pense communément. Il vient loger en ville à Tilsitt demain [1]. Adieu, mon amie, je désire fort que tu te portes bien, et sois contente. Ma santé est fort bonne.

CIII

Tilsitt, le 3 juillet 1807.

Mon amie, M. de Turenne [2] te donnera tous les détails de ce qui se passe ici ; tout va fort bien. Je crois t'avoir dit que l'empereur de Russie porte ta santé avec beaucoup d'amabilité. Il dîne, ainsi que le roi de Prusse, [3] tous les jours chez moi. Je désire que tu sois contente. Adieu, mon amie, mille choses aimables.

1. L'entrevue des deux empereurs avait eu lieu le même jour, sur le Niémen. Napoléon était accompagné de Murat, Berthier, Bessières, Duroc et Caulaincourt. Voyez le *Mémorial de Sainte-Hélène*.

2. Le comte de Turenne, chambellan de l'empereur.

3. Frédéric-Guillaume III fit une piteuse figure à l'entrevue de Tilsitt, et regretta plus d'une fois d'avoir appelé la Russie à son aide. L'armée française fut frappée de son humble attitude auprès des deux empereurs. Un de nos meilleurs anecdotiers militaires, peut-être même le premier de tous, le grenadier Jean-Roch Coignet, plus tard capitaine, se moque pittoresquement du roi de Prusse : « ... Heureusement que le grand » Alexandre était là pour prendre sa défense, il avait l'air » d'une victime. Dieu, qu'il était maigre, le vilain souve- » rain ! » (*Les Cahiers du capitaine Coignet*, Hachette, 1883.)

CIV

Tilsitt, 6 juillet 1807.

J'ai reçu ta lettre du 25 juin. J'ai vu avec peine que tu étais égoïste, et que les succès de mes armes seraient pour toi sans attraits. La belle reine de Prusse doit venir dîner avec moi aujourd'hui. Je me porte bien, et désire beaucoup te revoir, quand le destin l'aura marqué. Cependant, il est possible que cela ne tarde pas.

CV

Tilsitt, 7 juillet 1807.

Mon amie, la reine de Prusse a dîné hier avec moi [1]. J'ai eu à me défendre de ce qu'elle voulait

---

1. Coignet était de faction à la porte de la maison de Napoléon, au moment même où l'empereur alla recevoir la belle reine Louise de Prusse. Il va nous conter, avec sa verve ordinaire, quelle impression lui produisit la gracieuse souveraine. Rien d'éloquent comme un homme du peuple, quand il voit juste et sent vivement. Écoutons-le : « ... Elle arriva à dix » heures du soir. Dieu, qu'elle était belle avec son turban » autour de la tête ! On pouvait dire que c'était une belle reine » pour un vilain roi, mais je crois qu'elle était roi et reine » en même temps. L'Empereur vint la recevoir au bas du » grand perron et lui présenta la main, mais elle ne put le

m'obliger à faire encore quelques concessions à son mari ; mais j'ai été galant, et je me suis tenu à ma politique. Elle est fort aimable. J'irai te donner des détails qu'il me serait impossible de te donner sans être bien long. Quand tu liras cette lettre, la paix avec la Prusse et la Russie sera conclue, et Jérôme reconnu roi de Westphalie avec trois millions de population. Ces nouvelles pour toi seule. Adieu, mon amie ; je t'aime et veux te savoir contente et gaie.

CVI

Dresde, le 18 juillet 1807.

Mon amie, je suis arrivé hier, à cinq heures du soir, à Dresde, fort bien portant, quoique je sois resté cent heures en voiture, sans sortir. Je suis ici chez le roi de Saxe, dont je suis fort content. Je suis donc rapproché de toi de plus de la moitié du chemin. Il se peut qu'une de ces belles nuits, je tombe à Saint-Cloud comme un jaloux, je t'en préviens. Adieu, mon amie ; j'aurai grand plaisir à te voir. Tout à toi.

» faire plier. J'eus le bonheur de me trouver le soir de faction
» au pied du perron pour la voir de près, et, le lendemain à
» midi, je me trouvais à mon même poste ; je la contemplai.
» Quelle belle figure, avec un port de reine ! A trente-trois
» ans, j'aurais donné une de mes oreilles pour rester avec elle
» aussi longtemps que l'Empereur. » (Les *Cahiers* du capitaine Coignet, pages 218-219.)

CVII

Milan, le 25 novembre 1807.

Je suis ici, mon amie, depuis deux jours. Je suis bien aise de ne te pas avoir emmenée ; tu aurais horriblement souffert au passage du Mont-Cenis, où une tourmente m'a retenu vingt-quatre heures. J'ai trouvé Eugène bien portant ; je suis fort content de lui. La princesse est malade ; j'ai été la voir à Monza ; elle a fait une fausse-couche ; elle va mieux. Adieu, mon amie.

CVIII

Venise, le 30 novembre 1807.

Je reçois ta lettre du 22 novembre. Je suis à Venise depuis deux jours. Le temps est fort mauvais, ce qui ne m'a pas empêché de courir les lagunes, pour voir les différents forts. Je vois avec plaisir que tu t'amuses à Paris. Le roi de Bavière, avec sa famille, ainsi que la princesse Elisa [1] sont ici. Passé le 2 dé-

---

1. Marie-Anne Bonaparte, dite Elisa, l'aînée des sœurs de Napoléon, née à Ajaccio le 3 janvier 1777. Elevée à Saint-Cyr, dans la maison royale de Saint-Louis, elle épousa à Marseille, le 1er mai 1797, un ancien officier de marine, Félix Bacciochi, qui devint prince de Lucques et de Piombino. Napoléon la fit grande-duchesse de Toscane, avec gouvernement-général de ce pays. Morte à San-Andréa le 7 août 1820. Inhumée à Trieste.

cembre, que je ferai ici, je serai sur mon retour et fort aise de te voir. Adieu, mon amie.

CIX.

Udine, le 11 décembre 1807.

J'ai reçu, mon amie, ta lettre du 3 décembre, où je vois que tu as été fort contente du Jardin des Plantes. Me voilà au terme le plus éloigné de mon voyage ; il est possible que je sois bientôt à Paris, où je serai fort aise de te revoir. Le temps n'a pas encore été froid ici, mais très pluvieux. J'ai profité du dernier moment de la saison, car je suppose qu'à Noël l'hiver se fera enfin sentir. Adieu, mon amie. Tout à toi.

CX

Erfurt, le 29 septembre 1808.

Je suis un peu enrhumé. J'ai reçu ta lettre de Malmaison. Je suis fort satisfait ici de l'empereur [1] et de tout le monde. Il est une heure après minuit, et je suis fatigué. Adieu, mon amie, porte-toi bien.

1. Le czar Alexandre. La fameuse entrevue d'Erfurt dura du 27 septembre au 14 octobre 1808.

CXI

Erfurt, le 9 octobre 1808.

J'ai reçu, mon amie, ta lettre. Je vois avec plaisir que tu te portes bien. Je viens de chasser sur le champ de bataille d'Iéna. Nous avons déjeuné dans l'endroit où j'avais passé la nuit au bivouac. J'ai assisté au bal de Weimar [1]. L'empereur Alexandre danse; mais moi, non; quarante ans sont quarante ans [2]. Ma santé est bonne au fond, malgré quelques petits maux. Adieu, mon amie. Tout à toi. J'espère te voir bientôt.

CXII

Erfurt, octobre 1808.

Mon amie, je t'écris peu, je suis fort occupé. Des conversations de journées entières, cela n'arrange pas mon rhume. Cependant tout va bien. Je suis content d'Alexandre, il doit l'être de moi. S'il était

---

1. Napoléon fit la connaissance à ce bal de deux glorieux écrivains allemands, Goëthe et Wieland, tous deux conseillers intimes du duc de Weimar. Il leur décerna le lendemain la croix de la Légion d'Honneur.

2. Il avait exactement trente-neuf ans et deux mois.

femme, je crois que j'en ferais mon amoureuse. Je serai chez toi dans peu; porte-toi bien, et que je te trouve fraîche et grasse [1].

CXIII

Tolosa, le 5 novembre 1808.

Je suis à Tolosa; je pars pour Vittoria, où je serai dans peu d'heures. Je me porte assez bien, et j'espère que tout cela sera bientôt fini [2].

CXIV

Burgos, le 14 novembre 1808.

Les affaires marchent ici avec une grande activité. Le temps est fort beau. Nous avons des succès. Ma santé est fort bonne.

1. Erfurt avait été le point de mire de toute l'Europe. Il s'y trouvait, à la suite des empereurs Napoléon et Alexandre: quatre rois, une reine, deux princes, un grand-duc et cinq ducs. Sans compter le menu fretin. Talma jouait Œdipe devant tout ce monde.
2. Napoléon quitta Paris le 29 octobre pour aller commander l'armée d'Espagne.

CXV

26 novembre 1808.

J'ai reçu ta lettre. Je désire que ta santé soit aussi bonne que la mienne. Tout marche bien ici. Je pense que tu dois retourner aux Tuileries le 21 décembre, et, à dater de cette époque, donner un concert tous les huit jours.

CXVI

Madrid, 7 décembre 1808[1].

Je reçois ta lettre du 28. Je vois avec plaisir que tu te portes bien. Tu as su que le jeune Tascher se comporte bien; cela m'a fait plaisir. Ma santé est bonne. Il fait ici le temps de la dernière quinzaine de mai à Paris. Nous avons chaud, et point de feu, si ce n'est la nuit, qui est assez fraîche. Madrid est tranquille. Toutes mes affaires vont bien. Adieu, mon amie. Tout à toi.

1. La victoire de Somo-Sierra avait ouvert à Napoléon les portes de Madrid. La ville se soumit le 5 décembre 1808, et l'empereur y entra solennellement le lendemain.

CXVII

Madrid, 10 décembre 1808.

Mon amie, je reçois ta lettre. Tu me dis qu'il fait mauvais à Paris; il fait ici le plus beau temps du monde. Dis-moi, je te prie, ce que veulent dire les réformes que fait Hortense; l'on dit qu'elle renvoie ses domestiques. Est-ce qu'on lui refuserait ce qui lui est nécessaire [1]? Dis-moi un mot là-dessus; les réformes ne sont pas convenables. Adieu, mon amie. Tout va fort bien, et je te prie de te bien porter.

CXVIII

Madrid, le 21 décembre 1808.

Tu dois être entrée aux Tuileries le 12. J'espère que tu auras été contente de tes appartements. J'ai autorisé la présentation à toi et à la famille de Kourakin [2]; reçois-le bien, et fais-le jouer avec toi. Adieu, mon amie; je me porte bien; le temps est pluvieux; il fait un peu froid.

1. Comme on devine bien que l'empereur serait ravi d'avoir à tancer de nouveau le roi Louis !
2. Ambassadeur de l'empereur de Russie en France, prince.

CXIX

Madrid, le 22 décembre 1808.

Je pars à l'instant pour manœuvrer les Anglais, qui paraissent avoir reçu leur renfort, et vouloir faire les crânes. Le temps est beau, ma santé parfaite ; sois sans inquiétude.

CXX

Le 31 décembre 1808.

Mon amie, je suis à la poursuite des Anglais depuis quelques jours ; mais ils fuient épouvantés. Ils ont lâchement abandonné les débris de l'armée de la Romana, pour ne pas retarder leur retraite d'une demi-journée. Plus de cent chariots de bagages sont déjà pris. Le temps est bien mauvais. Lefèvre[1] a été pris ; il m'a fait une échauffourée avec 300 chasseurs : ces crânes ont passé une rivière à la nage, et ont été se jeter au milieu de la cavalerie anglaise ; ils ont beaucoup tué ; mais, au retour, Lefèvre a eu son cheval blessé ; il se noyait ; le courant l'a conduit

---

1. Lefèvre-Desnouettes, colonel de cavalerie, général de division, comte de l'Empire, né en 1773. Condamné à mort par contumace pour avoir participé aux Cent-Jours. Mort en 1822.

sur la rive où étaient les Anglais ; il a été pris. Console sa femme. Adieu, mon amie. Bessières, avec dix mille chevaux, est sur Astorga. Bonne année à tout le monde.

CXXI

Le 3 janvier 1809.

Je reçois, mon amie, tes lettres du 18 et du 21. Je poursuis les Anglais l'épée dans les reins. Le temps est froid et rigoureux, mais tout va bien. Adieu, mon amie, tout à toi ! Bonne et bien bonne année à ma Joséphine.

CXXII

Bénavente, le 5 janvier 1809.

Mon amie, je t'écris un mot. Les Anglais sont dans une grande déroute. J'ai chargé le duc de Dal-

---

1. Soult, duc de Dalmatie, né en 1769 ; engagé volontaire, sous-officier en 1789, général de brigade en 1798, général de division à l'armée d'Italie (1800). Maréchal de l'empire, Grand Aigle en 1805, prit une part glorieuse aux campagnes d'Espagne et de France, 1813-1814. Major-général de Napoléon à Waterloo. Ministre de la guerre sous Louis-Philippe, notamment en 1818. Mort en 1851.

matie de les poursuivre l'épée dans les reins. Je me porte bien. Le temps est mauvais. Adieu, mon amie.

CXXIII

Mansilla, le 8 janvier 1809.

Je reçois tes lettres du 23 et du 26. Je vois avec peine que tu souffres des dents. Je suis ici depuis deux jours. Le temps est comme la saison le comporte. Les Anglais s'embarquent. Je suis bien portant. Adieu, mon amie. J'écris à Hortense. Eugène a une fille [1]. Tout à toi.

CXXIV

Le 9 janvier 1809.

Moustache[2] m'apporte une lettre de toi, du 31 décembre. Je vois, mon amie, que tu as l'inquiétude noire. L'Autriche ne me fera pas la guerre. Si elle me la fait, j'ai 150,000 hommes en Allemagne, et autant sur le Rhin, et 400,000 Allemands pour lui

1. Hortense-Eugénie Napoléon, née le 23 décembre 1808.
2. S'il faut en croire Mérimée, les ouvriers parisiens avaient donné ce surnom à Napoléon III dans les premières années du second empire. Le vrai Moustache était courrier du cabinet.

répondre. La Russie ne se séparera pas de moi. On est fou à Paris ; tout marche bien. Je serai à Paris aussitôt que je le croirai utile. Je te conseille de prendre garde aux revenants ; un beau jour, à deux heures du matin... [1] Mais, adieu, mon amie ; je me porte bien, et suis tout à toi.

CXXV

Le 8 mai 1809.

Mon amie, j'ai reçu ta lettre. La balle qui m'a touché ne m'a pas blessé ; elle a à peine rasé le talon d'Achille [2]. Ma santé est fort bonne. Tu as tort de t'inquiéter. Mes affaires ici vont fort bien. Tout à toi.

CXXVI

Saint-Pœlten, le 9 mai 1809.

Mon amie, je t'écris de Saint-Pœlten. Demain, je

---

1. Son retour aux Tuileries, après la campagne de Russie, s'effectua de cette façon. Il eut beaucoup de mal à se faire reconnaître.

2. C'est la blessure de Ratisbonne. Voyez, sur les dangers courus par Napoléon en campagne, le *Mémorial* et le livre d'O'Méara : *Napoléon dans l'exil*.

serai devant Vienne. Ce sera juste un mois après le même jour où les Autrichiens ont passé l'Inn et violé la paix. Ma santé est fort bonne, le temps superbe, et le soldat fort gai ; il y a ici du vin. Porte-toi bien. Tout à toi.

CXXVII

Schœnbrunn, le 12 mai 1809.

Je t'expédie le frère de la duchesse de Montebello pour t'apprendre que je suis maître de Vienne, et que tout va ici parfaitement. Ma santé est fort bonne.

CXXVIII

Schœnbrunn, le 31 mai 1809.

La perte du duc de Montebello [1], qui est mort ce

---

1. Lannes, duc de Montebello, né à Lectoure en 1769, ouvrier teinturier, puis terrassier. Volontaire en 1792, général de brigade en 1797, il se distingua en Italie, fut nommé général de division en 1799, gagna la victoire de Montebello. Maréchal de l'empire en 1804, Grand-Aigle de la Légion d'Honneur en 1805, on peut dire qu'il fut, avec Duroc et Bertrand, l'un des rares amis particuliers de Napoléon. « Ce grand homme, dit Coignet, était le seul qui tutoyât notre empereur. » Atteint mortellement d'un boulet qui lui emporta les deux jambes, sur

matin, m'a fort affligé. Ainsi tout finit !... Adieu, mon amie ; si tu peux contribuer à consoler la pauvre maréchale, fais-le. Tout à toi.

CXXIX

Schœnbrunn, le 16 juin 1809.

Je t'expédie un page pour t'annoncer que, le 14, anniversaire de Marengo, Eugène a gagné une bataille contre l'archiduc Jean et l'archiduc Palatin, à Raab, en Hongrie ; qu'il leur a pris trois mille hommes, plusieurs pièces de canon, quatre drapeaux, et les a poursuivis fort loin sur le chemin de Bude.

CXXX

Ebersdorf, le 7 juillet 1809 ; cinq heures du matin.

Je t'expédie un page pour te donner la bonne nouvelle de la victoire d'Ebersdorf, que j'ai remportée le 5 et celle de Wagram, que j'ai remportée le 6. L'armée ennemie fuit en désordre, et tout marche selon mes vœux. Eugène se porte bien.

le champ de bataille d'Essling, le héros mourut, quelques jours après, le 31 mai 1809. Son fils a été ministre sous le second Empire ; et l'un de ses petits-fils, le comte Gustave de Montebello, est actuellement ambassadeur à Constantinople.

Le prince Aldobrandini [1] est blessé, mais légèrement. Bessières a eu un boulet qui lui a touché le gras de la cuisse ; la blessure est très légère. Lasalle a été tué [2] ; mes pertes sont assez fortes ; mais la victoire est décisive et complète. Nous avons plus de cent pièces de canon, douze drapeaux, beaucoup de prisonniers. Je suis brûlé par le soleil. Adieu, mon amie, je t'embrasse. Bien des choses à Hortense.

CXXXI

Le 9 juillet 1809, à deux heures du matin.

Tout va ici selon mes désirs. Mes ennemis sont défaits, battus, tout à fait en déroute. Ils étaient très nombreux. Je les ai écrasés. Ma santé est bonne aujourd'hui. Hier, j'ai été un peu malade d'un débordement de bile, occasionné par tant de fatigues ; mais cela me fait grand bien. Adieu, mon amie, je me porte fort bien.

1. Le prince Aldobrandini de Borghèse, colonel du 4e régiment de cuirassiers. Parent de Pauline Bonaparte.
2. Lasalle, le premier général de la cavalerie française après Murat, le type accompli du soldat. Colonel de chasseurs, général de brigade en Italie, général de division, né en 1775, tué à Wagram le 6 juillet 1809. Écrivain à ses heures, il a rimé quelques chansons de corps-de-garde.

CXXXII

Au camp, devant Znaïm, le 13 juillet 1809.

Je t'envoie la suspension d'armes qui a été conclue hier avec le général autrichien. Eugène est du côté de la Hongrie et se porte bien. Envoie une copie de la suspension d'armes à Cambacérès,[1] en cas qu'il ne l'ait pas déjà reçue. Je t'embrasse, et me porte fort bien.

CXXXIII

Le 24 juillet 1809.

Je reçois ta lettre du 18 juillet. Je vois avec plaisir que les eaux te font du bien. Je ne vois aucun inconvénient qu'à la fin de tes eaux tu ailles à la Malmaison. La chaleur est assez grande ici. Ma santé est fort bonne. Adieu, mon amie. Eugène est à Vienne, et très bien portant. Tout à toi.

---

1. Cambacérès, duc de Parme. Né à Fréjus en 1753, il entra dans les assemblées républicaines, grâce à sa haute capacité de jurisconsulte. Appuya Bonaparte au 18 brumaire, et fut nommé en 1799 second consul de la République. Prince, Archichancelier de l'Empire en 1804, Grand-Aigle de la Légion d'Honneur, président du Sénat, il est mort en 1824. Gourmet célèbre. Son frère fut archevêque de Rouen et cardinal.

CXXXIV

Schœnbrunn, le 7 août 1809.

Je vois par ta lettre que tu es à Plombières, et que tu comptes y rester ; tu fais bien ; les eaux et le beau climat ne peuvent que te faire du bien. Je reste ici. Ma santé et mes affaires vont selon mes souhaits. Je te prie de dire bien des choses aimables à Hortense et aux Napoléon. Tout à toi.

CXXXV

Schœnbrunn, le 21 août 1809.

J'ai reçu ta lettre du 14 août, de Plombières ; j'y vois que tu seras arrivée le 18 à Paris, ou à la Malmaison. Tu auras été malade de la chaleur, qui est bien grande ici. Malmaison doit être bien sec et brûlé par ce temps-là [1]. Ma santé est bonne. Je suis cependant un peu enrhumé de la chaleur. Adieu, mon amie.

1. Le château de la Malmaison, près Rueil (Seine-et-Oise), déclaré bien national en 1792, fut acheté par M. Lecouteux de Canteleu, depuis sénateur, et revendu à Joséphine en 1798. Napoléon s'intéressa toujours à cette résidence agréable.

CXXXVI

Schœnbrunn, le 26 août 1809.

Je reçois ta lettre de Malmaison. L'on m'a rendu compte que tu étais grasse, fraîche et bien portante. Je t'assure que Vienne n'est pas une ville amusante. Je voudrais fort être déjà à Paris. Adieu, mon amie. J'entends deux fois par semaine les Bouffons ; ils sont assez médiocres ; cela amuse les soirées. Il y a cinquante ou soixante femmes de Vienne, mais au parterre, comme n'ayant pas été présentées.

CXXXVII

Schœnbrunn, le 31 août 1809.

Je n'ai pas reçu de lettres de toi depuis plusieurs jours ; les plaisirs de Malmaison, les belles serres, les beaux jardins font oublier les absents ; c'est la règle, dit-on, chez vous autres. Tout le monde ne parle que de ta bonne santé, tout cela m'est fort sujet à caution. Je vais demain faire une absence de deux jours en Hongrie, avec Eugène. Adieu, mon amie. Tout à toi.

CXXXVIII

Kems, le 9 septembre 1809.

Mon amie, je suis ici depuis hier, à deux heures du matin ; j'y suis venu pour voir mes troupes. Ma santé n'a jamais été meilleure. Je sais que tu es bien portante. Je serai à Paris au moment où personne ne m'attendra plus. Tout va ici fort bien, et à ma satisfaction. Adieu, mon amie.

CXXXIX

Le 23 septembre 1809.

J'ai reçu ta lettre du 16 ; je vois que tu te portes bien. La maison de la vieille fille[1] ne vaut que 120,000 francs ; ils n'en trouveront jamais plus. Cependant, je te laisse maîtresse de faire ce que tu voudras, puisque cela t'amuse ; mais, une fois achetée, ne fais pas démolir pour y faire quelques rochers. Adieu, mon amie.

1. Boispréau, maison appartenant à mademoiselle Julien, leur voisine de la Malmaison.

CXL

Le 25 septembre 1809.

J'ai reçu ta lettre. Ne te fie pas, et je te conseille de te bien garder la nuit ; car une des prochaines tu entendras grand bruit. Ma santé est fort bonne ; je ne sais ce que l'on débite ; je ne me suis jamais mieux porté depuis bien des années. Corvisart [1] ne m'était point utile. Adieu, mon amie ; tout va ici fort bien. Tout à toi.

CXLI

Nymphenbourg, près Munich, le 21 octobre 1809.

Je suis ici depuis hier bien portant ; je ne partirai pas encore demain. Je m'arrêterai un jour à Stuttgard. Tu seras prévenue vingt-quatre heures d'avance de mon arrivée à Fontainebleau. Je me fais une fête de te revoir, et j'attends ce moment avec impatience. Je t'embrasse. Tout à toi.

---

1. Le baron de Corvisart, premier médecin de l'empereur né en 1755, mort en 1821.

CXLII

Octobre 1809.

Mon amie, je t'écris pour t'apprendre que la paix a été signée, il y a deux heures, entre Champagny et le prince de Metternich. Adieu, mon amie.

CXLIII

Munich, octobre 1809.

Mon amie, je pars dans une heure. Je serai arrivé à Fontainebleau du 26 au 27 : tu peux t'y rendre avec quelques dames.

CXLIV

Trianon, 18 décembre 1809, huit heures du soir[1].

Mon amie, je t'ai trouvée aujourd'hui plus faible que tu ne devrais être. Tu as montré du courage ; il faut que tu en trouves pour te soutenir ; il ne faut pas te laisser aller à une funeste mélancolie ; il faut te trouver contente et surtout soigner ta santé, qui

1. Le divorce du couple impérial était prononcé depuis le 16.

m'est si précieuse. Si tu m'es attachée et si tu m'aimes, tu dois te comporter avec force et te placer heureuse. Tu ne peux pas mettre en doute ma constante et tendre amitié, et tu connaîtrais bien mal tous les sentiments que je te porte si tu supposais que je puisse être heureux si tu n'es pas heureuse et surtout si tu ne te tranquillises. Adieu, mon amie ; dors bien ; songe que je le veux.

CXLV

Mardi, à six heures. (Trianon, 19 décembre 1809.)

La reine de Naples [1], que j'ai vue à la chasse au bois de Boulogne, où j'ai forcé un cerf, m'a dit qu'elle t'avait laissée hier, à une heure de l'après-midi, bien portante. Je te prie de me dire ce que tu as fait aujourd'hui. Moi, je me porte fort bien. Hier, quand je t'ai vue, j'étais malade. Je pense que tu auras été te promener. Adieu, mon amie.

1. Marie-Annonciade Bonaparte, dite Caroline, la plus jeune sœur de Napoléon, née à Ajaccio le 25 mars 1782, mariée au général Joachim Murat, à Plailly (Oise) le 20 janvier 1800, reine de Naples et des Deux-Siciles en 1808. Détrônée et veuve en 1815. Morte à Florence le 18 mai 1839. Inhumée au Campo-Santo de Bologne.

CXLVI

Mercredi, 7 heures du soir. (Trianon, 20 décembre 1809.)

Je reçois ta lettre, mon amie. Savary [1] me dit que tu pleures toujours. J'espère que tu auras pu te promener aujourd'hui. Je t'ai envoyé de ma chasse. Je viendrai te voir, lorsque tu me diras que tu es raisonnable et que ton courage prend le dessus. Demain, toute la journée, j'ai les ministres. Adieu, mon amie ; je suis triste aussi aujourd'hui ; j'ai besoin de te savoir satisfaite et d'apprendre que tu prends de l'aplomb. Dors bien.

CXLVII

Jeudi, à midi. (Trianon, le 21 décembre 1809.)

Je voulais venir te voir aujourd'hui, mon amie ; mais je suis très occupé et un peu indisposé. Je vais cependant aller au conseil [2]. Je te prie de me dire comment tu te portes. Ce temps est bien humide et pas du tout sain.

1. Savary, duc de Rovigo, Colonel des gendarmes d'élite, général de division, ministre de la police. Né en 1774, mort en 1833.

2. A cette date, le ministère français était ainsi composé : — *Grand Juge, ministre de la Justice,* Régnier, duc de Massa ; — *Finances,* Gaudin, duc de Gaëte ; — *Secrétariat d'État,* Maret,

CXLVIII

Trianon, mardi 26 décembre 1809.

Je me suis couché hier après que tu as été partie[1], mon amie. Je vais à Paris. Je désire te savoir aie. Je viendrai te voir dans la semaine. J'ai reçu tes lettres, que je vais lire en voiture.

CXLIX

Mercredi, à midi. (Paris, le 27 décembre 1809.)

Eugène m'a dit que tu avais été toute triste hier ; cela n'est pas bien, mon amie, c'est contraire à ce que tu m'avais promis. J'ai été fort ennuyé de revoir les Tuileries ; ce grand palais m'a paru vide, et je m'y suis trouvé isolé. Adieu, mon amie ; porte-toi bien.

duc de Bassano ; — *Marine et Colonies*, vice-amiral comte Decrès ; — *Relations extérieures*, Champagny, duc de Cadore ; — *Trésor public*, comte Mollien ; — *Guerre*, général Clarke, duc de Feltre ; — *Cultes*, comte Bigot de Préameneu ; — *Intérieur*, comte de Montalivet ; — *Administration de la Guerre*, général comte de Cessac ; — *Police générale*, Fouché, duc d'Otrante.

1. Joséphine et Napoléon prirent leur dernier repas commun, au Grand-Trianon, le lundi 25 décembre 1809.

CL.

Paris, vendredi 29 décembre 1809.

Mon amie, je reçois ta lettre ; je vois avec peine que tu as été malade; je crains que ce ne soit ce mauvais temps. Madame de la T... est une des plus folles du faubourg ; j'ai souffert fort longtemps son caquet; je m'en suis ennuyé, et j'ai ordonné qu'elle ne revînt plus à Paris. Il y a cinq ou six autres vieilles femmes que je veux également renvoyer de Paris ; elles gâtent les jeunes par leurs sottises. Je nommerai madame de Mackau baronne, puisque tu le désires, et ferai tes autres commissions. Ma santé est assez bonne. La conduite de B... me paraît fort ridicule. Je désire te savoir bien portante. Adieu, mon amie.

CLI

Paris, le 31 décembre 1809.

(Dimanche, à dix heures du matin.)

J'ai aujourd'hui grande parade, mon amie; je verrai toute ma vieille garde, et plus de soixante trains d'artillerie. Le roi de Westphalie [1] s'en va chez lui, ce

1. Jérôme Bonaparte.

qui pourra donner une maison vacante à Paris. Je suis triste de ne pas te voir. Si la parade finit avant trois heures, je viendrai; sans cela, à demain. Adieu, mon amie.

CLII

Paris, le 4 janvier 1810, jeudi soir.

Hortense, que j'ai vue cette après-midi, m'a donné, mon amie, de tes nouvelles. J'espère que tu auras été voir aujourd'hui tes plantes, la journée ayant été belle. Je ne suis sorti qu'un instant à trois heures, pour tirer quelques lièvres[1]. Adieu, mon amie, dors bien.

CLIII

Vendredi, à huit heures. (Paris, le 5 janvier 1810.)

Je voulais venir te voir aujourd'hui; mais je ne le puis; ce sera, j'espère, pour demain. Il y a bien longtemps que tu ne m'as donné de tes nouvelles. J'ai appris avec plaisir que tu t'étais promenée dans

---

1. Voyez, sur les goûts cynégétiques de Napoléon, les *Mémoires* de la générale Durand et les amusants *Cahiers* du capitaine Coignet.

ton jardin pendant ces froids. Adieu, mon amie, porte-toi bien, et ne doute jamais de mes sentiments.

CLIV

Le 7 janvier 1810.
(Dimanche, à huit heures du soir.)

J'ai été bien content de t'avoir vue hier; je sens combien ta société a de charmes pour moi. J'ai travaillé aujourd'hui avec Estève. J'ai accordé 100,000 francs pour 1810, pour l'extraordinaire de la Malmaison. Tu peux donc faire planter tout ce que tu voudras; tu distribueras cette somme comme tu l'entendras. J'ai chargé Estève de remettre 200,000 francs aussitôt que le contrat de la maison Julien sera fait. J'ai ordonné que l'on paierait ta parure de rubis, laquelle sera évaluée par l'intendance, car je ne veux pas de voleries de bijoutiers. Ainsi, voilà 400,0000 francs que cela me coûte. J'ai ordonné que l'on tînt le million que la liste civile te doit, pour 1810, à la disposition de ton homme d'affaires, pour payer tes dettes. Tu dois trouver, dans l'armoire de la Malmaison, 5 à 600,000 francs; tu peux les prendre pour faire ton argenterie et ton linge. J'ai ordonné qu'on te fît un très beau service de porcelaine; on prendra tes ordres pour qu'il soit très beau.

CLV

Mardi, 9 janvier 1810. Midi.

Je serais venu te voir aujourd'hui, si je n'avais dû aller voir le roi de Bavière[1], qui vient d'arriver à Paris. Je serai chez lui ce soir à huit heures, et de retour à dix. J'espère te voir demain, et te trouver gaie et d'aplomb. Adieu, mon amie.

CLVI

Le mercredi, 10 janvier 1810.

Mon amie, je ne vois pas d'inconvénient que tu reçoives le roi de Wurtemberg quand tu voudras. Le roi et la reine de Bavière doivent aller te voir après-demain. Je désire fort aller à la Malmaison; mais il faut que tu sois forte et tranquille; le page de ce matin dit qu'il t'a vue pleurer. Adieu, mon amie; ne doute jamais de mes sentiments pour toi; tu serais injuste et mauvaise.

1. Maximilien-Joseph, né en 1756, ancien électeur, roi en 1806.

CLVII

Paris, le 13 janvier 1810.
(Samedi, à une heure après-midi.)

Mon amie, j'ai vu hier Eugène qui m'a dit que tu recevrais les rois. J'ai été au concert jusqu'à huit heures ; je n'ai dîné, tout seul, qu'à cette heure-là. Je désire bien te voir. Si je ne viens pas aujourd'hui, je viendrai après la messe. Adieu, mon amie ; j'espère te trouver sage et bien portante. Ce temps-là doit bien te peser.

CLVIII

Le 17 janvier 1810.

Mon amie, d'Audenarde, que je t'ai envoyé ce matin, me dit que tu n'as plus de courage depuis que tu es à la Malmaison. Ce lieu est cependant tout plein de nos sentiments, qui ne peuvent et ne doivent jamais changer, du moins de mon côté. J'ai bien envie de te voir, mais il faut que je sois sûr que tu es forte, et non faible ; je le suis aussi un peu, et cela me fait un mal affreux. Adieu, Joséphine ; bonne nuit. Si tu doutais de moi, tu serais bien ingrate.

CLIX

Le 20 janvier 1810.

Je t'envoie, mon amie, la boîte que je t'avais promise avant-hier, et qui représente l'île de Lobau. J'ai été un peu fatigué hier. Je travaille beaucoup et ne sors pas. Adieu, mon amie.

CLX

Le 30 janvier 1810.

Mon amie, je reçois ta lettre. J'espère que la promenade que tu as faite aujourd'hui pour montrer ta serre, t'aura fait du bien. Je te saurai avec plaisir à l'Elysée, et fort heureux de te voir plus souvent, car tu sais combien je t'aime.

CLXI

Mardi, midi, 30 janvier 1810.

J'apprends que tu t'affliges, cela n'est pas bien. Tu es sans confiance en moi, et tous les bruits que l'on répand te frappent ; ce n'est pas me connaître,

Joséphine. Je t'en veux, et si je n'apprends que tu es gaie et contente, j'irai te gronder bien fort. Adieu, mon amie.

CLXII

Le 3 février 1810.

J'ai dit à Eugène que tu aimais plutôt à écouter les bavards d'une grande ville que ce que je te disais ; qu'il ne faut pas que l'on te fasse des contes en l'air pour t'affliger. J'ai fait transporter tes effets à l'Elysée. Tu viendras incessamment à Paris ; mais sois tranquille et contente, et aie confiance entière en moi.

CLXIII

Le 19 février 1810.

Mon amie, j'ai reçu ta lettre. Je désire te voir ; mais les réflexions que tu fais sont peut-être vraies. Il y a peut-être quelque inconvénient à nous trouver sous le même toit pendant la première année. Cependant la campagne de Bessières est trop loin pour pouvoir revenir ; d'un autre côté je suis un peu enrhumé, et je ne suis pas sûr d'y aller. Adieu, mon amie.

CLXIV

Le 12 mars 1810.

Mon amie, j'espère que tu auras été contente de ce que j'ai fait pour Navarre[1]. Tu y auras vu un nouveau témoignage du désir que j'ai de t'être agréable. Fais prendre possession de Navarre ; tu pourras y aller le 25 mars passer le mois d'avril. Adieu, mon amie[2].

CLXV

L'Impératrice Joséphine a L'Empereur Napoléon.

Château de Navarre, le 18 avril 1810.

Sire, je reçois par mon fils l'assurance que Votre

---

1. Navarre, château situé en Normandie, dans les environs d'Evreux.
2. A partir de ce moment, les bavardages de la cour firent à Joséphine une situation intolérable. On prétendait qu'elle quitterait son titre d'Impératrice-reine pour prendre celui de duchesse de Navarre. Fatiguée de toutes ces persécutions, elle s'adressa à Napoléon. Nous donnons sa lettre, que nous considérons comme un morceau d'excellent style.

Majesté consent à mon retour à la Malmaison, et qu'Elle veut bien m'accorder les avances que je lui ai demandées pour rendre habitable le château de Navarre. Cette double faveur, Sire, dissipe en grande partie les inquiétudes et même les craintes que le long silence de Votre Majesté m'avait inspirées. J'avais peur d'être entièrement bannie de son souvenir; je vois que je ne le suis pas. Je suis donc aujourd'hui moins malheureuse, et même aussi heureuse qu'il m'est désormais possible de l'être.

J'irai à la fin du mois à la Malmaison, puisque Votre Majesté n'y voit aucun obstacle. Mais, je dois vous le dire, Sire, je n'aurais pas sitôt profité de la liberté que Votre Majesté me laisse à cet égard, si la maison de Navarre n'exigeait pas, pour ma santé et pour celle des personnes de ma maison, des réparations qui sont urgentes. Mon projet est de demeurer à Malmaison fort peu de temps ; je m'en éloignerai bientôt pour aller aux eaux. Mais pendant que je serai à Malmaison, Votre Majesté peut être sûre que j'y vivrai comme si j'étais à mille lieues de Paris. J'ai fait un grand sacrifice, Sire, et chaque jour je sens davantage toute son étendue. Cependant, ce sacrifice sera ce qu'il doit être, il sera entier de ma part. Votre Majesté ne sera troublée, dans son bonheur, par aucune expression de mes regrets.

Je ferai sans cesse des vœux pour que Votre Majesté soit heureuse, peut-être même en ferai-je pour la revoir ; mais, que Votre Majesté en soit convaincue, je respecterai toujours sa nouvelle situation, je la respecterai en silence ; confiante dans les sentiments qu'Elle me portait autrefois, je n'en provoquerai aucune nouvelle preuve ; j'attendrai tout de sa justice et de son cœur. Je me borne à lui demander une grâce, c'est qu'Elle daigne chercher elle-même un moyen de convaincre quelquefois, et moi-même et ceux qui m'entourent, que j'ai toujours une petite place dans son souvenir, et une grande place dans son estime et dans son amitié. Ce moyen, quel qu'il soit, adoucira mes peines, sans pouvoir, ce me semble, compromettre, ce qui m'importe avant tout, le bonheur de Votre Majesté. — JOSÉPHINE.

CLXV bis.

NAPOLÉON A JOSÉPHINE.

Compiègne, le 21 avril 1810.

Mon amie, je reçois ta lettre du 19 avril ; elle est d'un mauvais style. Je suis toujours le même ; mes pareils ne changent jamais. Je ne sais ce qu'Eugène a pu te dire. Je ne t'ai pas écrit, parce que tu ne l'as pas fait, et que j'ai désiré tout ce qui peut t'être agréable. Je vois avec plaisir que tu ailles à la Malmaison, et que tu sois contente ; mais, je le serai de recevoir de tes nouvelles, et de te donner des miennes. Je n'en dis pas davantage jusqu'à ce que tu aies comparé cette lettre à la tienne ; et, après cela, je te laisse juge qui est meilleur et plus ami de toi ou de moi. Adieu, mon amie, porte-toi bien, et sois juste pour toi et pour moi.[1]

---

[1]. Joséphine fut si heureuse de cette lettre qu'elle répondit aussitôt à l'empereur :

« Mille, mille tendres remerciements de ne m'avoir pas » oubliée. Mon fils vient de m'apporter ta lettre. Avec quelle » ardeur je l'ai lue! Et cependant j'y ai mis bien du temps, » car il n'y a pas un mot qui ne m'ait fait pleurer; mais ces » larmes étaient bien douces! J'ai retrouvé mon cœur tout » entier, et tel qu'il sera toujours; il y a des sentiments qui » sont la vie même, et qui ne peuvent finir qu'avec elle. Je » serais au désespoir que ma lettre du 19 t'eût déplu; je ne » m'en rappelle pas entièrement les expressions, mais je sais » quel sentiment bien pénible l'avait dictée : c'était le chagrin » de n'avoir pas de tes nouvelles.

» Je t'avais écrit à mon départ de Malmaison; et, depuis, » combien de fois j'aurais voulu t'écrire ! Mais je sentais les » raisons de ton silence, et je craignais d'être importune par » une lettre. La tienne a été un baume pour moi. Sois heureux, » sois-le autant que tu le mérites; c'est mon cœur tout entier » qui te parle. Tu viens aussi de me donner ma part de bon- » heur, et une part bien vivement sentie. Rien ne peut valoir » pour moi une marque de ton souvenir. Adieu, mon ami ; je » te remercie aussi tendrement que je t'aimerai toujours.

» JOSÉPHINE. »

Cette lettre fait, à coup sûr, autant d'honneur à celle qui l'a écrite qu'à celui qui l'a inspirée.

CLXVI

Compiègne, 26 avril 1810.

Mon amie, je reçois deux lettres de toi. J'écris à Eugène. J'ai ordonné que l'on fît le mariage de Tascher avec la princesse de La Layen. J'irai demain à Anvers voir ma flotte et ordonner des travaux. Je serai de retour le 15 mai. Eugène me dit que tu veux aller aux eaux ; ne te gêne en rien. N'écoute pas les bavardages de Paris : ils sont oiseux et bien loin de connaître le véritable état des choses. Mes sentiments pour toi ne changent pas, et je désire beaucoup te savoir heureuse et contente.

CLXVII

Rambouillet, le 8 juillet 1810.

Mon amie, j'ai reçu ta lettre du 3 juillet. Tu auras vu Eugène, et sa présence t'aura fait du bien. J'ai appris avec plaisir que les eaux te sont bonnes. Le roi de Hollande vient d'abdiquer la couronne, en laissant la régence, selon la Constitution, à la reine. Il a quitté Amsterdam, et laissé le grand-duc de

Berg[1]. J'ai réuni la Hollande à la France ; mais cet acte a cela d'heureux, qu'il émancipe la reine, et ton infortunée fille va venir à Paris avec son fils, le grand-duc de Berg ; cela la rendra parfaitement heureuse. Ma santé est bonne. Je suis venu pour chasser quelques jours. Je te verrai avec plaisir cet automne. Ne doute jamais de mon amitié. Je ne change jamais. Porte-toi bien, sois gaie, et crois à la vérité de mes sentiments.

CLXVIII

Juillet 1810.

J'ai vu avec peine le danger que tu as couru. Pour une habitante des îles de l'Océan, mourir dans un lac, c'eût été une fatalité[2].

---

1. Au moment où Murat monta sur le trône de Naples, Napoléon conféra son titre de grand-duc de Berg au fils aîné du roi Louis.

2. Joséphine et madame de Rémusat avaient failli se noyer, sur le lac du Bourget, le 26 juillet. Leur bateau manqua chavirer par suite d'une tempête subite. Dans la lettre qu'elle écrivait à son mari à ce sujet, madame de Rémusat confesse avoir songé « à la manière dont on tomberait, et dont on serait repêchée, et alors un souvenir de Paul et Virginie... »

CLXIX

Fontainebleau, 1er octobre 1810.

J'ai reçu ta lettre. Hortense, que j'ai vue, t'aura dit ce que je pensais ; va voir ton fils, cet hiver, reviens aux eaux d'Aix l'année prochaine, ou bien reste au printemps à Navarre. Je te conseillerais d'aller à Navarre tout de suite, si je ne craignais que tu ne t'y ennuyasses. Mon opinion est que tu ne peux être, l'hiver, convenablement qu'à Milan ou à Navarre ; après cela, j'approuve tout ce que tu feras ; car je ne te veux gêner en rien. Adieu, mon amie. L'impératrice est grosse de quatre mois ; je nomme madame de Montesquiou gouvernante des enfants de France. Sois contente, et ne te monte jamais la tête ; ne doute jamais de mes sentiments.

CLXX

Paris, le 8 janvier 1811.

J'ai reçu ta lettre pour le nouvel an. Je vois avec plaisir que tu es contente. On dit qu'il y a, à Navarre, plus de femmes que d'hommes. Ma santé est fort bonne, quoiqu'il y ait quinze jours que je ne sois sorti. Eugène me paraît sans inquiétude pour sa femme ; il te donne un petit garçon [1]. Adieu, mon amie, porte-toi bien.

CLXXI

Paris, le 22 mars 1811.

Mon amie, j'ai reçu ta lettre, je te remercie. Mon fils [2] est gros et très bien portant. J'espère qu'il viendra bien. Il a ma poitrine, ma bouche et mes yeux. J'espère qu'il remplira sa destinée. Je suis toujours très content d'Eugène ; il ne m'a jamais donné aucun chagrin.

CLXXII

Gubin, le 20 juin 1812.

Je ne vois pas d'inconvénient à ce que tu ailles à Milan, près de la vice-reine. Tu feras bien d'aller

---

1. Auguste-Napoléon, prince de Venise, né le 8 décembre 1810.
2. Napoléon-François-Charles-Joseph, prince impérial, roi de Rome, Grand-Aigle de la Légion d'Honneur, né aux Tuileries le 20 mars 1811, fils de Napoléon et de Marie-Louise. Proclamé par son père, sous le nom de Napoléon II, en 1815. Devenu duc de Reichstadt, il est mort à Vienne, loin de sa mère, le 22 juillet 1832.

incognito. Tu auras bien chaud. Ma santé est fort bonne. Eugène se porte et se conduit bien. Ne doute jamais de mon intérêt et de mon amitié [1].

[1]. A partir de ce moment, les événements se précipitent avec une rapidité inouïe. L'empereur, distrait et préoccupé, néglige Joséphine. La France, quoique souvent victorieuse en 1813, est envahie en 1814 malgré l'admirable campagne de Napoléon. Du château de la Malmaison, où la cloue la maladie, Joséphine peut entendre le canon des ennemis, acharnés après le jeune et amoureux officier de 1795 et 1796.

FIN DU TOME PREMIER.

TABLE
DU TOME PREMIER

                                                          Pages.

Avertissement	v
BONAPARTE, HOMME DE LETTRES	IX
Note sur Napoléon Bonaparte	LXIX

ŒUVRES DE JEUNESSE.

Le Masque prophète, conte	3
Règlement de *la Calotte* du régiment de la Fère	7
Discours sur le Bonheur	21

POÉSIES.

Le lapin, le chien et le chasseur	47
Madrigal pour la Saint-Huberty	49
Inscription pour un cadran solaire	50

HISTOIRE DE LA CORSE.

Lettres sur la Corse	53
Précis de l'histoire de Corse	120

PAMPHLETS ET POLÉMIQUE.

Lettre à M. de Buttafuoco	143

Le souper de Beaucaire, pamphlet	163
ARTICLES DE JOURNAUX : Article du 18 brumaire.	189
Réponse à un message du roi d'Angleterre	192
Réponse aux journaux anglais	199
Autre réponse	204
Note rectificative	208

LETTRES CHOISIES.

LETTRES DE FAMILLE : A son père	213
A son oncle, l'abbé Fesch	215
A son père	219
A son grand-oncle, l'abbé de Buonaparte	222
A sa mère	224
A son oncle, l'abbé Fesch	225
A sa mère	228
A son grand-oncle, l'abbé de Buonaparte	229
A son oncle, l'abbé Fesch	229
A son frère, Joseph Bonaparte	231
Au citoyen Rossi	245
A son frère, Joseph Bonaparte	246
A son frère, Jérôme Bonaparte	248
Au prince Eugène, son beau-fils	250
A la vice-reine d'Italie	251
A son frère, le roi de Hollande	252
A Hortense, reine de Hollande	254
A son frère, le roi de Hollande	255
A sa sœur, la princesse Pauline Borghèse	255
A la reine Hortense	258
Au prince Eugène de Beauharnais	259
LETTRES A JOSÉPHINE	262
Joséphine à Napoléon	374
Napoléon à Joséphine	376

FIN DE LA TABLE DU TOME PREMIER

Imprimerie générale de Châtillon-sur-Seine. — A. Pichat.

www.ingramcontent.com/pod-product-compliance
Lightning Source LLC
Chambersburg PA
CBHW060515230426
43665CB00013B/1530